BODENSEE

Zeit für das Beste

HIGHLIGHTS | GEHEIMTIPPS | WOHLFÜHLA**DRESSEN**

»Die Landschaft ist licht und hübsch.
... Sie sollten einmal kommen.«

Hermann Hesse

BRUCKMANN

BODENSEE

Zeit für das Beste

Rolf Goetz
Mirko Milovanovic

BRUCKMANN

INHALT

Am Anleger von Meersburg machen mitunter richtig große Kähne fest.

Im Herbst ist das Apfelangebot auf den Märkten riesig, alte Sorten muss man allerdings oft suchen.

MEERSBURG UND LINDAU

MEHR WISSEN

Ausgelassene Stimmung beim
Konstanzer Fasnachtsumzug

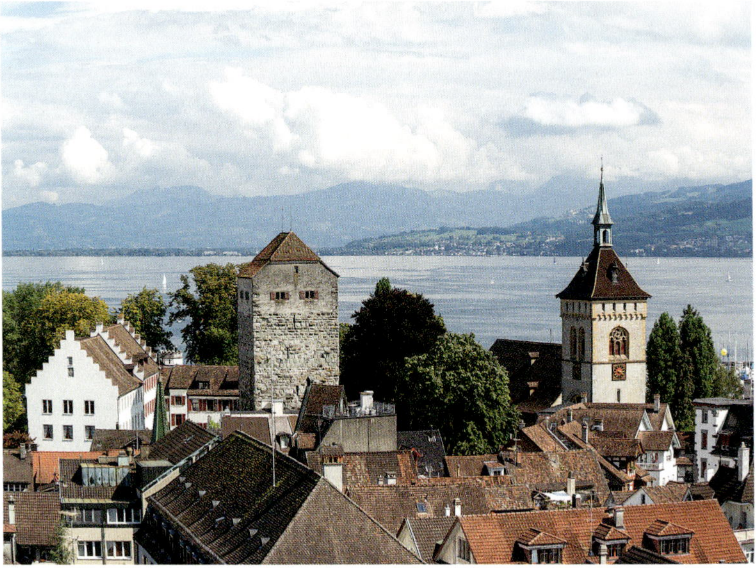

Spätmittelalterliche Türme prägen die Silhouette von Arbon am Schweizer Ufer.

MEHR ERLEBEN

ÖSTERREICH UND LIECHTENSTEIN

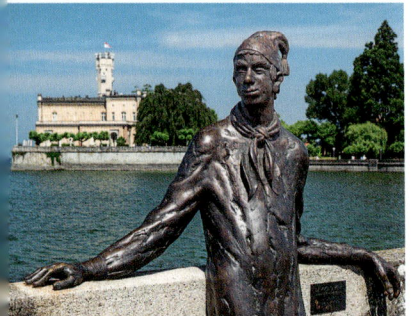

S. 1: Wandmalereien an der Fassade des Gasthauses zur Sonne in Stein am Rhein
S. 2/3: Die Insel Mainau aus der Luft
Links: Ein Dammglonker vor dem Langenargener Schloss
Rechte Seite: Felder, Wiesen und ausgedehnte Wälder machen den Bodanrück zu einem stillen Rückzugsgebiet.

Hästräger auf der Konstanzer Fasnacht sorgen für viel Lokalkolorit.

REISEINFOS

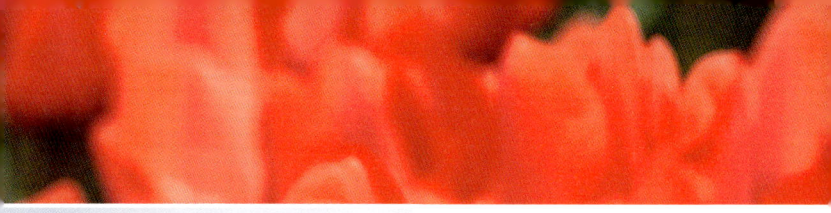

● Konstanz (S. 28)

Die Hafenstadt war vor 600 Jahren während des Konstanzer Konzils der Nabel des Abendlands – bis heute zehrt Konstanz mit seiner historischen Altstadt vom Erbe jener Zeit. Ein Muss ist der Besuch des Münsters, provokant die *Imperia* an der Hafeneinfahrt, weltweit einmalig die »Kunstgrenze«, über die man in die Schweiz hinüberspazieren kann.

● Blumeninsel Mainau (S. 44)

Mehr als eine Million Gäste im Jahr können nicht irren – die Blumeninsel gehört zu Recht zu den größten Besuchermagneten am Bodensee. 50 Gärtner sind damit beschäftigt, dem Gast ein florales Gesamtkunstwerk zu präsentieren, und dank des milden Seeklimas reifen hier sogar Bananen und Orangen. Die Kinder wiederum werden von dem attraktiven Wasserspielplatz nur schwer wieder wegzubekommen sein.

● Klosterinsel Reichenau (S. 62)

Auf der »reichen Au« paart sich ein außerordentliches kunsthistorisches Kirchenensemble mit einer intensiv genutzten Kulturlandschaft – Salatfelder reichen bis unmittelbar an die einstigen Klosterkirchen heran. Die Meisterwerke romanischer Freskenmalerei stehen seit 2000 auf der UNESCO-Welterbeliste.

Tulpenblüte auf der Insel Mainau

Die Bregenzer Festspiele sind für außergewöhnliche Bühnenbilder berühmt.

④ Wallfahrtskirche Birnau (S. 114)
Schon die Lage könnte traumhafter nicht sein. Innen präsentiert das Barockjuwel opulente Freskenmalereien und verspielten Stuck. Der unbestrittene Star unter dem Figurenschmuck ist der Honigschlecker. Schade nur, dass man ihn nicht fotografieren darf. Lohnend ist ein Abstecher in das aus einem Zisterzienserkloster hervorgegangene Schloss Salem.

⑤ Unteruhldingen (S. 118)
Das jüngste Glied des UNESCO-Welterbetrios am See ist zugleich das älteste

In Meersburg dominiert schmuckes Fachwerk die Altstadtgassen.

Freilichtmuseum Deutschlands. Wie ein Bummel durch das ins Wasser gebaute steinzeitliche Pfahlbaudorf offenbart, ist es auch eines der reizvollsten.

❻ Meersburg (S. 130)

»Auf der Burg haus' ich am Berge, unter mir der blaue See ...«, reimte die berühmte Dichterin Annette von Droste-Hülshoff in ihrem Kämmerlein in dem mittelalterlichen Gemäuer der Meersburg. Ein paar Schritte davon entfernt ließen die Konstanzer Bischöfe das prunkvolle Neue Schloss errichten, in der Gutsschenke daneben bekommt man zum Zwiebelrostbraten die tolle Aussicht gratis dazu.

❼ Lindau (S. 186)

Da haben sich die Nobelpreisträger für ihre alljährliche Tagung wirklich ein nettes Plätzchen gesucht! Lindau glänzt mit seiner einzigartigen Insellage und dem schönsten Hafen weit und breit. Auf der Seepromenade kann man sich dem Dolce-farniente hingeben oder die bayerische Gastronomie testen, die alles an Spezialitäten aufführt, was der Freistaat außerhalb Münchens zu bieten hat.

❽ Bregenz (S. 202)

Die Kulturmetropole am österreichischen Seeufer macht nicht nur jeden Sommer durch ihr extravagantes Bühnenbild für die Festspiele auf sich aufmerksam. Sie überzeugt zudem mit der auch in architektonischer Hinsicht bemerkenswerten Kunstmeile am Kornmarkt sowie den stillen Gassen der Oberstadt. Und mit der Pfänderbahn geht es in wenigen Minuten schnell den Berg hinauf.

❾ St. Gallen (S. 242)

Die Attraktion im St. Galler Klosterbezirk ist die Stiftsbibliothek, die sich mit Freskenschmuck, feinen Stuckarbeiten und bis an die Decke reichenden Kirschholzregalen voll mit kostbaren Handschriften als Kleinod des Rokoko präsentiert. Nicht versäumen sollte man einen Spaziergang durch die von Erkern gesäumten Altstadtgassen, wo man auch die St. Galler Kalbsbratwurst probieren kann.

❿ Rheinfall bei Schaffhausen (S. 269)

In dem vielleicht spektakulärsten Naturwunder der Region stürzen sich nach der Schneeschmelze mit donnerndem Getöse rund 500 000 Liter Wasser eine 23 Meter hohe Steilstufe hinab, pro Sekunde wohlgemerkt! Die Grenzstadt Schaffhausen profitiert schon seit eh und je vom größten Wasserfall Mitteleuropas und wartet mit einer hübschen Altstadt auf.

Lindaus Leuchtturm an der Hafeneinfahrt

WILLKOMMEN AM
Bodensee

Was gibt es Schöneres, als an einem heiteren Sommertag irgendwo am Wasser zu sitzen, von der Uferpromenade Höckerschwäne und Kormorane zu beobachten, mit einem Ausflugsschiff ziellos über den See zu schippern und sich den Wind um die Nase wehen zu lassen! Der Bodensee macht es möglich. Es ist ein gesegneter Landstrich in privilegierter Lage am Fuß der Alpen, eine Ferienregion par excellence, die geradezu zum Entspannen und Genießen einlädt. Drei Länder teilen sich nachbarschaftlich das rund 270 Kilometer lange Ufer.

Ein See mit vielen Namen

Ein Blick auf die Landkarte offenbart viele Namen für das im nördlichen Alpenvorland beheimatete Gewässer: Obersee, Untersee, Überlinger See und Zeller See, um nur die größten zu nennen, bilden den Bodensee. Mit seinen 536 Quadratkilometern ist dieser nach dem Plattensee und Genfer See der drittgrößte Binnensee Europas. Manche sprechen gar von einem Meer, genauer gesagt vom Schwäbischen Meer. Das scheint dann doch etwas zu hoch gegriffen, denn trotz der beachtlichen Weite

Die Seemetropole Konstanz hat auch grüne Seiten.

ist das andere Ufer so gut wie immer in Sicht. Und der Name Schwäbisches Meer ist natürlich komplett falsch, denn die Schwaben sind ja bei Weitem nicht die einzigen Anrainer. Seinen Namen hat der Bodensee von der im 9. Jahrhundert gegründeten karolingischen Königspfalz *Bodema*, dem heutigen Bodman. Bodensee heißt er übrigens nur im deutschsprachigen Raum, im Englischen ist er als *Lake Constance* bekannt, und auch die Italiener nennen ihn nach der größten Stadt am See *Lago di Constanza*. Das klingt doch schon richtig südländisch.

Gesegnetes Klima

»Am Bodensee beginnt der Süden«, mit diesem Slogan aus den 1950er-Jahren wollten die damaligen Touristikplaner darauf aufmerksam machen, dass man nicht unbedingt über die Alpen fahren muss, um mediterrane Lebensart zu genießen. Tatsächlich verspricht der See ein Stück mediterrane Leichtigkeit, wie man sie anderenorts in Deutschland nur schwerlich finden wird. Dies soll nicht heißen, dass an jeder Ecke Palmen und Zitronenbäumchen stehen, selbst auf der von der Sonne verwöhnten Insel Mainau werden diese und andere frostempfindliche Kübelpflanzen spätestens zum Winteranfang ins Gewächshaus gestellt. Doch das Seeklima hat schon etwas Besonderes, für deutsche Verhältnisse ist es

Spätburgunder, die häufigste Rebe am See

relativ ausgeglichen. Das Wasser speichert die Wärme des Sommers und gibt sie anschließend nur langsam wieder ab, sodass die Monate Oktober und November in der Regel noch viele milde Tage bringen. Der See macht den Sommer damit etwas länger, und im Winter werden weniger Frosttage gezählt.

Das viele Wasser kann auch seine Schattenseiten haben, denn wo es Wasser gibt, gibt es auch Nebel. Anhaltende Nebelperioden, vornehmlich im Herbst und Winter, sind keine Seltenheit; wenn es mal ganz schlecht läuft, kommt in unmittelbarer Seenähe tagelang kein Sonnenstrahl durch. Doch Nebel hat wiederum auch etwas Gutes, denn es wird dabei selten klirrend kalt. Das Wetter in der Bodenseeregion ist übrigens nicht überall gleich, was sich leicht an den Niederschlagsmengen ablesen lässt. So fällt etwa im von der Sonne verwöhnten

Ein Stehpaddler mit zwei jungen Fahrgästen in Unteruhldingen

dung zwischen Bregenz und Altenrhein hat er sich ein großes Binnendelta geschaffen, das in einem aufwendigen Jahrhundertprojekt kanalisiert wurde und seither Überschwemmungen so gut wie verhindert. Nach seinem Weg durch den Obersee verlässt der Fluss diesen als Seerhein bei Konstanz, um schon gerade mal vier Kilometer weiter in den Untersee zu münden. Vor Stein am Rhein kehrt der Rhein dem Bodensee den Rücken und stürzt kurz darauf als Rheinfall bei Schaffhausen spektakulär eine 23 Meter hohe Fallstufe hinab. Ausflugsschiffe fahren nah an das Naturwunder heran und bescheren so ein unvergessliches Erlebnis.

Meersburg fast nur halb so viel Regen wie am östlichen Ufer in Bregenz. Die Region bietet beste Bedingungen für den Anbau von Obst und Gemüse, und auch der an den von der Sonne besonders verwöhnten Südhängen gekelterte Wein hat sich einen guten Namen gemacht.

Väterchen Rhein

Wenn man sich fragt, wo das viele Bodenseewasser eigentlich herkommt, landet man sofort beim Rhein, der den See auf seiner ganzen Länge durchströmt. Ohne diesen wäre der See nicht viel mehr als ein von eiszeitlichen Gletschern ausgeschabtes Becken, und lange nicht so gut gefüllt, wie er sich das ganze Jahr über präsentiert. Der im schweizerischen Kanton Graubünden entspringende Strom führt aus den Alpen gewaltige Wassermassen heran. An seiner Einmün-

Aktiv genießen

Studien belegen, dass die Menschen in der Seeregion zufriedener mit sich und dem Rest der Welt sind als in anderen Teilen Deutschlands. Das überrascht nicht. Das Wasser vor der Haustür, die Berge zum Greifen nahe und ein mildes Klima, in dem Wein und Früchte in Hülle und Fülle reifen, ja, was will man eigentlich noch mehr? Wenn nicht gearbeitet wird, lockt ein riesiges Freizeitangebot, das außer von den Anwohnern natürlich auch von Gästen geschätzt wird. So hat man allein zwischen rund Hundert Museen die Qual der Wahl, mit Themen von A wie Alamannen bis Z wie Zeppelin. Neben den beiden großen Luftfahrtmuseen in Friedrichshafen gehören das Pfahlbaumuseum in Unteruhldingen und die mittelalterliche Burg Meersburg zu den Besuchermagneten. Und bei dem breiten Angebot an Musikevents und

Festivalreihen ist für jeden Geschmack etwas dabei. Die Attraktion sind die Bregenzer Festspiele, doch auch die Schubertiade im Bregenzerwald oder die St. Galler Open-Air-Konzerte ziehen viele Musikfreunde an.

Welterbe hoch drei

Dass es am Bodensee einzigartige Kulturschätze und archäologische Stätten zu bewahren gilt, weiß man auch bei der UNESCO. Gleich drei Welterbestätten stehen auf der Liste der schützenswerten Kulturgüter. Bereits 1983 wurde in St. Gallen der Klosterbezirk zum Weltkulturerbe erklärt. Ein herausragendes Beispiel gelehrter Kultur ist das Rokokojuwel der Stiftsbibliothek, in der man in Filzpantoffeln über den Intarsienboden schlurfen und einige der ältesten und kostbarsten Bücher der deutschen Sprache bestaunen kann. Die im Jahr 2000 in die UNESCO-Liste aufgenommene Klosterinsel Reichenau überrascht mit einem hervorragend restaurierten Freskenzyklus, der bis in die karolingische Zeit zurückgeht. Jüngstes Glied der Welterbestätten sind die Pfahlbauten in Unteruhldingen, die ein detailgetreues Bild vermitteln, wie die Menschen vor 6000 Jahren am See lebten. Akribisch haben Archäologen ein in die Flachwasserzone gebautes Hüttendorf rekonstruiert, durch das die Besucher auf Stegen wie durch ein Lagunendorf spazieren können. Im sauerstoffarmen Schlick auf dem Seegrund blieben Gegenstände erhalten, die an Land längst verrottet wären – Taucher förderten Tausende von Donnerkeilen, Tonstempeln, Feuersteinen und Pfeilspitzen zutage.

Die Pfahlbauten von Unteruhldingen sind eine Zeitreise in die Steinzeit.

Im Strandbad Meersburg reicht die Liegewiese bis ans Wasser.

Deutschlands südlichste Badewanne

So gut wie jeder Ort am Seeufer hat ein Strandbad, insgesamt sind es etwa sechzig. Das sind wohlgemerkt nur die offiziellen Badeplätze, daneben gibt es noch unzählige Badestellen, wo man an einem heißen Sommertag einfach mal so abtauchen kann. Einer der schönsten ist der zwei Kilometer lange Naturbadestrand zwischen Unteruhldingen und Meersburg. Manche der Strandbäder haben einen schmalen Sandstreifen, in den meisten führen Stege oder über den Kieselstrand gelegte Matten sicheren Fußes ins Wasser. Immer gibt es eine gepflegte Liegewiese mit Schattenbäumen, die bis ans Wasser heranreicht. Oft sind die Seebäder mit einem Freibad kombiniert, man kann so zwischen See und beheizten Becken wählen. Ambitionierte Schwimmer schätzen vor allem die 50-Meter-Sportbecken in der Therme in Meersburg und im Lindauer Strandbad Eichwald. Auch nicht schlecht: Das Aquastaad in Immenstaad ist mit einem ganzjährig geöffneten Hallenbad kombiniert. In den größeren Bädern kann man zudem Kanus, Ruderboote und Boards zum Stehpaddeln mieten, einen

Surfkurs belegen oder eine Partie Rasenschach, Minigolf oder Boccia spielen. Und nebenbei bemerkt: Viele Strandbäder kosten keinen Eintritt, so etwa die Bäder in Allensbach, Unteruhldingen und das Konstanzer Strandbad Horn, in dem es für FKK-Fans einen abgetrennten Bereich gibt. Nostalgisch sind die historischen Strandbäder, wie sie noch in Bregenz, Rorschach und Lindau erhalten sind. Ähnlich wie an der Ostsee öffneten die ersten Badeanstalten am Bodensee vor fast 200 Jahren, sie waren damals strikt für Frauen und Männer getrennt, und man trug Badeanzüge, die möglichst wenig Haut freiließen. Von Hafennähe mal abgesehen ist die Wasserqualität überall hervorragend, man schwimmt praktisch in Trinkwasser, das lediglich gefiltert und mit etwas Ozon keimfrei gemacht in Millionen von baden-württembergischen Haushalten aus dem Wasserhahn sprudelt (s. S. 103). Saisonstart ist Mitte Mai, es sei denn, ein ungewöhnlich warmer Frühling hat das Wasser schon ein paar Tage früher auf Badetemperatur erwärmt. Dies passiert vor allem in den Flachwasserzonen des Untersees. Abgehärtete Naturen springen auch schon mal im April oder noch im Oktober in den See.

Radeln, wandern, skaten

Wer es aktiv mag, bitte schön! Es gibt fast nichts, was man in der Bodensee-region nicht machen kann. Erste Wahl ist das Rad, das man angesichts der vielen Verleihstationen nicht unbedingt selbst mitbringen muss. Für die Anrainer ist es das Nahverkehrsmittel schlechthin. In Konstanz herrschen fast schon holländische Verhältnisse, man unternimmt damit nicht nur Ausflüge, sondern radelt zum Bäcker, ins Café oder ins Strandbad. Das Wegenetz rund um den Bodensee ist hervorragend ausgebaut, wer will, kann ihn auf dem ausgesprochen beliebten Bodenseeradweg komplett umrunden oder ihn zumindest auf einem Teilstück kennenlernen (s. S. 54). Die flachen Uferwege kommen vor allem Radlern mit weniger Kondition entgegen; für Tagestouren gibt es angesichts der guten Vernetzung mit Schiff und Bahn tolle Kombimöglichkeiten. E-Bikes sind aller-orten im Kommen, am Bodensee sind sie schon lange da, vor allem auf der Schweizer Seite gibt es viele Mietmög-lichkeiten und im welligen Thurgauer Hinterland machen sie durchaus Sinn. Auch per pedes kann man den ganzen See umwandern. Muss man aber nicht, es lassen sich auch tolle Tagestouren unternehmen, etwa durch die wildro-mantische Marienschlucht bei Bodman (s. S. 90). Beliebt sind auch Themenwan-derungen: so der Meersburger Weinkun-deweg, der Tettnanger Hopfenpfad oder die Witzwanderung von Walzenhausen nach Heiden. Viele Touristenbüros halten kostenlose Broschüren mit teils detail-liert ausgearbeiteten Routenvorschlägen bereit. Sofern man auf schweißtreibende Bergtouren aus ist, sind schnell die Ausgangspunkte im Appenzellerland und Bregenzerwald erreicht. Vor allem im Kanton Appenzell gibt es vorbildlich markierte Wege mit Gipfelzielen auf bis zu 2500 Metern.

Das Eldorado für Inlineskater ist der Thurgau, entlang der Schweizer Ufer-seite sorgen flache, geteerte Wege für hervorragende Bedingungen. Unter den teils extra für Skater ausgeschilderten Routen hat sich der »Lake Skate« von Konstanz nach Romanshorn oder weiter bis Rorschach zum Klassiker entwickelt, der glatte Belag lässt keine Wünsche offen. Doch auch auf der 15 Kilometer langen Strecke auf der Insel Reichenau oder dem Uferweg von Meersburg nach Hagnau rollt es sich vorzüglich.

An der Uferpromenade von Bregenz

Eine Milliarde Äpfel werden jedes Jahr rund um den See geerntet.

Apfelland total

Der Tourismus und vornehmlich in Friedrichshafen und Immenstaad angesiedelte Technologiekonzerne sind nur zwei der wirtschaftlichen Standbeine der Region. Was sofort auffällt: Obst wächst in Hülle und Fülle, der Bodensee ist nach dem Alten Land bei Hamburg der zweitgrößte Obstlieferant Deutschlands. Die klimatischen Voraussetzungen sind für den Apfelanbau ideal, vor allem die warme Septembersonne gibt den Früchtchen sozusagen den letzten Schliff. Vielerorts reichen Baumkulturen mit Äpfeln und Kirschen bis ans Ufer heran. In Zahlen ausgedrückt: Rund 1600 Obstbauern kultivieren auf etwa 7000 Hektar Äpfel mit einem jährlichen Ertrag von um die 250 000 Tonnen, die Gesamtstückzahl beläuft sich pro Jahr auf mehr als eine Milliarde Äpfel. In kleineren Mengen werden außerdem vornehmlich Birnen, Kirschen, Mirabellen und zunehmend Beerenfrüchte kultiviert. Unter den Apfelsorten sind Jonagold und Elstar die Spitzenreiter, dazu kommen ein paar trendige Newcomer wie Pinova, Greenstar und Cameo. Die frühere Sortenvielfalt ist allerdings längst dahin. Heute gibt es kaum einen Obstbauhof, der mehr als fünf Sorten im »Garten« stehen hat. Damit die Sache wirtschaftlich funktioniert, gibt es bereits seit Jahrzehnten keine Obstgärten mehr, sondern Plantagen mit niederstämmigen Intensivkulturen, die sich maschinell leicht bearbeiten lassen. Kaum sind die Bäume 20 Jahre alt, werden sie gerodet und müssen einer neuen Generation Platz machen – nur so sind hohe Erträge möglich. Teils mit Netzen gegen Hagel abgedeckte Plantagen dominieren vielerorts das Landschaftsbild, nicht überall wirkt sich das vorteilhaft aus. Große Apfelbäume stehen nur noch auf immer weniger werdenden Streuobstwiesen und beim Biobauern, bei dem man auf der Suche nach älteren Sorten, etwa Goldparmäne, Gravensteiner und Glockenapfel, fündig wird. Vielerorts können die Früchte direkt ab Hof gekauft werden.

Steckbrief Bodensee

Lage: Der Bodensee liegt im nördlichen Alpenvorland im Dreiländereck Deutschland-Österreich-Schweiz. Wichtigster Zufluss von Deutschlands größtem Binnengewässer ist der Rhein.

Meereshöhe über NN: 395 m

Ausdehnung: Der See misst an seiner längsten Stelle 63 km, er ist maximal 14 km breit.

Seefläche: Mit 536 km^2 ist der Bodensee nach dem Plattensee und Genfer See der drittgrößte See Mitteleuropas. Auf den Obersee entfallen 473 km^2, auf den Untersee 63 km^2.

Uferlänge: 273 km

Tiefste Stelle: 254 m

Inseln: Reichenau, Lindau, Mainau sowie sieben kleinere unbewohnte Inselchen

Einwohner: In der Bodenseeregion leben rund 3,5 Mio. Menschen.

Anrainer: Auf der deutschen Seite grenzen die Bundesländer Baden-Württemberg und Bayern an den See, in Österreich das Bundesland Vorarlberg und in der Schweiz die Kantone St. Gallen und Thurgau. Das Fürstentum Liechtenstein hat keinen unmittelbaren Seezugang, ist aber dennoch festes Mitglied der Internationalen Bodenseekonferenz, einem Zweckbündnis auf Länderebene, das neben Fragen des Gewässerschutzes auch wirtschaftliche, kulturelle sowie verkehrs- und umweltpolitische Themen koordiniert.

Größte Städte:
am See Konstanz (83 000 Einw.), Friedrichshafen (59 000 Einw.), Radolfzell (30 900 Einw.) und Bregenz (30 000 Einw.); im Hinterland St. Gallen (75 000 Einw.), Ravensburg (50 000 Einw.), Singen (47 000 Einw.) und Dornbirn (45 000 Einw.)

Währung: in Deutschland und Österreich der Euro, in der Schweiz und in Liechtenstein der Schweizer Franken; 1 Euro = ca. 1,09 Schweizer Franken (Stand: Juli 2017)

Wirtschaft: Bedeutende Unternehmen der Luft- und Raumfahrttechnik machen die baden-württembergische Seeseite zu einem innovativen Industriestandort, als bedeutendes internationales Messezentrum fungiert Friedrichshafen. Ein wesentliches wirtschaftliches Standbein aller Anrainer ist der Tourismus. Obst- und Weinbau prägen das Kulturland der Region, im Appenzellerland ist Viehwirtschaft weitverbreitet.

Geschichte im Überblick

um 8000 v. Chr. Eiszeitliche Gletscher schmelzen ab und füllen ein Becken nördlich der Alpen auf.

um 4000 v. Chr. Rund um den Bodensee errichten Fischer die ersten Pfahlbausiedlungen.

um 15 v. Chr. Unter Kaiser Augustus erobert der römische Feldherr Tiberius die bis dahin von Kelten besiedelte Bodenseeregion und gründet am Ostufer des Sees die römische Stadt *Brigantium*, das heutige Bregenz. Römische Spuren befinden sich auch in Konstanz.

719 In St. Gallen wird der Grundstein für eines der einflussreichsten Klöster nördlich der Alpen gelegt.

ab 1200 Die Grafen von Montfort bestimmen bis ins 18. Jh. hinein wesentlich das politische Geschehen am Obersee. Tettnang wird zur Residenzstadt ausgebaut.

ab 1273 Nach dem Zerfall des schwäbischen Staufergeschlechts kontrolliert die österreichische Adelsdynastie der Habsburger weite Teile der Bodenseeregion.

1414–1418 Das von König Sigismund einberufene Konstanzer Konzil soll das seit 1378 bestehende Große Abendländische Schisma beenden. Dabei wählt man Kardinal Oddo di Colonna zum neuen Papst Martin V. Konstanz wird für vier Jahre zum Mittelpunkt des Abendlandes und steigt in dieser Zeit zu einer wohlhabenden Kaufmannsstadt auf.

1496 Der Habsburger Kaiser Maximilian I. hält in Lindau einen Reichstag ab.

1499 Nach dem Schwabenkrieg wird zwischen Deutschland und der Schweiz die Grenze festgeschrieben, die bis heute Bestand hat.

1526 Kurz vor dem Sieg der Reformation in Konstanz flieht das Konstanzer Domkapitel nach Meersburg und richtet sich zunächst in der Meersburg, später im Neuen Schloss ein.

1618–1648 Der Dreißigjährige Krieg hinterlässt auch am Bodensee tiefe Spuren. Buchhorn (heute Friedrichshafen), Bregenz und die Insel Mainau werden von schwedischen Truppen besetzt und nach deren Abzug teils verwüstet.

1803 Im Zuge der Säkularisation werden überall am See die Klöster aufgelöst und der Besitz den Landesherren unterstellt. Salem fällt an den Markgraf von Baden.

1811 König Friedrich I. von Württemberg gründet die Stadt Friedrichshafen, die nach dem Hafenausbau und der Gründung einer Fährverbindung ins schweizerische Romanshorn zur florierenden Hafenstadt aufsteigt.

1881 In Hagnau bei Meersburg gründet der Pfarrer Heinrich Hansjakob den ersten badischen Winzerverein.

1900 In Friedrichshafen hebt das von Graf Zeppelin konstruierte erste Luftschiff ab. In den folgenden Jahren wird die Stadt ein bedeutender Standort der Luftfahrtindustrie.

1904 Der Dichter und spätere Nobelpreisträger Hermann Hesse lässt sich in Gaienhofen am Untersee nieder und verbringt dort acht produktive Jahre.

1938 In der Reichspogromnacht zerstören die Nationalsozialisten die Synagogen von Konstanz und Wangen auf der Halbinsel Höri.

1943–1945 Der Rüstungsstandort Friedrichshafen wird Ziel von Luftangriffen der Alliierten, auch die Industrieanlagen in Singen am Hohentwiel werden bombardiert. Konstanz dagegen bleibt wegen seiner unmittelbar an die Schweiz grenzenden Lage von Kriegszerstörungen verschont.

1946 In Bregenz werden die Bregenzer Festspiele eröffnet, sie sind heute das wichtigste Kulturereignis am See.

1951 In Lindau findet erstmals ein Treffen von Nobelpreisträgern zu einem Meinungsaustausch statt, seither ist die Tagung alljährlich fester Bestandteil im Konferenzbetrieb der Inselstadt.

1963 Der Bodensee ist komplett mit einer dicken Eisschicht bedeckt, das Eis ist so stark, dass selbst Kleinflugzeuge darauf landen können. Das Jahrhundertereignis wird volksfestartig gefeiert.

1966 Die Reformuniversität Konstanz nimmt den Lehrbetrieb auf.

1972 Die Internationale Bodenseekonferenz wird gegründet, Mitglieder sind Baden-Württemberg, Bayern, Vorarlberg, die Schweizer Kantone Schaffhausen, Thurgau und Appenzell sowie das Fürstentum Liechtenstein. Ziel der Konferenz ist es, die wirtschaftliche und kulturelle Zusammenarbeit in der Region zu fördern.

1983 Der Stiftsbezirk von St. Gallen wird Welterbe der UNESCO.

1995 Österreich tritt der Europäischen Union bei, der bis dahin ohnehin schon unkomplizierte Grenzübertritt in der Seeregion wird damit noch einfacher.

2000 Die Klosterinsel Reichenau wird UNESCO-Welterbe.

2005 Zwischen Konstanz und Friedrichshafen wird eine Katamaran-Linie eingerichtet.

2011 Mit der Schließung der Bodan-Werft in Kressbronn geht die lange Tradition des Schiffsbaus am Bodensee zu Ende. Die steinzeitliche Pfahlbausiedlung Unteruhldingen wird Teil des UNESCO-Welterbes Prähistorische Pfahlbauten um die Alpen.

2018 In Konstanz wird in verschiedenen Veranstaltungen im Rahmen der Feierlichkeiten zum Konzilsjubiläum 2014–2018 des Reformators Jan Hus gedacht, der vor 600 Jahren während des Konstanzer Konzils zusammen mit seinen Schriften auf dem Scheiterhaufen verbrannt wurde.

EINE WOCHE AM BODENSEE

Schwäbisches Meer wird der Bodensee mitunter genannt, und dies obschon neben Schwaben auch Bayern, Österreich und die Schweiz zu den Anrainern gehören. Die spektakuläre Lage am Fuß der Alpen und das fast schon mediterrane Flair machen seine vielfältige Natur- und Kulturlandschaft zu einer privilegierten Ferienregion. Hier einige Tipps für eine siebentägige Entdeckungsreise rund um den großen Binnensee.

1. TAG
KONSTANZ

Warum nicht die Bodenseereise mit der vielleicht interessantesten Stadt am See beginnen? Irritieren mag in Konstanz vielleicht lediglich die Imperia, das heimliche Wahrzeichen der Seemetropole: Eine in Zement gegossene Edelkurtisane begrüßt mit weit geöffnetem Kleid die am Hafen ankommenden Gäste – provokanter kann sich eine Stadt kaum vorstellen. Ausgesprochen kurzweilig gestaltet sich ein Bummel durch die Gassen im Niederburg-Quartier: Einen grandiosen Ausblick von oben über Stadt, Land und See erlaubt der 76 Meter hohe Münsterturm. Und über die »Kunstgrenze« bietet sich zu Fuß ein Abstecher auf die Schweizer Seite in den Kreuzlinger Seeburgpark an, dort können Sie eine »Schoggimilch« trinken oder sich mit einem kleinen Vorrat Schweizer Schokolade eindecken.

2. TAG
INSEL MAINAU

Zweifelsohne die schönste Annäherung auf die Blumeninsel bietet ab Konstanz eine Fahrt mit dem Kursschiff der Weißen Flotte. Vom Inselanleger der Mainau können Sie in wenigen Minuten zur Schlosskirche St. Marien aufsteigen und dabei schon einen Blick in den im Stil der italienischen Renaissance angelegten Rosengarten und das mit allerlei Exoten gefüllte Palmenhaus werfen. Vom barocken Schlossensemble aus führen Wege kreuz und quer über die Insel, je nach Jahreszeit durch ein anderes, doch immer professionell arrangiertes Blütenmeer: Im Mai öffnet der Rhododendron seine Knospen, pünktlich zu Pfingsten blühen die Pfingstrosen, und im Sommer bezaubern die him-

melblauen Blütenköpfe der Hortensien. Planen Sie
für die Blumeninsel einen ganzen Tag ein, nicht
zuletzt, um den etwas happigen Eintrittspreis voll
auszunutzen.

3. TAG
INSEL REICHENAU

Im Wagen sind es von Konstanz aus nur 20 Fahr-
minuten zur Klosterinsel im Untersee, das letzte
Stück verläuft über einen von einer stolzen
Pappelallee gesäumten aufgeschütteten Damm.
Spätestens mit der Kür zum UNESCO-Welterbe
im Jahr 2000 avancierte die »reiche Au« zu einer
Sehenswürdigkeit von Weltrang. Einzigartig ist
der frühmittelalterliche Bilderzyklus in St. Georg,
dessen ehrwürdige Mauern bis in die karolingische
Zeit zurückreichen. Die Säulenbasilika bildet mit
dem Münster und St. Peter und Paul im nordwestlichsten Inselzipfel ein herausragendes Trio romanischer Kirchenkultur. Zwischen den Sakralbauten
machen sich akkurat angelegte Salatfelder und
Gewächshäuser breit. Nicht nehmen lassen sollten
Sie sich den Ausflug zur Hochwart, von der sich
ein prächtiger Ausblick über die Gemüsekulturen
öffnet, und vielleicht hat ja gerade das dortige
Teehaus geöffnet ...

4. TAG
MEERSBURG

Das Städtchen am Nordufer des Bodensees ist von
Konstanz aus Tag und Nacht mit einer Autofähre
verbunden, die dem eiligen Gast etliche Straßenkilometer erspart. Bei einem Stadtrundgang
fragt man sich unweigerlich, warum eigentlich
Meersburg noch nicht zum Welterbe geadelt
wurde. Das Zeug dazu hat die von einer mittelalterlichen Bilderbuchburg gekrönte Kleinstadt
allemal. An deren Fuß scharen sich wirklich hübsch
herausgeputzte Fachwerkhäuser und ein von
historischen Gaststuben gerahmter historischer
Marktplatz. Von dort kann man durch heimelige
Gassen zum Neuen Schloss hinauf flanieren, in

dem einst die Konstanzer Bischöfe in fürstlichem Pomp residierten. Der beste Platz für eine kleine Pause oder besser noch für ein ausgiebiges Mittagessen ist die Terrasse der Gutsschenke, von der man über gepflegte Weinberge hinüber auf das Schweizer Seeufer schaut.

5. TAG
FRIEDRICHSHAFEN

Die Attribute Messestadt und Industriestandort mögen für die eine halbe Fahrstunde südöstlich von Meersburg gelegene zweitgrößte Stadt am Bodensee vielleicht kein triftiger Grund für einen Besuch sein. Der Name Zeppelinstadt lässt schon eher aufhorchen. Dem Luftfahrtpionier Graf von Zeppelin ist ein großes Museum gewidmet, das mit allen Facetten der faszinierenden, aber auch tragischen Geschichte der Zeppeline bekannt macht. Von dort aus sollte man es sich nicht nehmen lassen, auf der Seepromenade zu Moleturm, Jachthafen und Graf-Zeppelin-Haus zu spazieren. Wer will, kann noch weiter zur Schlosskirche am westlichen Stadtrand wandern. Ziele im Hinterland von Friedrichshafen sind etwa die Hopfenstadt Tettnang und die oberschwäbische »Türmestadt« Ravensburg. Sofern man mit Kindern unterwegs ist, hat allerdings das auf halbem Weg gelegene Ravensburger Spieleland Vortritt.

6. TAG
BREGENZ

Mit einer Uferlänge von 28 km fällt der österreichische Anteil am Bodensee relativ bescheiden aus. Doch allein die kleine Kulturmetropole Bregenz rechtfertigt den Besuch. Selbst wenn man nicht gerade zur Festspielzeit unterwegs ist, sollte man sich die ins Wasser gebaute Seebühne mit ihrem immer spektakulär in Szene gesetzten Bühnenbild anschauen. Einen architektonischen Akzent setzt das ultramoderne Kunsthaus. Von dort kann man in die Oberstadt spazieren, in der schon vor 2000 Jahren die Römer ihren Beitrag zur Besiedlung

der Bodenseeregion lieferten. Ein Muss ist die Seilbahnfahrt auf den Pfänder, von dem sich die Seeregion fast wie aus dem Cockpit eines Flugzeuges präsentiert.

7. TAG
SCHWEIZER UFER

In Filzpantoffeln über kunstvolle Intarsienböden aus Kirschbaumholz wandeln kann (muss) man in der hinreißend schönen Rokokobibliothek von St. Gallen – nicht umsonst hat es diese zusammen mit dem vom Spätbarock geprägten Klosterbezirk auf die UNESCO-Welterbeliste geschafft. Die Altstadt mit ihren berühmten Erkerhäusern ist genauso eine Besichtigung wert wie die eine oder andere Sammlung auf der Museumsmeile. Dazwischen sollten Sie unbedingt eine echte St. Galler Kalbsbratwurst probieren. St. Gallen liegt einige Kilometer vom Seeufer entfernt, die Alpenkette mit dem Säntis ist hier bereits zum Greifen nahe. Wer wieder näher am Wasser sein will, findet in Arbon schmucke Fachwerkarchitektur, und im benachbarten Rorschach bietet die Sammlung Würth hochkarätigen Kunstgenuss zum Nulltarif. Über Romanshorn und Kreuzlingen kommt man schließlich wieder nach Konstanz zurück.

KONSTANZ UND INSEL MAINAU

1 Konstanz – die Altstadt
Seemetropole mit Charme und großer Geschichte

In vielen Sprachen heißt der Bodensee »Konstanzer See«. Das unterstreicht, dass die mit 83 000 Einwohnern größte Stadt am Bodensee auch international das Aushängeschild der Region ist. Vom Seerhein in zwei Hälften geteilt bietet die linksrheinische Altstadt-Seite genau das, was viele Gäste suchen: Historie mit viel Kultur, heimelige Gassen zum Bummeln und attraktive Terrassenlokale zum Entspannen.

Rund um den Münsterplatz

Konstanz ist Grenzstadt, vom Zentrum aus kann man auf der »Kunstgrenze« ins schweizerische Kreuzlingen spazieren (s. S. 256). Im Zweiten Weltkrieg war die unmittelbare Nähe zur neutralen Schweiz der Grund dafür, dass die Stadt trotz etlicher Industrieansiedlungen von Luftangriffen verschont blieb. Die Altstadt präsentiert sich zwar nicht aus einem Guss, doch mit historischen Bauten vom Mittelalter bis zur Renaissance gehört sie dennoch zu den schönsten Stadtbildern Süddeutschlands. Auf dem Münsterplatz macht eine meterhohe Glaspyramide neugierig. 2003 legte man darunter die Relikte eines spätrömischen Kastells frei. Es belegt, dass die Römer nicht nur in *Brigantium* (Bregenz) Fuß gefasst hatten. Heute beherrscht der 76 Meter hohe Turm des Münsters Unserer Lieben Frau mit einer begehbaren Aussichtsplattform die Konstanzer Silhouette. Die Anfänge der dreischiffigen Säulenbasilika gehen bis ins 7. Jahrhundert zurück. Aus der frühromanischen Zeit ist noch die Krypta (955) erhalten, in der als wertvollster Kirchenschatz vier vergoldete

Vorangehende Doppelseite: Vom Konstanzer Hafen starten viele Ausflugsboote.
Oben: Stolz strebt die Nordwestfassade des Konstanzer Münsters himmelwärts. Während des Konzils wurde hier ein neuer Papst gewählt.

Rundgang durch die Konstanzer Altstadt

Ⓐ Bahnhofplatz – Gegenüber dem Uhrenturm des Bahnhofs steht die im Neorenaissancestil erbaute Sparkasse (1891) als typischer Repräsentationsbau der Kaiserzeit.

Ⓑ Konzil – Im ehemaligen Kaufhaus finden Kongresse und Fasnachtsveranstaltungen statt.

Ⓒ Imperia – Provokantes Werk von Peter Lenk

Ⓓ Insel – Auf der Mini-Insel gründeten vor 800 Jahren die Dominikaner ein Kloster (heute ein Hotel).

Ⓔ Rheintorturm – Durch den Torturm (um 1200) führte einst eine Holzbrücke über den Rhein, seit 2008 befindet sich darin ein kleines Fasnachtsmuseum (April–Okt. Fr 18–22 Uhr, Sa, So 14–17 Uhr).

Ⓕ Niederburg – Altstadtquartier mit engen Gassen, Szeneläden und Ateliers

Ⓖ Münster Unserer lieben Frau – tgl. 8–17.30 Uhr; Münsterturm März–Okt. Mo–Sa 10–17 Uhr, So 12.30–18 Uhr

Ⓗ Lenk-Brunnen – Peter Lenks facettenreiche Wasserspeier an der Unteren Laube

Ⓘ Obermarkt – Am Haus zum Hohen Hafen (um 1420) werden Szenen des Konstanzer Konzils dargestellt, das benachbarte Hotel Barbarossa gehört zu den ältesten Gasthäusern der Stadt.

Ⓙ Marktstätte – Fußgängermeile und Shoppingzone rund um den Kaiserbrunnen

Ⓚ Rosgartenmuseum – Museum zur Geschichte der Stadt und der Bodenseeregion (Rosgartenstr. 3–5, 78462 Konstanz, www. konstanz.de/rosgartenmuseum, Di–Fr 10–18 Uhr, Sa, So 10–17 Uhr, freier Eintritt Mi ab 14 Uhr und jeden ersten Sonntag im Monat)

Ⓛ Rathaus – Von der Renaissance beeinflusstes altes Kanzleigebäude aus dem Jahr 1594,

der Innenhof dient in den Sommermonaten als Bühne für Kammermusik.

Ⓜ Schnetztor – Das Fachwerktor (14. Jh.) war früher der Durchgang nach Kreuzlingen. Davor befindet sich das Hus-Museum (Hussenstr. 64, 78462 Konstanz, April–Sept. Di–So 11–17 Uhr, Okt.–März 11–16 Uhr).

Ⓝ Sea Life – Seepferdchen, Eselspinguine und Schwarzspitzenriffhaie, doch für den stolzen Eintrittspreis erwartet man in dem etwas eng geratenen Aquarium eigentlich noch mehr (Hafenstr. 9, 78462 Konstanz, www.sealife.de, tgl. 10–17 Uhr, Aug. 10–18 Uhr).

Ⓞ Kunstgrenze – An der deutsch-schweizerischen Grenze markieren 22 Skulpturen den Grenzverlauf.

Konstanz und Insel Mainau

Kupferscheiben aus dem 11. Jahrhundert ausgestellt werden. In der Konradi-Kapelle vor der Krypta steht ein vergoldeter Reliquienschrein mit dem Haupt des hl. Konradi. Als kunsthistorisch herausragend gilt das Heilige Grab (1260) in der vom Kreuzgang abgehenden Mauritiusrotunde, einer Nachbildung der Jerusalemer Grabeskirche. Gegenüber dem Münster entstand 1998 ein aus neun teils historischen Bauten zusammengelegtes Kulturzentrum, in dem unter anderem die Stadtbibliothek und Volkshochschule Platz gefunden haben. Im selben Gebäude befindet sich die Wessenberg-Galerie, die auf eine Stiftung des letzten Konstanzer Bistumsverwesers Freiherr Ignaz Heinrich von Wessenberg (1774–1860) zurückgeht und seither durch Schenkungen von Konstanzer Bürgern ständig erweitert wurde. Das wertvollste Exponat ist eine Zeichnung von Albrecht Dürer. Brunchen und sich entspannen kann man im schönen Innenhof des Restaurants Wessenberg.

Von der Niederburg zur Marktstätte

Die Niederburg nördlich des Münsters konnte sich ihren ganz eigenen Charme bewahren. In den Gassen des ältesten Konstanzer Viertels haben sich etliche Szeneläden und Weinlokale eingerichtet. Die natürliche Grenze der nördlichen Altstadt ist der Seerhein, an dessen Ufer mit dem Rheintorturm und dem Pulverturm zwei der einstmals 25 Tore und Türme der mittelalterlichen Stadtbefestigung überdauerten. An der Westgrenze der Altstadt verläuft anstelle des ehemaligen Stadtgrabens die viel befahrene innerstädtische Durchgangsstraße Untere Laube (und ihre Fortsetzung Obere Laube), hier kann mit dem acht Meter hohen *Triumphbogen* eine weitere Arbeit von Peter Lenk bestaunt werden. Das figurenreiche Ensemble will ein Ausrufezeichen zum Verkehrswahn set-

Oben: Für die barocke Kanzel im Münster wählten die Handwerker feine Nussbaum- und Lindenhölzer aus.
Unten: Das Figuren-Ensemble am Lenk-Brunnen macht durch eine üppige Formensprache auf sich aufmerksam.

zen, es ist zugleich auch ein Brunnen und wird von den Konstanzern deshalb einfach Lenk-Brunnen genannt. Weniger provokant, dafür ausgesprochen humorvoll, gibt sich der Kaiserbrunnen auf der Marktstätte. Dem 1898 von einem reichen Bürger gestifteten Wasserspiel kamen im Zweiten Weltkrieg die vier Standbilder von deutschen Kaisern abhanden, man schmolz diese 1942 kurzerhand als »Metallspende des deutschen Volkes« ein. Bis das Künstlerehepaar Gernot und Barbara Rumpf für Ersatz sorgte, sollten fast 50 Jahre vergehen; zusätzlich zu den Kaisern bereichern nun auch das achtfüßige Reittier von Kaiser Friedrich II. sowie Seehasen und andere Fabeltiere das Brunnen-Ensemble.

Zollern- und Rosgartenstraße

Die große Vergangenheit der Stadt wird auch am Hohen Haus in der Zollernstraße lebendig. Wenn man so will, war das 1294 errichtete, siebengeschossige Gebäude ein spätmittelalterliches Hochhaus. Die Fassadenmalerei mit einer Fischmarktszene datiert allerdings auf 1935. Im ehemaligen Zunfthaus der Metzger gibt das Rosgartenmuseum in der Rosgartenstraße den besten Einblick in die Kunst- und Kulturgeschichte der Bodenseeregion. Allein schon die spätmittelalterlichen Räume mit dem spätgotischen Zunftsaal lohnen den Besuch. Sozusagen als »Museum im Museum« versteht sich der Historische Saal, der seine Schätze wie nach der Eröffnung des Museums vor fast 150 Jahren präsentiert. Neben Exponaten zur Vor- und Frühgeschichte sind vor allem die mittelalterlichen Tafelbilder sehenswert, überregional bedeutend ist die reich illustrierte Richental-Chronik, in der detailliert die Ereignisse des Konstanzer Konzils festgehalten sind. Eine Oase der Ruhe ist das idyllische Museumscafé im Innenhof, dort sind auch Gäste unabhängig vom Museumsbesuch willkommen.

Einfach gut!

MIT DEM SEEHAS IN DEN HEGAU

Für einen Ausflug in den Hegau nimmt man am besten die viel von Pendlern genutzte S-Bahn »Seehas«. Der moderne Nahverkehrszug verbindet Konstanz im 30-Minuten-Takt mit Reichenau (der Haltepunkt liegt auf dem Festland im Ortsteil Waldsiedlung/Lindenbühl), Allensbach, Radolfzell, Singen am Hohentwiel und dem malerischen Hegau-Städtchen Engen. An der Strecke gibt es damit genug Halte und Sehenswürdigkeiten, um zwei oder gar drei Ferientage ohne mitunter stressige Autofahrten zu füllen. Los geht es bequem mitten in Konstanz am Hauptbahnhof, recht flott ist man mit dem »Seehas« ebenfalls unterwegs, für die 44 Kilometer bis Engen braucht er gerade mal 50 Minuten. Ihren Namen hat die S-Bahn übrigens durch eine Gästebefragung bekommen.

Seehas. Kundencenter Konstanz, Hafenstr. 10, 78462 Konstanz, Tel. +49 75 31/91 51 09, www.sbb-deutschland.de

Infos und Adressen

ESSEN UND TRINKEN

Konzilgaststätte. Das im Volksmund »Patronentasche« genannte Lokal im historischen Kaufhaus glänzt mit seiner großen Außenterrasse, speziell sind die Dinkelgerichte nach Hildegard von Bingen. Früher befand sich in dem niedrigen Anbau an das Konzil die Zollüberwachung, das Gebäude soll einer um den Bauch gebundenen Patronentasche ähneln. Warme Küche tgl. durchgehend 11–21.30 Uhr, Hafenstr. 2, 78462 Konstanz, Tel. +49 75 31/2 12 21, www.konzil-konstanz.de

Pano. Schon frühmorgens geöffnetes Franchise-Lokal mit Kaffee- und Teespezialitäten, knusprigem Holzofenbrot, leckeren Suppen und Salat vom Buffet. Mo–Fr 7.30–19 Uhr, Sa, So 9–20 Uhr, Marktstätte 6, 78462 Konstanz, Tel. +49 75 31/3 65 25 55, www.pano.coop

Das Pano zieht neben studentischem Publikum auch viele Gäste von auswärts an.

Papageno. Der Österreicher Johann Kraxler offeriert teure französisch-mediterrane Küche, erschwinglich ist mittags der Business Lunch. Mi–So 12–14, 18–23 Uhr, Hüetlinstr. 8a, 78462 Konstanz, Tel. +49 75 31/36 86 60

Tamaras Weinstube zum Guten Hirten. In dem kleinen Altstadtlokal werden zum Wein regionale Gerichte zu vernünftigen Preisen aufgetischt. Mo–Sa 16–23 Uhr, Zollernstr. 6–8, 78462 Konstanz, Tel. +49 75 31/28 43 18

Wessenberg. Konstanzer treffen sich hier vornehmlich in der Mittagspause oder zum sonntäglichen Brunch (All you can eat, 11–14.30 Uhr), bei schönem Wetter unter großen Sonnensegeln im ruhigen Innenhof. Tgl. 9–1 Uhr, Wessenbergstr. 41, 78462 Konstanz, Tel. +49 75 31/91 96 64

ÜBERNACHTEN

Barbarossa. Zentral gelegenes Mittelklassehotel; viele der Zimmer haben Parkettfußboden, manche davon sind durch die klein geratenen Fenster allerdings etwas dunkel. Obermarkt 8–12, 78462 Konstanz, Tel. +49 75 31/12 89 90, www.barbarossa-hotel.com

Hotel Viva Sky. Die etwas nüchterne Hochhausarchitektur muss man nicht unbedingt mögen. Doch die geräumigen, modern eingerichteten Zimmer halten, was der Hotelname verspricht und bieten genauso wie das Dachrestaurant einen fulminanten Ausblick über die Dächer der Altstadt. Sigismundstr. 19, 78462 Konstanz, Tel. +49 75 31/6 92 36 20, www.hotel-viva-sky.de

AUSGEHEN

Globetrotter. Beliebte Cocktailbar mit riesiger Auswahl, wegen der grenznahen Lage auch viele Schweizer Gäste. Mi–So 18–1 Uhr, Sa 19–3 Uhr Hüetlinstr. 14, 78462 Konstanz, Tel. +49 75 31/2 31 10, www.globetrotter-bar.de

K 9 Kulturzentrum. Kommunales Kulturzentrum mit Musik-Events, Salsa-Partys, Kabarett und Theater. Hieronymusstr. 3, 78462 Konstanz, Tel. +49 75 31/1 67 13, www.k9-kulturzentrum.de

Südwestdeutsche Philharmonie. Spielstätten sind neben dem Konzil u. a. auch das Dreispitz in Kreuzlingen und das Milchwerk Radolfzell. Fischmarkt 2, 78462 Konstanz, Tel. +49 75 31/ 90 08 16, www.philharmonie-konstanz.de

Zebra Kino. Engagiertes Off-Kino mit ausgesuchten Dokumentar-, Experimental- und Kurzfilmen. Joseph-Belli-Weg 5, 78462 Konstanz, www.zebra-kino.de

EINKAUFEN

Kafferösterei. Hochlandcafés aus aller Welt werden auf schonende Art geröstet; mit vielen Raritäten, die man sonst nur schwer findet. Mo–Fr 9.30–18 Uhr, Sa 9.30–15 Uhr, St. Stephansplatz 7, 78462 Konstanz, Tel. +49 75 31/36 82 61, www.kaffeeroesterei-konstanz.de

Spitalkellerei Konstanz. Bestseller der Weinhandlung in der Niederburg ist der Grauburgunder von der Sonnenhalde am Bismarckturm. Mo–Fr 9–12, 14–18 Uhr, Sa 9–13 Uhr, Brückengasse 16, 78462 Konstanz, www.spitalkellerei-konstanz.de

Voglhaus. Charmanter kleiner Laden neben dem gleichnamigen Szene-Café, der neben Mode und Dekoartikeln ein breites Angebot an Badepralinen und Raumdüften führt. Mo–Sa 9–18.30 Uhr, So 11–18 Uhr (Café), Wessenbergstr. 8, Eingang Münzgasse, 78462 Konstanz, www.das-voglhaus.de

SCHIFF

Fähre Konstanz – Meersburg. Ab Konstanz-Staad ganzjähriger Pendelverkehr rund um die Uhr. Tel. +49 75 31/80 33 33, www.faehre.konstanz.de

Katamaran. Ab Hafen Konstanz ganzjährige Schnellverbindung nach Friedrichshafen im Stundentakt. Tel. +49 75 31/3 63 93 29, www.der-katamaran.de

Schon der Duft des Kaffees lohnt den Besuch in der Rösterei.

Weiße Flotte. Vom Konstanzer Hafen aus werden im Sommerhalbjahr zahlreiche Ausflugsfahrten angeboten. Tel. +49 75 31/3 64 00, www.bsb-online.com

AKTIVITÄTEN

Golfclub Konstanz. Die Lage auf dem Bodanrück über dem Ufer des Überlinger Sees macht den Parcours zu einem der schönsten am Bodensee. Die Clubräume samt nettem Terrassenlokal sind in einem alten Gutshof untergebracht. Hofgut Kargegg, 78476 Allensbach-Langenrain, Tel. +49 75 33/9 30 30, www.golfclubkonstanz.de

INFORMATION

Tourist-Information. Mit breitem Angebot an Stadtführungen, neben dem Klassiker durch die historische Altstadt werden auch die Drehorte des *Tatorts* vorgestellt. Mo–Fr 9.30–18 Uhr, Sa 9–16 Uhr, So 10–13 Uhr, Nov.–März Sa, So geschlossen, Bahnhofplatz 43, 78462 Konstanz, Tel. +49 75 31/13 30 32, www.konstanz-tourismus.de

HABEMUS PAPAM!
Die Papstwahl von Konstanz

Umstrittenes Konstanzer Wahrzeichen: die *Imperia* des Bildhauers Peter Lenk

Jubiläen müssen ordentlich gefeiert werden! Das dachten sich wohl auch die Konstanzer, die ihr berühmtestes Datum in der mehr als 2000-jährigen Stadtgeschichte gleich vier volle Jahre von 2014 bis 2018 mit vielen Veranstaltungen, Musikfestivals und Ausstellungen zelebrierten. Der Grund dafür: Vor 600 Jahren wurde in Konstanz ein Papst gewählt.

Die frivole Dame am Hafen

Das hätten sich die Konstanzer nicht träumen lassen, dass ausgerechnet eine an der Hafeneinfahrt stehende, ziemlich freizügig bekleidete Kurtisane namens *Imperia* quasi über Nacht zum neuen Wahrzeichen der Seemetropole werden würde! Viele wollten nicht wahrhaben, dass ihnen der Bildhauer Peter Lenk ausgerechnet ein »Hurendenkmal« vor die Nase gesetzt hat. Seit 1993 begrüßt nun schon die *Imperia* die mit dem Katamaran oder Kursschiff ankommenden Passagiere. Heute ist die sich auf dem Sockel des alten Leuchtturms drehende neun Meter hohe Zementgussfigur aus dem Stadtbild nicht mehr wegzudenken. Mit weit geöffnetem Kleid steht die Edelkurtisane schamlos da, auf ihrer linken Handfläche präsentiert sie den Papst, auf der rechten ein mickriges Abbild von König Sigismund (1368–1437), dem späteren römisch-deutschen Kaiser, der vor 600 Jahren das Konstanzer Konzil (1414–1418) zur bislang einzigen Papstwahl auf deutschem Boden einberief.

Das Konstanzer Konzil

Gleich drei Päpste beanspruchten damals das höchste kirchliche Amt für sich, in Konstanz sollte damit nun Schluss gemacht werden. Aus allen Teilen Europas strömte dem Ruf von König Sigismund folgend alles herbei, was Rang und Namen hatte. Kardinäle, Äbte und Fürsten machten die Bodenseestadt für vier Jahre zum Zentrum des Abendlandes, insgesamt zog das Konzil rund 70 000 Menschen an, darunter eben auch etwa 700 Prostituierte. »Hübschlerinnen« nannte man sie wohlwollend. In schwierigen und langwierigen Konzilsitzungen, die im Münster abgehalten wurden, konnte am Ende erreicht werden, dass alle drei Päpste zurücktraten. Das anschließende Konklave fand im damaligen Kauf- und Lagerhaus statt. Unübersehbar steht der 50 Meter lange zweigeschossige Bau mit seinem riesigen Walmdach bis heute nur wenige Schritte vom Seeufer entfernt. Die Wahlberechtigten tagten bei Kerzenlicht hinter verriegelten Türen und vernagelten Fenstern. Bis schließlich nach drei Tagen am 11. November 1417 Oddo di Colonna (Papst Martin V.) gewählt wurde, ein bis dahin unbeschriebenes Blatt, der sich während seiner 14-jährigen Amtszeit vor allem durch den Wiederaufbau der Kurie einen Namen machte. Kritische Stimmen wie die des Prager Theologen Jan Hus (um 1368–1415) wurden bereits im Vorfeld zum Schweigen gebracht. Zunächst verbrannte man die »ketzerischen« Schriften des Reformators, schließlich ihn selbst, und dies obschon ihm von Sigismund freies Geleit zugesichert worden war. In der Hussenstraße erinnert heute ein Museum an den böhmischen Theologen und Prediger.

2 Rechtsrheinisches Ufer
Entdeckungen jenseits der Altstadt

Die meisten Gäste beschränken ihren Besuch in der Seemetropole auf die Altstadt. Die Konstanzer selbst wissen allerdings, was sie an ihrem Stadtteil nördlich des Seerheins haben. An heißen Sommerwochenenden platzt dort das gar nicht so kleine Strandbad »Hörnle« aus allen Nähten, und an Regentagen ist das Archäologische Museum immer einen Besuch wert. Kunst am Bau sorgt an der Universität Konstanz für so manche Überraschung.

Seestraße und »Hörnle«

Am Seeufer jenseits der Rheinbrücke hatte man vor gut Hundert Jahren Großes vor. Der Uferstreifen bis zum Freibad Horn sollte zum Aushängeschild der damals schon aufstrebenden Touristenstadt ausgebaut werden. Gleich an der Ecke Seestraße/Conrad-Gröber-Straße zeugt davon das ehemalige Seehotel (1902), neben dem sich ein weiteres halbes Dutzend großbürgerliche Stadthäuser aneinanderreihen. Doch der Erste Weltkrieg stoppte die weiteren Pläne. Wunderbarerweise blieb trotz der exponierten Lage die Bebauung bis heute eher locker. Für den Autoverkehr ist die Seestraße größtenteils gesperrt, sodass man unter alten Platanen ungestört am Ufer entlang promenieren kann. Weiter östlich schließen sich einige hübsche Villen und das Luxushotel Riva an, und noch ein Stück weiter, kurz nach der Bodenseetherme, das Freibad »Hörnle«. Der 600 Meter lange Naturstrand macht seinem Namen alle Ehre, nicht nur, weil er auf einer wie ein Horn geform-

Mitte: Von der Promenade im Stadtgarten genießt man den Blick hinüber zur Seestraße am rechtsrheinischen Ufer.
Unten: Der Besuch der Konstanzer Universität lohnt auch in architektonischer Hinsicht.

Kanuwandern – ein spritziges Vergnügen

ten Landspitze liegt, sondern weil der Eintritt »frei« ist. Die Aussicht stimmt übrigens auch: Von der großen Liegewiese unter altem Baumbestand schaut man hinüber nach Meersburg und auf das Schweizer Ufer.

Wenn das Wetter mal weniger gut ist

Westlich der Rheinbrücke zeigt im Stadtteil Petershausen das Archäologische Landesmuseum auf rund 3000 Quadratmetern, was in der Region mit ihrer mehrtausendjährigen Geschichte im Lauf der Zeit über und unter Wasser alles zutage gefördert wurde. Dazu gehören rekonstruierte steinzeitliche Pfahlbauten, ein keltisches Hügelgrab und ein 600 Jahre alter Lastensegler. Den Rahmen für das didaktisch gut aufgestellte Museum bildet das ehemalige Benediktinerkloster Petershausen (983). Mehrmals zerstört und wiederaufgebaut, erinnert heute allerdings relativ wenig an die romanischen Wurzeln.

Klein-Harvard am Bodensee

Jeder sechste Einwohner der Seemetropole studiert an einer der beiden Hochschulen, insgesamt

Einfach gut!

KANUWANDERN

Mit dem Kanu über den See paddeln, die Idee ist nicht neu, wird aber immer beliebter. Eine Rundumversorgung für Einsteiger wie auch Fortgeschrittene bietet das Kanuzentrum Konstanz. In dem Fachmarkt ist von der Schwimmweste (auf dem Bodensee herrscht für Kanuten Westenpflicht) bis hin zu Kanus, Kajaks und Faltkanadiern alles zu haben. Auch auf Stehpaddler ist man eingestellt. Anfänger können in einem Wochenendkurs schnell das erforderliche Knowhow erlernen und bekommen Infos zu den Strömungsverhältnissen im Revier. Rund um den See gibt es ein Netzwerk von Kanustationen, wo man Kajaks ausleihen kann; versierte Sportler paddeln auf dem Bodensee-Kanuweg von Station zu Station.

La Canoa. Kanuzentrum Konstanz. Di–Fr 10–12.30, 14–18 Uhr, Sa 10–16 Uhr, Robert-Bosch-Str. 4, 78467 Konstanz, Tel. +49 75 31/ 95 95 95, www.lacanoa.com

Konstanz und Insel Mainau

Oben: Das Nobelhotel Riva glänzt nicht nur durch seine Lage, es hat auch einen netten Dachpool.
Unten: Das Archäologische Landesmuseum widmet sich der Pfahlbaukultur am Bodensee.

leben in Konstanz 16 000 Studenten. Das schlägt sich im Stadtbild nieder, in den Straßencafés sitzen auffällig viele junge Leute, und auch nach Sonnenuntergang ist in den Kneipen und etlichen auf das junge Publikum abgestimmten Clubs und Kulturzentren einiges los. Studiert wird natürlich auch. Der Grundstein für die Universität Konstanz wurde 1966 auf der grünen Wiese am nördlichen Stadtrand gelegt. Im Planungsstadium unkte man viel darüber, ob die aussichtsreiche Lage am Gießberg sich nicht ungünstig auf die Lernfähigkeit auswirken könnte. Diesbezügliche Zweifel sind spätestens seit 2007 widerlegt, seither gehört die Konstanzer Lernfabrik zum erlauchten Kreis deutscher Elite-Universitäten. Mitten in viel Beton und Stahl nimmt sich die aus Holz gebaute Mensa wie eine Oase aus – um dort preiswert zu essen, muss man übrigens nicht Student sein.

Kunst am Bau

Bereits bei der Planung des Campus wurden einige Künstler aktiv mit einbezogen und konnten so mitgestalten. Zentraler Blickfang sind ein Lichterbaum und ein Windrad, neben diesem ist der Kugelbrunnen ein weiterer Hingucker. Insgesamt sind etwa 50 Objekte über den weitläufigen Campus verstreut. Von dem Lichtkünstler Otto Priene stammt das aus Hunderten farbiger Dreiecke konstruierte Glasdach über dem Foyer, es sorgt für interessante Lichteffekte. Einen Vorgeschmack auf die Insel Mainau (s. S. 44) gibt der universitäre botanische Garten, in dem neben heimischen Kulturpflanzen und exotischen Gewächsen aus aller Welt auch eine viel beachtete Ackerwildkrautsammlung mit rund 300 verschiedenen Arten bestaunt werden kann. Auch seltene Pflanzen aus der Region können entdeckt werden, etwa die endemische Bodensee-Strandnelke und der auf der Roten Liste bedrohter Arten stehende Kriechende Sellerie.

Infos und Adressen

SEHENSWÜRDIGKEITEN

Archäologisches Landesmuseum. Zum museumspädagogischen Konzept gehören Familienführungen, junge Besucher werden ferner mit einer Playmobil-Ausstellung umworben. Di–So 10–18 Uhr, Benediktinerplatz 5, 78467 Konstanz, Tel. +49 75 31/9 80 40, www.konstanz.alm-bw.de, am ersten Sonntag im Monat ist der Eintritt frei.

Botanischer Garten. Jeden ersten Sonntag im Monat kostenlose Führungen um 10 und 11.30 Uhr, eine vorherige Anmeldung ist nicht erforderlich. Mo–Do 8–15.45 Uhr, Fr 8–14 Uhr, Universität Konstanz, Universitätsstr. 10, 78464 Konstanz, Tel. +49 75 31/88 35 97, www.uni-konstanz.de/botanischergarten, Eintritt frei

ESSEN UND TRINKEN

Menseria Gießberg. Die Bio-Küche der Mensa mit Grillhütte und Saftbar steht auch externen Gästen offen (auch in der vorlesungsfreien Zeit). Großartig ist der Ausblick auf die Insel Mainau. Mo–Fr 11.15–13.45 Uhr, Universitätsstr. 10, 78464 Konstanz, Tel. +49 75 31/88 72 23, www.seezeit.com/Essen

Gediegener Wohnkomfort erwartet den Gast in den Superior-Zimmern im Hotel Riva.

Stromeyer – Die Bleiche. Beliebter Gastronomiekomplex in den Räumlichkeiten einer alten Textilfabrik; mit Restaurant, Bar, Bistro und Biergarten direkt am Wasser. Tgl. 11.30–22 Uhr, So Frühstücksbuffet 10–11.45 Uhr, im Winter Mo Ruhetag, Bleicherstr. 8, 78467 Konstanz, Tel. +49 75 31/9 42 28 60, www.stromeyer-die-bleiche.de

ÜBERNACHTEN

Riva. Die Jugendstilvilla mit modernem Anbau ist sowohl aufgrund der Lage als auch des Komforts mit das beste Luxushotel am See. Zu den Extras gehören das Pooldeck auf dem Dach und das mit zwei Michelinsternen dekorierte Gourmetlokal Ophelia von Küchenchef Dirk Hoberg. Seestr. 25, 78465 Konstanz, Tel. +49 75 31/36 30 90, www.hotel-riva.de

Villa Barleben am See. Charmante, denkmalgeschützte Villa mit neun individuell gestalteten Zimmern und schönem Garten in ruhiger Seelage. Seestr. 15, 78464 Konstanz, Tel. +49 75 31/94 23 30, www.hotel-barleben.de

Das Auge isst selbstverständlich mit …

39

3 Die Bodenseethermen
Wellness im Thermen-Trio

Schwimmen, schwitzen und entspannen, und das alles rund ums Jahr unmittelbar am Seeufer! Schwer zu sagen, welche der drei Bodenseethermen die schönste ist. Am besten besucht man mit dem günstigen Drei-Tages-Ticket jeden Tag eine andere und entscheidet dann selbst. Für alle drei gilt: Die Hochsaison sollte man meiden, vor allem am Wochenende sind die Badetempel oft überfüllt.

Therme Konstanz

Die dem See zugewandte moderne Architektur der 2007 eröffneten Badelandschaft ist einfach eine Wucht – nicht von ungefähr wurde der vom Stuttgarter Architekturbüro 4a entworfene Badetempel mit nationalen und internationalen Preisen bedacht. Mit 25 Millionen Euro war das Ganze auch nicht ganz billig, doch der Besucherandrang scheint die Investition zu rechtfertigen. Es kommen viele Gäste aus der Schweiz, die das verglichen mit ihrem Heimatland günstige Preisniveau zu schätzen wissen.

GUT ZU WISSEN

STÖRENDE ANSAGEN
Kaum hat das Ausflugsschiff die Leine gelöst, meldet sich eine Stimme aus dem Bordlautsprecher und berieselt die wehrlosen Passagiere mit mehr oder weniger nützlichen Infos. Wer einfach nur die Stimmung auf dem See genießen möchte, nimmt am besten die Fähre von Konstanz nach Meersburg – da quatscht niemand dazwischen. Nur schade, dass man schon nach 15 Minuten am Ziel ist.

Mitte: Die Therme Konstanz ist modern gestaltet und sehr schön gelegen …
Unten: … und auch die Saunakabinen sind zum Liegen fast zu schade.

Die Bodenseethermen

Zum See hin erlaubt eine 78 Meter breite und fast neun Meter hohe Verglasung wunderbare Aussichten, bei entsprechender Wetterlage auch mit Alpenblick, zugleich fällt dadurch in den Innenbereich viel Licht. Das Thermalbecken scheint in den See überzugehen, und auf dem Sonnendeck hat man das Gefühl, wie auf einem Schiffsbug über dem See zu liegen. Ein mittlerweile überall zum Standard gewordener Strömungskanal und Massagedüsen dürfen nicht fehlen, dazu gibt es prickelnde Sprudelliegen und Schwallduschen. Gespeist werden die insgesamt acht Becken von dem mineralhaltigen Wasser einer nahe gelegenen Quelle. Wochentags wird dreimal täglich kostenlose Wassergymnastik angeboten, dazu gebucht werden können Massage, Peeling und andere kosmetische Anwendungen. Für Kinder gibt es einen separaten Bereich, sodass die Großen ganz entspannt genießen können.

Die Saunawelt ist im Westflügel der Therme untergebracht. Von der Panoramakabine der Aufgusssauna lässt sich ebenfalls wunderbar das Seepanorama genießen. Jede Stunde gießt der Saunameister auf, mal mit japanischem Heilpflanzenöl, mal mit Lavendel-Melisse. Im Sommer stellt ein Durchgang die Verbindung zum großen Freibad her, zu dem ein 50 Meter langes Olympiabecken, ein Wasserpark mit einer 87 Meter langen Rutschbahn, eine Breitwasserrutsche und ein Kletterbereich für Kids gehören. Über einen Badesteg hat man direkten Seezugang. Während es im Thermenbereich Ruhezonen gibt, steht hier das Erlebnis im Vordergrund.

Therme Überlingen

2003 eröffnet, ist die Wellnessoase von Überlingen das älteste Glied des Thermen-Trios. Genau wie in Konstanz ist die Therme im Sommer mit einem

Geheimtipp

DESIGNERHOTEL MIT SAUNAOASE

Das Kürzel Bora weckt Assoziationen an ein Südseeatoll, steht hier jedoch für Bodensee und Radolfzell. Mit einer Sauna am westlichen Ortsrand von Radolfzell fing alles an, seit 2013 kann man daneben auch in einem der 84 Zimmer des Viersternehotels wohnen. In der Japan-Suite vermitteln Tatamis und Futonbetten fernöstliches Wohngefühl, noch geräumiger und komfortabler ist die mit großen Panoramafenstern und eigener Wärmekabine ausgestattete Bodensee-Suite. Mit der schönste Platz der architektonisch eigenwilligen Anlage ist die Skybar auf dem Dach. Die an das Hotel angeschlossene große Saunalandschaft mit direktem Seezugang wird auch gern von externen Gästen besucht (Mo–Sa 10–23 Uhr, So 10–22 Uhr).

Bora Hot Spa Resort. Karl-Wolf-Str. 35, 78315 Radolfzell, Tel. +49 77 32/95 04 00, www.bora-hotsparesort.de

Für viel Entspannung sorgt die klassische finnische Sauna.

Konstanz und Insel Mainau

Strandbad mit Liegewiese und großer Wasserrutsche verbunden, das Schwimmbecken fällt mit 25 Metern allerdings nur halb so groß aus. Den etwas düster geratenen Familienbereich hätte man allerdings etwas freundlicher gestalten können, und auch in der Umkleide kann es bei starkem Besucherandrang mitunter etwas eng werden. Der Saunabereich lässt dagegen kaum Wünsche offen, man schwitzt wahlweise klassisch finnisch oder japanisch, dazu gibt es russische Aufgussrituale. Der Clou ist die Seeblockhaussauna, von der man direkt nach dem Schwitzen ins größte Abkühlbecken Deutschlands springen kann. Danach laden Ruheliegen neben knisterndem Kaminfeuer zum Entspannen und Auf-den-See-Schauen ein. Davon kann man nie genug bekommen.

Therme Meersburg

Die kleinste der drei Thermen hat im Sommer ein Problem: Sie ist manchmal wegen Überfüllung geschlossen, an Wochenenden empfiehlt es sich, sich vorher telefonisch nach dem Stand der Dinge zu erkundigen. In der Saunawelt treffen sich skandinavische und orientalische Badekultur, alle, die es weniger heiß wollen, ziehen das türkische Dampfbad vor. Sehr schön sind auch die drei reetgedeckten Pfahlbausaunen direkt am Wasser. Besonders entspannend: Smartphones, E-Books und andere elektronische Geräte sind in der Saunawelt nicht zugelassen, sodass sich niemand gestört fühlt und man sich ausschließlich auf das konzentrieren kann, wozu man hergekommen ist. Durch die Außenanlage des Thermalbereichs plätschert ein Wildbach, und ein angeschlossenes Freibad mit einem 50-Meter-Sportbecken gibt es auch. Dort kann man Beachvolleyball spielen oder sich einfach nur auf der riesigen Liegewiese sonnen und im Biergarten nach dem Schwitzen wieder den Wasserhaushalt auf Normalniveau bringen.

Oben: Auch der Außenbereich der Konstanzer Therme lässt keine Wünsche offen.
Unten: Wer es in der Sauna nicht ganz so heiß mag, liegt mit einem Gang in das nur 60 Grad warme Konstanzer Sanarium richtig.

Infos und Adressen

THERMEN

Therme Konstanz. Tgl. 9–22 Uhr, Sauna 10–22 Uhr, Di Damensauna (ausgenommen an Feiertagen und in den Schulferien von Baden-Württemberg), Zur Therme 2, 78464 Konstanz, Tel. +49 75 31/36 30 70, www.bodensee-therme-konstanz.de, 1,5 Std. 8 €, Tageskarte 12 €

Therme Überlingen. Tgl. 10–22 Uhr, Fr 10–23 Uhr, Di Damensauna, Bahnhofstr. 27, 88662 Überlingen, Tel. +49 75 51/30 19 90, www.bodensee-therme.de, 2 Std. 9 €, Tageskarte 13 €

Therme Meersburg. Tgl. 10–22 Uhr, Uferpromenade 12, 88709 Meersburg, Tel. +49 75 32/4 40 28 50, www.meersburg-therme.de, 2 Std. 9 €, Tageskarte 14 €

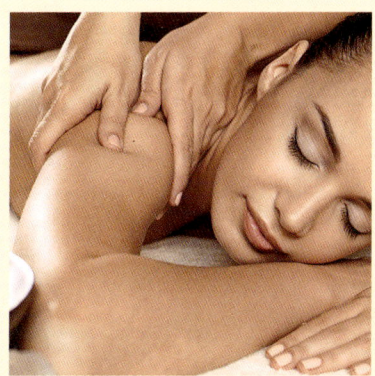

Massagenangebote gehören dazu, angefangen von der klassischen Massage …

ESSEN UND TRINKEN

Restaurant Seelig. Im Vordergrund steht leichte Seeküche mit Bodenseefelchen und verschiedenen Salatvariationen. Für besondere Anlässe gibt es Extra-Arrangements, etwa das Candle-Light-Dinner am Valentinstag; mit Blick auf die vielen Schweizer Gäste wird auch der Schweizer Nationalfeiertag am 1. August nicht vergessen. Warme Küche tgl. durchgehend bis 21.30 Uhr, Therme Konstanz, Zur Therme 2, 78464 Konstanz, Tel. +49 75 31/36 30 72 00, www.restaurantseelig.de

ÜBERNACHTEN

Waldhotel Jacob. Für angehende Stammgäste ist das Haus ideal, es liegt nur 100 m von der Konstanzer Therme entfernt. Das Preis-Leistungs-Verhältnis könnte allerdings besser sein. Eichhornstr. 86, 78464 Konstanz, Tel. +49 75 31/8 10 00, www.waldhaus-jakob.de

INFORMATION

Thermen-Trio. Ein Drei-Tages-Ticket für 33 € (es ist drei Jahre lang gültig) für alle drei Thermen gibt es an den Kassen der Thermen oder im Internet unter www.thermentrio.de

… bis hin zu trendigen Hot-Stone- und Stempelmassagen.

4 Die Insel Mainau
Mediterran anmutende Blumen-insel mit barockem Schloss

Die Mainau ist ein Fest für die Sinne, mit ihren überbordenden Blumenarrangements, Orchideen, Dattelpalmen und tropischen Gewächsen von Agave bis Zitrone natürlich in erster Linie fürs Auge. An sonnigen Sommerwochenenden ist der Ansturm riesig, wer es dann einigermaßen ruhig haben möchte, sollte die großzügigen Öffnungszeiten nutzen und gleich nach Sonnenaufgang kommen.

Die 45 Hektar große Mainau ist nach der Reichenau und Lindau die drittgrößte Bodenseeinsel und durch eine 120 Meter lange Fußgängerbrücke mit dem Festland verbunden. Für die attraktiv gestaltete Parklandschaft, die neben kunstvollen Blumentieren und tropischen Gewächshäusern auch ein barockes Schlossensemble zu bieten hat, sollte man mindestens einen halben Besichtigungstag einplanen, ansonsten würde sich auch der relativ hohe Eintrittspreis nicht rechnen.

Von den Deutschrittern zu Graf Bernadotte

Dass im Blumenparadies nicht immer alles so rosig war wie heute, wird an dem über dem südwestlichen Seeufer stehenden Schwedenturm ersichtlich. Von dem 1588 vom Deutschen Orden erbauten Rundturm wurde einst nach möglichen Angreifern Ausschau gehalten. Im Dreißigjährigen Krieg konnte allerdings die Eroberung durch schwedische Truppen nicht verhindert werden, die zwei Jahre die Mainau besetzten und nach ihrem Abzug 1649 die Insel als Trümmerhaufen zurückließen.

Mitte: Das prächtige Barockensemble von Schloss und Kirche entstand nach Entwürfen des Ordensbaumeisters Johann Caspar Bagnato.
Unten: Liebevoll arrangierte Blumentiere zeugen von der hohen Gartenkunst.

Rundgang über die Mainau

Ⓐ Schwedenkreuz – Vom Kassenbereich am Großparkplatz wird nach wenigen Schritten das Schwedenkreuz an der Fußgängerbrücke zur Mainau erreicht. Die um 1577 in Konstanz aus Bronze gegossene Kreuzigungsgruppe wurde 1649 nach dem Ende des Dreißigjährigen Krieges von den Schweden zurückgelassen und später neben der Inselbrücke aufgestellt. Besucher mit wenig Zeit können von der Brücke aus mit dem Inselbus bis zur Schwedenschenke fahren.

Ⓑ Schmetterlingshaus – Das Glashaus wird über eine 1958 angepflanzte Allee von Chinesischen Urweltmammutbäumen erreicht.

Ⓒ Schloss – Der heitere Barockbau wird bis heute von der Gräflichen Familie Bernadotte bewohnt, öffentlich zugänglich sind lediglich das reizende Schlosscafé und der im Rahmen von Ausstellungen geöffnete Wappensaal.

Ⓓ Schlosskirche St. Marien – Sie bildet zusammen mit dem Schloss ein wunderbares Ensemble des oberschwäbischen Barock. Die Kirche kann von Sonnenauf- bis Sonnenuntergang besichtigt werden.

Ⓔ Palmenhaus – In dem mobilen Glashaus haben bis zu 18 Meter hohe Palmen Platz, jeweils ab Mitte März bis Mai ist es Bühne für eine große Orchideenschau.

Ⓕ Italienischer Rosengarten – Südlich vom Schloss blühen in dem 1871 im Stil der italienischen Renaissance symmetrisch angelegten Garten rund 400 verschiedene Rosenarten.

Ⓖ Wassertreppe – Ebenfalls nach italienischem Vorbild rauscht über kleine Kaskaden ein Wasserlauf den Hang hinab, der von Säulenzypressen und Blumenrabatten gesäumt und von hohen Blutbuchen beschattet wird.

Ⓗ Hafen – Unterhalb des Schlossbezirks gibt es am Hafen am Ostufer für mit Kursschiffen ankommende Besucher einen zweiten Kassenbereich mit Souvenirshops.

MAINAU-KINDER-LAND

Kinder interessiert das Blumenparadies auf der Mainau, wenn überhaupt, nur am Rande. Sie wollen auf der Insel vor allem den Wasserspielplatz erkunden, und das so lange wie nur irgend möglich. In dem stehtiefen Mini-See können kurze Floßfahrten zu einer kleinen Insel unternommen werden, oder man kann sich von einer Seilfähre auf die andere Seite ziehen lassen. Am Ufer steht eine nachgebaute Pfahlbausiedlung, deren Häuschen durch Hängebrücken und Stege miteinander verbunden sind. Mitunter bleibt kein Auge trocken, doch auch daran wurde gedacht: Gleich neben dem Eisstand steht ein Wäschetrockner! In der Nachbarschaft kann man im Kinderbauernhof mit Haustieren Bekanntschaften schließen oder auf der Ponyreitbahn eine Runde drehen. Das Kinderland liegt hinter der Inselbrücke, nur wenige Gehminuten vom Parkplatz entfernt.

Nicht verpassen

Der Neuaufbau begann 1739 mit dem von dem Ordensbaumeister Johann Caspar Bagnato (1696–1757) entworfenen Deutschordensschloss, einer symmetrischen Dreiflügelanlage im Stil des oberschwäbischen Barock. Ein monumentales Wappen des Ordens weist auf dem Mittelrisalit auf die Bauherren hin. Die benachbarte Schlosskirche geht ebenfalls auf Bagnato zurück, mit ihrer reichen Barockausstattung ist sie heute eine beliebte Location zum Heiraten. Nach der Säkularisation ging die Mainau 1806 in den Besitz des neu gegründeten Großherzogtums Baden über und fiel schließlich durch Vererbung 1932 an das schwedische Königshaus, das 1932 den Grafen Lennart Bernadotte (1909–2004) mit der Verwaltung beauftragte. Bernadotte zog auf die Mainau, brachte den damals verwahrlosten Park wieder auf Vordermann und machte ihn nach der kriegsbedingten Unterbrechung mit heute jährlich mehr als einer Million Besuchern zur beliebtesten Touristenattraktion am Bodensee. Seit 2007 wird die Mainau von Gräfin Bettina, der ältesten Tochter der Bernadottes, geführt, in der Hauptsaison halten rund 300 Mitarbeiter das florierende Wirtschaftsunternehmen am Laufen.

Heimische Blumen und mediterrane Flora

Sozusagen die Prachtstraße ist die im Frühjahr von mehr als 100 000 Tulpen und Narzissen gesäumte Frühlingsallee, im weiteren Jahreslauf stechen unzählige Strauchrosen und Dahlien ins Auge. Doch die Mainau ist nicht nur eine Blumeninsel, sie ist zugleich ein botanischer Garten mit Gewächsen von allen Kontinenten. Dank des milden Klimas gedeihen viele Pflanzen im Freien; was nicht frosthart ist, überwintert in Gewächshäusern. Im Schlosshof und auf der Schlossterrasse genießen im Sommer viele Kübelpflanzen

mit subtropischen Gewächsen die Bodenseesonne, dazu gehören etwa Afrikanische Liebesblumen, Engelstrompeten und Zylinderputzer. Richtig in der Erde stehen im Palmenhaus etliche haushohe Palmen und eine Sammlung von Zitrusgewächsen, zu der neben gewöhnlichen Zitronen und Mandarinen auch Ausgefallenes wie etwa Gehörnte Pomeranzen gehören.

Exotische Gehölze

Besonders stolz ist man auf das Arboretum mit heute rund 250 verschiedenen Arten. Den Grundstock dafür legte der badische Großherzog Friedrich I., der als passionierter Pflanzenliebhaber ab 1853 neben heimischen Eichen und Linden viele fremdländische Gewächse anpflanzen ließ; so manche davon brachte er selbst von seinen Reisen aus Südeuropa mit. Die aus Kalifornien stammenden Riesenmammutbäume mit mehr als 50 Metern Höhe sind mittlerweile über 150 Jahre alt und gehören in Europa zu den ältesten Vertretern ihrer Gattung. Dazu gesellen sich unter anderem Himalaja-Zedern, Virginischer Säulenwacholder und Japanische Zierkirschen.

Oben: Neben einer opulenten Blütenpracht kann die Mainau auch mit etlichen interessanten Baudenkmälern aufwarten.
Unten: Eine junge Zypressenallee säumt die italienische Blumentreppe.

Zierpflanzen aus aller Welt im Palmenhaus

WAS BLÜHT ZU WELCHER ZEIT?

Die Mainau verwöhnt ihre Gäste mehr als ein halbes Jahr mit einem abwechslungsreichen und kunstvoll arrangierten Blütenmeer. Los geht es je nach Witterungsbedingungen etwa Mitte März, wenn sich auf den Wiesen die ersten Frühlingsboten zeigen, allen voran natürlich Schneeglöckchen und Krokusse. Auch Stiefmütterchen, Goldlack und Narzissen lassen nicht lange auf sich warten. Zu den Höhepunkten gehört von April bis in die ersten Maitage hinein die Tulpenblüte, auch der Rhododendron öffnet dann seine Knospen. Pünktlich zu Pfingsten sind die Pfingstrosen an der Reihe, der italienische Rosengarten entfaltet ab Mitte Juni seine volle Pracht, späte Sorten blühen bis Oktober. Der Hochsommer ist die Zeit der Hortensien und Dahlien, letztere harren bis zum ersten Frost aus.

Das Schmetterlingshaus

In der kalten Jahreszeit sind die Schmetterlinge der Hauptanziehungspunkt der Mainau. Das 1000 Quadratmeter große Glashaus gehört zu den größten Deutschlands und garantiert auch an kalten Tagen mit seinen konstant auf 20 bis 28 Grad gehaltenen Temperaturen wohlige Wärme und mit seiner hohen Luftfeuchtigkeit zugleich tropische Schwüle. Zu Gesicht bekommt man rund 120 verschiedene Arten, darunter auch riesige Nachtfalter mit einer Flügelspannweite von bis zu 30 Zentimetern. Faszinierend sind etwa der aus Madagaskar stammende Kometenfalter oder der in den Regenwäldern Südostasiens lebende Neon-Schwalbenschwanz. Die meisten der bunten Flattertierchen werden in den Herkunftsländern gezüchtet und kommen als Puppe auf die Insel, wo sie sich dann zum Schmetterling verwandeln. Ganz nebenbei kann man hier außergewöhnliche Gewächse wie Strelitzien, Pfeifenblumen, Purpurkranz und die durch ihre pinselförmigen roten Blütenstände sehr anziehend wirkenden Puderquastenblumen bewundern, ja, selbst Papayas reifen hier. Das 1996 eröffnete Schmetterlingshaus war übrigens der entscheidende Grund, den Park auch außerhalb des Blütenjahres zugänglich zu machen.

Infos und Adressen

ESSEN UND TRINKEN

Rothaus-Seeterrassen. Großes SB-Lokal mit Biergarten direkt am Wasser. Mitte März–Mitte Okt. tgl. 9–17 Uhr, im Sommer bis 22 Uhr, 78465 Insel Mainau

Schlosscafé. Hier sitzt man besonders schön, einige der Tische stehen im Palmenhaus. Tgl. 11–17 Uhr, 78465 Insel Mainau

Schwedenschenke. Auf der großen Terrasse herrscht über Mittag viel schneller Durchlauf, ruhiger wird es ab 18 Uhr. Neben badischer Küche stehen auch schwedische Spezialitäten auf der Karte. Mitte März–Mitte Okt. 11–23 Uhr, sonst 11.30–15 Uhr, 78465 Insel Mainau

Immer viel los ist beim Gräflichen Inselfest.

ÜBERNACHTEN

Volapük. Das der Mainau am nächsten gelegene Hotel (Mittelklasse) kommt Gästen entgegen, die mehr als einen Tag auf der Blumeninsel verbringen möchten. Im Loh 13, 78465 Konstanz-Litzelstetten, Tel. +49 75 31/ 9 44 00, www.volapuek.de

INFORMATION

Service-Zentrum. 78465 Insel Mainau, Tel. +49 731/30 30, www.mainau.de

Öffnungszeiten. Park ganzjährig tgl. von Sonnenauf- bis Sonnenuntergang; Schmetterlingshaus von Mitte März–Mitte Okt. tgl. 10–19 Uhr, sonst 10–17 Uhr; Palmenhaus von Mitte März–Mitte Okt. tgl. 9–21 Uhr, sonst 9–20 Uhr

Eintrittspreise. Mitte März–Mitte Okt. 19,90 € (»Sonnenuntergangsticket« ab 17 Uhr zum halben Preis), sonst 9,50 €, Parkplatzgebühr 5 €

ANFAHRT

An der Inselbrücke gibt es einen Großparkplatz, der auch vom Konstanzer Stadtbus 4 angefahren wird; für Radfahrer gibt es Schließfächer für Helm und Luftpumpe. In der Hauptsaison wird der Inselanleger von der Weißen Flotte im 30-Minuten-Takt bedient (unter anderem ab Konstanz, Überlingen und Meersburg).

Für Entspannung und das leibliche Wohl sorgt die inseleigene Gastronomie.

Mitte: Der Dingelsdorfer Kirchturm von St. Nikolaus ist schon von Weitem sichtbar.
Unten: Aussichtsreich thront das Barockschlösschen Freudental auf dem Bodanrück.

5 Der Bodanrück
Versteckte Kleinode auf einer großen Halbinsel

Zwischen dem Untersee und dem Überlinger See macht sich der Bodanrück breit, eine großteils bewaldete Halbinsel, deren welliges Hügelland sich fast 300 Höhenmeter über dem Seespiegel erhebt. Es ist eine stille Landschaft abseits des Trubels: mit eingestreuten Dörfern, kleinen Landkirchen und einer Handvoll pittoresker Schlösser. Durch die Mitte des bewaldeten Rückens ziehen sich schmale Landsträßchen und stille Forstwege.

Die Bagnato-Kirchen

Die Südseite des Bodanrück ist durch die von Konstanz über Allensbach nach Radolfzell führende B 33 gut erschlossen. Von Konstanz kommend ist der erste Anlaufpunkt der kleine Gemeindeort Dingelsdorf über dem Südufer des Überlinger Sees. Aus dem schmucken Ortsbild mit zwei sehenswerten Fachwerkbauten (Brotgasse 1 und Schiffslände 6) sticht oberhalb vom Rathausplatz der gotische Turm der barockisierten Pfarrkirche St. Nikolas (1493) heraus. Die eigentliche kirchengeschichtliche Attraktion ist allerdings die Heiligkreuzkapelle (1747) im Ortsteil Oberdorf. Einer Sage zufolge soll sie an der Stelle stehen, an der einst ein kostbares Kreuz gefunden wurde, das ein gehörnter Stier aus dem Boden gegraben hat. Turm und Fassade der von Johann Caspar Bagnato gebauten Kapelle werden von siennaroten Pilastern gegliedert, man fühlt sich sofort an die vom selben Baumeister entworfene Schlosskirche auf der Mainau erinnert. Nur dass die Dingelsdorfer Kapelle eine Nummer kleiner ausgefallen ist, gegen das große Vorbild wirkt sie fast putzig. Auch Dettingen kann mit einer Bagnato-Kirche aufwarten, diese stammt allerdings von Sohn Franz Anton. Das Besondere an der von der Deutschordenskommende in Auftrag gegebenen, der heiligen Verena geweihten Saalkirche: Etliche Teile der Innenausstattung befanden sich ursprünglich in dem aufgelösten Augustinerinnenkloster Adelheiden bei Hegne, darunter die Kanzel und einige Kreuzwegbilder.

Feudale Schlösser

Langenrain gehörte jahrhundertelang zum Einzugsbereich der Grafen von und zu Bodman, deren Nachfahren bis heute über ausgedehnten Grundbesitz in der Region verfügen. Das dortige gräfliche Barockschloss steht allerdings nicht für Besucher offen, auch das Schloss Freudental südlich von Langenrain kann nur von außen besichtigt werden, doch der Abstecher dorthin lohnt in jedem Fall. Anders wie es der Name vermuten lässt, liegt es nicht in einem Tal, sondern steht mit seinem barocken Volutengiebel beherrschend auf einer Anhöhe, von der man einen wunderbaren Seeblick hat. Seit 2012 hat sich darin ein nobles Hotel garni eingerichtet, die historischen Säle können für besondere Anlässe gemietet werden. Auch der Ort Möggingen südwestlich von Liggeringen hat ein Schloss, es wurde kurz vor dem Dreißigjährigen Krieg von der Bodmaner Adelsfamilie erbaut, im Krieg dann niedergebrannt und danach als Wasserschloss wieder aufgebaut. Seit 1946 unterhält dort die Max-Planck-Gesellschaft eine Vogelwarte.

Rund um den Mindelsee

Naturfreunde zieht es vom Wanderparkplatz südlich von Möggingen in das Naturschutzgebiet Mindelsee. Der aus einem eiszeitlichen Gletscher

Nicht verpassen

WILD- UND FREIZEITPARK

Auf dem bewaldeten Bodanrück können aus nächster Nähe Rehe, Hirsche, Wildschweine, Wisente und Steinböcke beobachtet werden, auch gibt es ein Freigehege für Braunbären und einen Streichelzoo. Insgesamt bevölkern rund 300 Tiere das weitläufige Gelände. Eine zusätzliche Attraktion ist die Falkner-Schau mit Adlern, Milanen, Eulen und Bussarden (Di–So um 11 und 15 Uhr). Kinder sind bestens auf dem Abenteuerspielplatz aufgehoben, auf dem Klettergerüste, Schaukeln, Trampolin, Hüpfkissen und Rutschen für reichlich Abwechslung sorgen. Ganz hoch im Kurs steht ein Kettcar-Parcours, gleich daneben können sich die Eltern an den Grillplätzen zu schaffen machen (Grillkohle wird an der Rezeption verkauft).

Wild- und Freizeitpark. Mai–Sept. 9–17 Uhr, Okt.–April 10–17 Uhr, Gemeinmärk 7, 78467 Allensbach, Tel. +49 75 33/93 16 19, www.wildundfreizeitpark.de

vor etwa 15 000 Jahren entstandene See lässt sich auf einem reizvollen Weg in gut anderthalb Stunden umrunden. Die Region steht schon seit 1938 unter Schutz und blieb deshalb bis heute völlig unverbaut. Im verlandeten, von Weiden, Pappeln und hochstämmigen Rotbuchen eingerahmten Uferbereich des Flachwassersees nisten zahlreiche Vögel, etwa der Drosselrohrsänger, die Flussseeschwalbe und die in Deutschland sehr seltene Moorente – insgesamt sind im Schutzgebiet etwa Hundert Brutvogelarten gelistet. Hobbybotaniker können im Frühsommer rund zwanzig Orchideen entdecken, darunter seltene Arten wie das Torf-Glanzkraut und Traunsteiners Knabenkraut. Nordwestlich des Mindelsees blieben in der St. Ulrichkirche in Güttingen gotische Wandmalereien aus dem 14. Jahrhundert erhalten, sie sind allerdings ziemlich stark verblasst und warten auf eine fachgerechte Restaurierung. Interessant ist das alte Vogtshaus an der Dorfstraße. Der stolze Fachwerkbau von 1763 fällt durch sein leuchtend rotes Gebälk auf, angeschlossen ist ein ebenfalls in schmuckem Fachwerk errichtetes kleines Wirtschaftsgebäude, an dessen Fassade ein Rad der alten Dorfschmiede angebracht ist.

Oben: In dem Fachwerkhaus in Güttingen wohnte einst der Landvogt.
Unten: Die Schottischen Hochlandrinder fühlen sich auf den saftigen Weiden des Bodanrück sichtlich wohl.

Infos und Adressen

ESSEN UND TRINKEN

Landgasthof Adler. Einfacher Gasthof mit bodenständiger Küche und zugehörigem Zweisternehotel. Mo–Sa 16–23 Uhr, warme Küche ab 17 Uhr, Bodanrückstr. 18, 78315 Radolfzell-Liggeringen, Tel. +49 77 32/9 52 50, www.adler-liggeringen.de

Landgasthaus Mindelsee. Das Ausflugslokal mit einfachen Zimmern und gutbürgerlicher Küche liegt neben dem Wild- und Freizeitpark, an kühleren Tagen wärmt in der Gaststube ein offener Kamin. Mi–Mo 10–21 Uhr, Gemeinmärk 7, 78476 Allensbach, Tel. +49 75 33/93 16 13, www.landgasthaus-mindelsee.de

Wirtschaft zum Kranz. Den Landgasthof gibt es schon seit 1849, Spezialität sind mit Käse, Zwiebeln und Speck belegte Dünnele (Flammkuchen), dazu trinkt man hausgemachten

Apfelmost. Mo–Sa 17–23 Uhr, So 11–14 und 17–23 Uhr, außerhalb der Schulferien letzter Mo und Di im Monat Ruhetag. Bergstr. 3, 78315 Radolfzell-Liggeringen, Tel. +49 77 32/1 03 66, www.kranz-duennele.de

ÜBERNACHTEN

Gästehaus Bodanrück. Von der kleinen Pension am Dorfplatz in Langenrain erreicht man schnell die Marienschlucht. Dorfplatz 6, 78476 Allensbach-Langenrain, Tel. +49 75 33/94 07 25, www.bodanrueck.de

Landhotel Bodensee. Relativ schlichte Landpension im Konstanzer Ortsteil Wallhausen, in der es neben regulären Zimmern auch Apartments mit Küche gibt. Gute Busverbindung nach Konstanz. Uferstr. 40, 78465 Konstanz-Wallhausen, Tel. +49 75 33/52 69, www.landhotel-bodensee.de

Die hübsche Marienkapelle steht auf einer Streuobstwiese zwischen Liggeringen und Dingelsdorf.

6 Radtour rund um den Obersee
Drei-Länder-Bummelei auf dem Bodenseeradweg

Nicht von ungefähr gehört der Bodensee-radweg zu den beliebtesten Radwander-wegen Deutschlands. Auf der deutschen Uferseite liegen mit Meersburg, dem Malerwinkel in Wasserburg und der Insel Lindau einige zauberhafte Plätze am Weg, und auch die Vorarlberger Hauptstadt Bregenz und das schweizerische Arbon brauchen sich nicht zu verstecken. Man muss natürlich nicht die ganzen 268 Kilo-meter fahren, rund um den Obersee sind es »nur« 150 Kilometer.

Bevor es losgeht

Die meisten Radler umfahren den Obersee im Uhrzeigersinn, das hat den Vorteil, dass der Radweg immer auf der Seeseite zur oft parallel verlaufenden Straße liegt. Ein guter Start für die Rundfahrt ist der Bahnhof in Konstanz, doch ange-sichts der durch Bahn und Fähren gut miteinander vernetzten Seeorte bieten sich auch Meersburg, Friedrichshafen, Bregenz oder Romanshorn an. Cracks werden die Strecke an einem Wochenende in zwei Tagesetappen fahren, um aber für einige der Highlights unterwegs genügend Zeit zu haben, empfehlen sich mindestens drei, besser vier Tage. Erst dann wird der Radweg zur entschleunigenden Genussbummelei. Ein sportliches Tourenrad ist für die weitgehend flachen Wege völlig ausreichend, und wenn man es bequem haben möchte, kann man sich den Gepäcktransport von einem Dienst-leister abnehmen lassen (s. S. 57).

Mitte: Am Festspielhaus Bregenz sollte man einen Stopp einlegen und einen Blick auf die Seebühne werfen.
Unten: Kleine Pause im Schlöss-lepark von Kressbronn

Radtour rund um den Obersee

Auf dem Bodenseeradweg um den Obersee

Etappen:

Tag 1: Konstanz – Friedrichshafen 35 km
Tag 2: Friedrichshafen – Bregenz 36 km
Tag 3: Bregenz – Arbon 48 km
Tag 4: Arbon – Konstanz 30 km

Ⓐ Konstanz – Nach einer kurzen Fahrt vom Bahnhof nach Staad wird mit der Fähre nach Meersburg übergesetzt.

Ⓑ Meersburg – Die Altstadt mit der Meersburg und dem Neuen Schloss ist einen Besuch wert, eventuell sollte man einen Extratag einplanen.

Ⓒ Friedrichshafen – Sofern nur ein Tagesausflug geplant ist, kann nach dem Besuch des Zeppelinmuseums mit dem Katamaran wieder nach Konstanz zurückgefahren werden. Alternativ kann man den Katamaran nach Romanshorn nehmen und von dort am Schweizer Ufer entlang nach Konstanz radeln.

Ⓓ Eriskircher Ried – In dem Naturschutzgebiet gibt es seltene Pflanzen zu entdecken, je nach Saison sind viele Brut- und Zugvögel zu sehen. Es empfiehlt sich, ein Fernglas dabeizuhaben.

Ⓔ Wasserburg – Der Malerwinkel ist einer der reizvollsten Flecken der Rundfahrt.

Ⓕ Lindau – Der Abstecher auf die Insel ist ein Muss. Von der Seepromenade kann man von einem Terrassencafé auf den Bayerischen Löwen an der Hafeneinfahrt schauen.

Ⓖ Bregenz – Zu den architektonischen Highlights gehören das Festspielhaus und das postmoderne Kunsthaus. Falls in Bregenz eine Übernachtung vorgesehen ist, gilt es, während der Festspielwochen im Juli und August zeitig zu reservieren.

Ⓗ Arbon – Auch hier sollte man eine Pause einlegen und die hübsche Altstadt auf sich wirken lassen.

Ⓘ Romanshorn – Vom größten Hafen am Schweizer Ufer kann der Katamaran zurück nach Friedrichshafen genommen werden.

Ⓙ Kreuzlingen – Die Wiedereinreise nach Deutschland erfolgt über die sehenswerte »Kunstgrenze«, ein paar Hundert Meter weiter steht man wieder am Konstanzer Bahnhof.

Von Konstanz nach Friedrichshafen

Nach einem Spaziergang durch die Konstanzer Altstadt (s. S. 28) geht es vom Bahnhof aus zunächst am imposanten Konzilgebäude vorbei. Von der Hafenmole grüßt frech Peter Lenks »Hübschlerin«, die Kurtisane *Imperia*. Am Hafen weist ein Radwegschild in Richtung Meersburg, das Steigenberger Hotel wird rechts liegen gelassen und auf der Rheinbrücke zum rechtsrheinischen Stadtteil übergesetzt. Von dort führt der schnellste Weg auf der Mainaustraße (B 33) zum Fährhafen Staad. Von hier setzen alle zehn bis 15 Minuten Fähren nach Meersburg über (s. S. 130). Sofern man zeitig unterwegs ist, kann sich dort ein ebenfalls lohnender Bummel mit einem zweiten Frühstück oder Mittagessen anschließen. Wer es ruhiger haben will, vertagt die Einkehr noch um ein gutes halbes Stündchen und radelt nach der Therme am westlichen Ortsrand auf dem Uferweg ins Winzerdorf Hagnau, in dem sich ebenfalls etliche Lokale anbieten. Von Hagnau verläuft die Route auf einem Radweg parallel zur Bundesstraße ohne nennenswerte Höhenmeter über Immenstaad nach Friedrichshafen (s. S. 148), wo man entweder das Zeppelin-Museum besucht oder einfach nur den

Oben: Auf der Rundfahrt gibt es genügend Gelegenheit, das Rad zugunsten einer Bootstour stehen zu lassen.
Unten: In Arbon lohnt neben der Schlossbesichtigung auch ein Abstecher durch die historische Altstadt.

Nachmittag in einem der vielen Terrassenlokale auf der autofreien Seestraße ausklingen lässt.

Einfach gut!

Durch Bayern nach Österreich

Am frühen Morgen gibt sich das Eriskircher Ried besonders stimmungsvoll. Der Bodenseeradweg führt mitten durch das reizvolle Naturschutzgebiet, und es lohnt sich, das Fernglas auszupacken, um eventuell einen Haubentaucher oder einen Sumpfrohrsänger aus nächster Nähe zu beobachten. Sollte man im Mai unterwegs sein, blühen auf den Riedflächen Tausende von Sibirischen Schwertlilien. Nach Querung der Schussen wird bald das reizend auf eine kleine Halbinsel platzierte Schloss Montfort in Langenargen erreicht; vielleicht hat das Café darin ja schon geöffnet. Kurz nach dem Schloss entfernt sich der Bodenseeradweg von der Wasserlinie und quert auf der Fußgängern und Radfahrern vorbehaltenen historischen Kabelhängebrücke die Argen und kurz nach der stillgelegten Bodan-Werft in Kressbronn die bayerische Staatsgrenze. Die ersten Anlaufpunkte im Freistaat sind Nonnenhorn und der pittoreske Malerwinkel in Wasserburg, von dem sich ein traumhaftes Panorama auf den Zwiebelturm der Pfarrkirche St. Georg und das nächste Etappenziel Lindau öffnet. In Lindau (s. S. 186) sollte man es sich nicht nehmen lassen, über den Bahndamm auf die Insel zu fahren und die wie aus dem Ei gepellte historische Altstadt besuchen. Mit Lindau ist auch schon der letzte bayerische und zugleich deutsche Ort am Bodenseeufer erreicht. Nach dem Grenzfluss Leiblach verläuft der Radweg parallel zur Bahntrasse fast mit dem Wasser auf Tuchfühlung an der Bregenzer Bucht in die Vorarlberger Landeshauptstadt Bregenz. Dass man nun in Österreich ist, merkt man auch an der roten Beschilderung des Radwegs.

RADELN OHNE GEPÄCK

Mit einem leichten Tagesrucksack radelt es sich unbeschwerter als mit vollen Gepäcktaschen. Warum also nicht den Gepäcktransport einem darauf spezialisierten Dienstleister anvertrauen? Das Team von Radweg-Reisen etwa holt morgens die Reisetasche oder den Koffer ab und transportiert das Gepäck zum gebuchten Hotel oder zur Privatunterkunft. Aus logistischen Gründen jedoch nur, wenn rechtsrum, also im Uhrzeigersinn um den See gefahren wird. Spontaneität muss dabei nicht auf der Strecke bleiben, Kurzentschlossene können noch am Vortag buchen.

Radweg-Reisen. Fritz-Arnold-Str. 16 a, 78476 Konstanz, Tel. +49 75 31/81 99 30, www.bodensee-radweg.com

Für Kinder gibt es genügend kürzere Strecken um den See.

Die recht niedrige Holzbrücke Diessenhofen

Nicht verpassen

**MIT DEM SCHIFF
NACH SCHAFF-
HAUSEN**

Im Sommerhalbjahr ver-
binden Kursschiffe mehrmals
täglich Konstanz mit Schaffhausen.
Die Konstanzer Bucht wird auf dem
Seerhein verlassen, dann geht es
durch den Untersee an der Insel
Reichenau entlang und nach dem
Austritt aus dem Bodensee das
letzte Stück auf dem Hochrhein
weiter. Ein Highlight der fast vier-
stündigen See- und Flussschifffahrt
ist die Unterquerung der historischen Holzbrücke in Diessenhofen,
landschaftlich überaus reizvoll zeigt
sich die von der Burg Hohenklingen bewachte Passage bei Stein
am Rhein. Unterwegs lässt das
Bordrestaurant »Schifflein deck
dich« keine Versorgungsängste auf-
kommen. Von Schaffhausen kommt
man schnell mit der Bahn wieder
nach Konstanz zurück.

**Schifffahrt auf Untersee und
Rhein,** 8200 Schaffhausen,
Tel. +41 52/6 34 08 88, www.urh.ch

Am Schweizer Ufer

Vom Zentrum in Bregenz führt der Radweg parallel zur Seepromenade am Gondelhafen und der Seebühne vorbei zur Bregenzer Ach, die einen Kilometer vor dem Festspielhaus landeinwärts überbrückt wird. Auf der anderen Flussseite geht es wieder zum Seeufer zurück und dann an den Hafenanlagen von Hard ins Rheindelta, wo abermals etwas landeinwärts auf einer großen Brücke die Dornbirner Ach, der Lustenauer Kanal und der Neue Rhein gequert werden. Nach Fußach folgt ein sehr reizvolles Stück durch die geschützte Riedlandschaft des Rheindeltas, bis schließlich nach Gaißau das schweizerische Rheineck erreicht wird. In Altenrhein kann die von Friedensreich Hundertwasser entworfene Markthalle bestaunt werden, im betriebsamen Rorschach lohnt ein Blick auf die historische Badhütte und das Kornhaus. Kunstinteressierten bietet das Forum Würth westlich des Hafens Wechselausstellungen mit hochkarätiger Kunst, und das bei freiem Eintritt. Der Radweg folgt dann mehr oder weniger dicht der Uferstraße nach Arbon (s. S. 238), das mit seiner hübschen Altstadt eine längere Pause rechtfertigt. Nach Romanshorn lässt die Bebauung am See wieder merklich nach, bis schließlich in Kreuzlingen der Grenzübergang nach Konstanz erreicht wird.

Infos und Adressen

ÜBERNACHTEN

An Unterkünften entlang der Strecke herrscht kein Mangel, angefangen von Campingplätzen, Privatunterkünften und Pensionen bis hin zu komfortablen Seehotels. Zu Pfingsten und für die Sommerferien sollte man zeitig reservieren. Über fahrradfreundliche Hotels informiert der Bodensee-Tourismus Service Konstanz, Tel. +49 75 31/8 19 93 50, www.radweg-hotels.com.

FAHRRADVERLEIH UND WERKSTATT

Rocco der Fahrradladen. Verleih auch von E-Bikes; Ersatzteile und Reparaturen. Mo–Fr 9–13, 14.30–18.30 Uhr, Sa 9–15 Uhr, Von-Emmich-Str. 3, 78467 Konstanz, Tel. +49 75 31/ 3 69 76 30, www.roccoderfahrradladen.de

Radladen Gmeiner. Mo, Di, Do, Fr 9–12.30, 14–18 Uhr, Mi, Sa 9–12.30 Uhr, Werastr. 29, 88045 Friedrichshafen, Tel. +49 0 75 41/ 3 78 30 70, www.radladengmeiner.de

GEFÜHRTE TOUREN

Kultur-Rädle. Bietet kulturell interessante Routen am Bodensee an. Räder können ausgeliehen werden. Bahnhofplatz 29, 78462 Konstanz, Tel. +49 75 31/2 73 10, www.kultur-raedle.de

Velotours. Die komplette Seeumrundung mit Gepäcktransport und Hotelübernachtungen in sieben Etappen. Bücklestr. 13, 78467 Konstanz, Tel. +49 75 31/9 82 80, www.velotours.de

STERNFAHRTEN

Wer es vorzieht, von einem Hotel aus Tagesetappen auf dem Bodenseeradweg zu fahren und abends wieder ins gleiche Hotel zurückzukehren, kann dies am besten von Konstanz aus. Schiffsverbindungen mit Radtransport von und zurück nach Konstanz bestehen von Meersburg und Friedrichshafen. Sofern längere Fahrzeiten in Kauf genommen werden, kommt man mit dem Schiff auch von Schaffhausen und Bregenz nach Konstanz zurück. www.velotours.de (s. oben)

LITERATUR

Kartenmaterial: Kompass Fahrrad-Tourenkarte Bodenseerundweg, 1:50 000

Die Altstadt von Konstanz – für viele der Auftakt zum Bodenseeradweg

UNTERSEE MIT HEGAU

7 Die Insel Reichenau
UNESCO-Welterbe zwischen Salatfeldern

Die größte Bodenseeinsel galt im Mittelalter als heilig. Die drei Klosterdörfer der Benediktiner waren nicht nur eines der wichtigsten religiösen Zentren Süddeutschlands, auch die Künste und Wissenschaften erlebten auf dem heute auch als »Gemüseinsel« bekannten Eiland einen enormen Aufschwung. Die kunsthistorische Sensation sind die tausend Jahre alten Wandmalereien in der Stiftskirche St. Georg.

Pirmins Ankunft

Der Wandermönch Pirmin (um 670–753) begann im Jahr 724 mit 40 Glaubensbrüdern die damals unbewohnte Insel im Untersee zu roden. Er ließ zunächst einfache Holzkirchen errichten, die noch im 8. Jahrhundert durch massive Steinbauten ersetzt wurden. Der Aufstieg zu einem der einflussreichsten Klöster begann unter Abt Waldo (740–814), der eine Klosterschule gründete, in der bald der adlige

Vorangehende Doppelseite: Das Münster Mittelzell auf Reichenau
Mitte: Im Abendlicht zeichnen sich über dem Gnadensee die Konturen der Reichenau ab.
Unten: Gleich nach der Auffahrt grüßt die romanische Silhouette von St. Georg.

GUT ZU WISSEN

AUS EINS MACH VIER
Drei Kirchen schaut man sich ja gern an, doch dazu vier Museen? Auf der Klosterinsel wollte man es dezentral haben und baute nach der Aufnahme in die UNESCO-Welterbeliste zu dem bereits bestehenden Museum im Alten Rathaus jeweils ein neues kleines Museum neben die drei Klosterkirchen. Ob die vier kleinen Häuser nicht doch besser unter einem Dach aufgehoben gewesen wären, mag jeder Besucher selbst entscheiden. Der Besuch lohnt trotzdem.

Rundfahrt über die Reichenau

A Reichenauer Damm – Die Insel ist seit 1838 durch einen von Pappeln gesäumten aufgeschütteten Damm mit dem Festland verbunden, die Straße ist zugleich Endpunkt der Deutschen Alleenstraße. Auf dem Damm gibt die Ruine der mittelalterlichen Wasserburg Schopflen die Sicht ins Naturschutzgebiet Wollmatinger Ried frei (keine Parkmöglichkeit in unmittelbarer Nähe!).

B St. Georg – Gilt mit ihren ottonischen Wandmalereien als die kunsthistorisch bedeutendste Reichenauer Klosterkirche. Ein kleines Museum macht vornehmlich mit der Baugeschichte bekannt.

C Museum Reichenau – In dem alten Fachwerkrathaus aus dem 15. Jahrhundert wird u. a. über den Wein- und Gemüseanbau und die Berufsfischerei auf der Insel informiert. Der benachbarte Neubau widmet sich ganz der Klostergeschichte.

D Münster St. Maria und Markus – Zur kostbaren Ausstattung gehört der Markusschrein in der Schatzkammer (Eintritt 2 €). Im Klostergarten an der Nordseite des Münsters werden Heilkräuter kultiviert.

E St. Peter und Paul – Die Kirche in der nordwestlichsten Inselecke wartet mit einer Doppelturmfassade und bis ins 11. Jahrhundert zurückreichenden Wandmalereien auf.

F Campingplatz – An dem Zelt- und Wohnwagenplatz Sandseele am Westufer gibt es einen kleinen Badestrand und ein beliebtes SB-Lokal.

G Schifflände – Am Schiffsanleger machen Kursschiffe aus Konstanz und Radolfzell fest, eine Solarfähre verbindet die Insel mit Mannenbach am Schweizer Ufer. Es können auch Boote und Fahrräder gemietet werden.

H Hochwart – Der Hügel mit seinem von einem Türmchen gekrönten hübschen Teehaus (1833) erlaubt ein wunderbares 360-Grad-Panorama über die Insel und die Ufer von Gnadensee und Untersee.

Auf dem Hügel Hochwart thront ein Teehaus aus dem Jahr 1833.

Nachwuchs der Karolinger und Ottonen unterrichtet wurde. Sein Nachfolger Abt Heito I. (763–836) war ein enger Vertrauter Karls des Großen. Zum Geschlecht der Ottonen bestanden ebenfalls enge Bindungen, so nahm Abt Witigowo von der Reichenau 996 in Rom an der Kaiserkrönung Ottos III. teil.

Mittelalterliche Blüte

Im frühen Mittelalter waren Klosterschulen die wichtigsten Bildungsstätten, jene auf der Reichenau unterhielt eine Schreibstube, in der man sakrale Handschriften vervielfältigte. Das Reichenauer Skriptorium war schon bald im ganzen Abendland für seine luxuriös ausgestatteten Handschriften berühmt, Auftraggeber waren Kaiser und Bischöfe. 2003 fanden zehn Reichenauer Buchmalereien Eingang in die UNESCO-Liste des Weltdokumentenerbes, darunter der Egbert Psalter (um 980), das im Auftrag von Kaiser Otto III. von dem Mönch Liuthar angefertigte Ottonische Evangeliar (um 1000) und das Reichenauer Evangeliar (um 1020), dessen vergoldeter Einband mit Edelsteinen besetzt ist. Die Texte sind mit kunstvollen Blätterranken und Gitterornamenten verziert. Als Pergament diente rasierte Kalbs- oder Schafhaut, geschrieben wurde mit Gold- und Silbertinte auf purpurrot eingefärbten Blättern. Schade ist nur, dass von den rund 300 bekannten Pergamenthandschriften aus der Reichenauer Schreibstube bis auf ein paar einzelne Blätter im Münsterschatz nichts auf der Insel verblieben

Oben: Akkurat angelegte Salatfelder reichen bis an die Kirchenmauern von St. Georg heran.
Unten: Die Pappelallee auf dem Reichenauer Damm ist zugleich Endstation der Deutschen Alleenstraße.

ist, man findet sie heute beispielsweise im Aachener Domschatz oder in der Bayerischen Staatsbibliothek in München.

Niedergang und Neubeginn

Auf die Hochblüte im 9. Jahrhundert folgte ab dem 12. Jahrhundert ein schleichender Niedergang, wobei die geistige Führungsrolle zunehmend an die von Hirsau beeinflussten Reformklöster überging. Am Tiefpunkt angekommen war die Reichenau, als 1540 die Klosterleitung vom Bistum Konstanz übernommen wurde und das Kloster damit seine Selbständigkeit verlor. Bereits mehrere Jahrzehnte vor der Säkularisierung 1803 gab es kein Klosterleben mehr. Ein neues Kapitel markiert das Jahr 2001, seither widmen sich in der Cella St. Benedikt wieder zwei Mönche in der Kirche St. Peter und Paul dem Stundengebet und der Seelsorge.

Die romanischen Kirchen

Gleich nach der Inselauffahrt macht im Ortsteil Oberzell die dreischiffige romanische Säulenbasilika St. Georg (896) auf sich aufmerksam. Die Hochwände im Mittelschiff füllt ein frühmittelalterlicher Bilderzyklus aus. Die hervorragend restaurierten Fresken sind hauptsächlich dafür verantwortlich, dass die Reichenau seit 2000 UNESCO-Welterbe ist. In acht großflächigen Wandmalereien werden die Wunder Jesu dargestellt, angefangen von der Heilung des Besessenen an der Nordwand bis zur Auferweckung des Lazarus an der Südwand. Über die Datierung der Fresken wurde lange kontrovers diskutiert, heute geht man davon aus, dass sie in der zweiten Hälfte des 10. Jahrhunderts entstanden sind. Wiederentdeckt und freigelegt wurden die Fresken übrigens erst 1879. Im 14. Jahrhundert entsprachen sie anscheinend nicht mehr dem Zeitgeschmack und verschwanden unter einer dicken

Geheimtipp

RIEBELS FISCH-HANDLUNG

Der Familienbetrieb ist einer von noch rund zwanzig verbliebenen Berufsfischereien auf der Reichenau. Mehrmals täglich fahren Vater und Sohn auf den See hinaus, das garantiert, dass der Fisch in der Verkaufstheke immer fangfrisch ist. Im Angebot sind vornehmlich Felchen, Kretzer, Hecht und andere Bodenseefische, daneben werden von Zuchtbetrieben auch Lachsforellen und Saiblinge bezogen. Neben Frischware gibt es mild auf Buchenholz geräucherten Fisch, für den kleinen Hunger liegen Fischbrötchen und Fischfrikadellen aus, auch können Terrinen und Fischsülze probiert werden. Von April bis Oktober hat der angeschlossene Imbiss geöffnet, in dem es dann frischen Bodenseefisch vom Grill gibt.

Riebels Fischhandlung. Mo–Sa 8–12.30, Di–Fr 14–18 Uhr, Seestr. 13, 74879 Insel Reichenau, www.reichenauer-fischhandlung.de

Nicht verpassen

HEILIG-BLUT-PROZESSION

Mit dem Markusfest (25. April), dem Heilig-Blut-Fest eine Woche nach Pfingstmontag und Mariä Himmelfahrt (15. August), gibt es auf der Reichenau drei Feiertage mehr als im übrigen Baden-Württemberg. Wie es sich für richtige Feiertage gehört, bleiben dann sämtliche Geschäfte geschlossen. Als höchster Feiertag gilt das Heilig-Blut-Fest. Praktisch die ganze Insel ist auf den Beinen, wenn mit einer großen Prozession die Rückführung der Heilig-Blut-Reliquie gefeiert wird. Im Dreißigjährigen Krieg wurde diese aus Sicherheitsgründen ins Kloster Grüntal bei Freiburg gebracht und kehrte erst wieder 1738 auf die Reichenau zurück. Immer mit von der Partie ist der Spielmannszug der Bürgerwehr, auch sind die Feierlichkeiten eine gute Gelegenheit, die prächtige Reichenauer Tracht zu sehen, typisch für die Frau ist die Kopfbedeckung in Form einer großen schwarzen Radhaube.

In der Schatzkammer des Münsters in Mittelzell gibt es Reliquien.

Farbschicht. Weitaus weniger besucht als St. Georg ist in Niederzell am anderen Ende der Insel die 799 geweihte Kirche St. Peter und Paul, was wohl an den künstlerisch nicht ganz so hochwertigen Fresken liegen mag. Dafür hinterließen lombardische Handwerker bemerkenswerte Steinmetzarbeiten.

Das Münster von Mittelzell

Zwischen den Kirchen St. Georg und St. Peter und Paul darf das Münster St. Maria und Markus keinesfalls übergangen werden. Der 816 geweihte romanische und später mehrfach im gotischen Stil erweiterte Bau steht an der Stelle des von Pirmin errichteten Gotteshauses. Im südlichen Seitenschiff zeigt ein mit reichlich Details ausgeschmücktes Gemälde, wie Pirmin sich im Jahr 724 in einem Ruderboot der Insel nähert. Sobald er seinen Fuß auf die Insel setzte, sollen einer Legende zufolge alle Schlangen und wilden Tiere die Insel fluchtartig verlassen haben. In der Schatzkammer des Münsters befinden sich mehrere Reliquienschreine, darunter der Markusschrein mit den Gebeinen des Evangelisten Markus. Diese kamen um 830 durch Bischof Radolt von Verona auf die Reichenau. In jener Zeit gab es in Europa einen schwunghaften Reliquienhandel und für jeden Kauf war eine Echtheitsprüfung erforderlich. Im Falle der Markus-Reliquie musste der venezianische Verkäufer unter Eid mit seiner Hand drei Steine aus einem Kessel mit siedend heißem Wasser herausholen. Sofern er sich dabei nicht die Hand verbrannte, wurde die Reliquie als echt befunden. Die Szene ist bildlich auf der Schmalseite des 1303 von dem Habsburger König Albrecht I. gestifteten und von einem Konstanzer Goldschmied geschaffenen Markusschreins festgehalten. An den Längsseiten des mit vergoldetem Silberblech verkleideten Kastens sind Szenen aus dem Leben Jesu abgebildet.

Hinter dem Münster gibt es einen interessanten Klostergarten, der nach Vorlagen von Abt Walahfried Strabo (808–849) angelegt ist, der um 840 mit dem *Hortulus* das weltweit vermutlich erste botanische Gartenbuch schrieb. In Versform werden darin 24 Pflanzen vorgestellt, neben klassischen Heilpflanzen wie Minze, Muskatellersalbei und Wermut auch Kulturgemüse (Kürbis, Melone) und Ziergewächse (Rose, Schwertlilie).

Die »reiche Au«

Die überwiegend flache Insel präsentiert sich dem Besucher wie ein großer Gemüsegarten, in Oberzell reichen akkurat angelegte Salatfelder bis unmittelbar an die Kirchenmauer von St. Georg heran. So richtig los mit dem Gemüseanbau ging es in den 1920er-Jahren. Zuvor wurde auf der Insel überwiegend Wein kultiviert, bis in einem strengen Winter viele Rebstöcke erfroren. Heute bauen etwa neunzig kleine Familienbetriebe Sonderkulturen an, darunter Fenchel und Artischocken. Und natürlich Salat, der dank des milden Klimas viermal im Jahr geerntet werden kann – jährlich verlassen geschätzte fünf Millionen Salatköpfe die Insel. Neben zunehmender biologischer Bewirtschaftung ist vor allem auch die regionale Vermarktung ein großes Plus. Einen reizvollen 360-Grad-Überblick über die Felder und Gewächshäuser erlaubt die Hochwart im Inselzentrum.

Geheimtipp

WOLLMATINGER RIED

Das Schutzgebiet links und rechts des Reichenauer Damms ist mit 767 Hektar eines der größten Naturreservate am Bodensee. In den Flachwasserzonen finden Tausende Wasservögel einen reich gedeckten Tisch. Mit rund 600 Farn- und Blütenpflanzen ist auch die botanische Artenvielfalt enorm. Das Reservat wird vom NABU betreut, der im alten Bahnhof Reichenau in einer Ausstellung den Lebensraum Ried vorstellt. Von dort kann auf eigene Faust auf einem Infopfad zum Aussichtspunkt an der Ruine Schopflen auf dem Reichenauer Damm spaziert werden. Alternativ werden dreistündige Führungen angeboten. Je nach Witterung sollte man dazu entsprechend ausgerüstet sein, bei hohem Wasserstand empfehlen sich Gummistiefel, auch ein Mückenschutz ist nicht verkehrt.

Naturschutzzentrum Wollmatinger Ried. April–Sept. Mo–Fr 9–12, 14–17 Uhr, Sa, So 13–15.30 Uhr, Kindlebildstr. 87, 78479 Reichenau, Tel. +49 75 31/7 88 70, www.nabu-wollmatingerried.de

Infos und Adressen

SEHENSWÜRDIGKEITEN

Münsterschatzkammer. Im Münster St. Maria und Markus in Mittelzell. April–Sept. Mo–Sa 10–12, 15–17 Uhr, Okt. Mo–Sa 10–12 Uhr

Auch sehr schön: die Doppelturmfassade von St. Peter und Paul in Niederzell

Museen Reichenau. Die vier Museen befinden sich an der Kirche St. Georg in Oberzell, am kleinen Dorfplatz in Mittelzell und an der Kirche St. Peter und Paul in Niederzell. Öffnungszeiten für alle Häuser: April–Sept. tgl. 10.30–16.30 Uhr, Juli, Aug. 10.30–17.30 Uhr, Nov.–März Sa, So 14–17 Uhr, www.museumreichenau.de

Romanische Kirchen. Die Kirchen St. Georg, St. Peter und Paul sowie das Münster St. Maria und Markus stehen Besuchern täglich von 9–17 Uhr offen (St. Georg Mai–Sept. nur im Rahmen einer Führung tgl. 12.30 und 16 Uhr).

ESSEN UND TRINKEN

Bütezettel. In einfachem Ambiente wird ein preiswerter Mittagstisch geboten, abends gibt es gelegentlich Livemusik. Mo–Fr 12–14, 18–1 Uhr, Sa 18–1 Uhr, Am Vögelisberg 10, 78479 Insel Reichenau, Tel. +49 75 34/99 97 02, www.buetezettel.de

Museumscafé. Rundum gelungenes Café, das keinesfalls sterile Museumsatmosphäre verbreitet, sondern modern und gemütlich daherkommt und neben ausliegenden Zeitschriften auch eine kleine Bibliothek zum Schmökern bereithält. Tgl. 10–18 Uhr, Nov.–März Fr geschlossen, Ergat 5, 78479 Insel Reichenau, Tel. +49 16 3/4 89 79 16, www.cafe-reichenau.de

Reichenauer Salatstube. In dem umgebauten Gewächshaus sitzt man zwischen viel Grün wie in einem Wintergarten. Den Salat gibt es garantiert von der Insel, man bedient sich selbst am Buffet und zahlt nach Gewicht. Mai–Sept. tgl. 11.30–19.30 Uhr, Untere Rheinstr. 21 (nahe der Schiffslände), 78479 Insel Reichenau, Tel. +49 75 34/73 39, www.reichenauer-salatstube.de

Sandseele. Das zum gleichnamigen Campingplatz gehörende SB-Lokal mit Fächerpalmen am Strand liegt einmalig schön; auch bei Sonnenuntergang ein romantischer Platz. April–Sept. tgl. 11–22 Uhr, Zum Sandseele 1, 78479 Insel Reichenau, Tel. +49 75 34/73 84, www.sandseele.de

Zum Alten Mesmer. In der Küche werden überwiegend regionale Produkte verarbeitet; auf der Außenterrasse speist man direkt gegenüber dem Münster. Warme Küche tgl. 11.30–14, 17.30–21 Uhr, im Winterhalbjahr Mo und Di geschlossen, Burgstr. 9, 78479 Insel Reichenau, Tel. +49 75 34/2 39, www.zumaltenmesmer.de

ÜBERNACHTEN

Ganter Hotel Mohren. Drei-Sterne-Superior mit viel modernem Design; man wohnt wahlweise im Stammhaus oder in den größeren Zimmern im neuen Anbau. Pirminstr. 141, 78479 Insel Reichenau, Tel. +49 75 34/9 94 40, www.mohren-bodensee.de

Mein Inselglück. 2014 eröffnetes, neues Hotel der oberen Mittelkasse, mit 32 modern möblierten Balkonzimmern und kleinem Wellnessbereich. Abt-Berno-Str. 3, 78479 Insel Reichenau, Tel. +49 75 34/9 95 59 60, www.meininselglueck.de

Strandhotel Löchnerhaus. Etwas altmodisches, gut Hundert Jahre altes Viersternehotel in 1a-Lage mit eigenem Badestrand und aussichtsreicher Seeterrasse. An der Schiffslände 12, 78479 Insel Reichenau, Tel. +49 75 34/80 30, www.loechnerhaus.de

EINKAUFEN

Silberschmiede Stefan Epp. Neben Tafelgeschirr, Butterdosen und Pfeffermühlen kommen aus der Werkstatt auch sakrale Gebrauchsgegenstände, darunter Kelche, Weihrauchfässchen sowie Tauf- und Messweingeschirr. Öffnungszeiten nach Vereinbarung, Reutegasse 2, 78479 Insel Reichenau, Tel. +49 75 34/75 57, www.stefan-epp.de

Werkgalerie Hochwart. In dem einstigen Teehaus auf der Hochwart stellt die Keramikerin Juliane Epp Arbeiten aus der eigenen Werkstatt aus. Di, Mi, Fr, Sa 14–18 Uhr, bei schönem Wetter auch sonntags, Hochwart, 78479 Insel Reichenau, Tel. +49 75 34/75 10, www.werkgaleriehochwart.de

Winzerverein Reichenau. Im Angebot sind ausschließlich Weine von der Reichenau, vornehmlich Müller-Thurgau und Spätburgunder. Mo, Di, Do, Fr 9–12.30, 14–18 Uhr (im Win-terhalbjahr bis 17 Uhr), Mi, Sa 9–12.30 Uhr, Münsterplatz 4, 78479 Insel Reichenau, Tel. +49 75 34/2 93, www.winzerverein-reichenau.de

AKTIVITÄTEN

Freizeitcenter Reichenau. Verleíh von Ruderbooten, Kanus, Kajaks, SUP-Boards und Fahrrädern (auch E-Bikes). April–Okt. tgl. 9–20 Uhr, Zum Sandseele 1 (neben dem Campingplatz Sandseele), 78479 Insel Reichenau, Tel. +49 75 34/9 95 87 77, www.freizeitcenter-reichenau.de

Reichenau-Rundwanderweg. Der 15 km lange Rad- und Wanderweg umrundet die Insel überwiegend in Ufernähe, mögliche Einstiege sind die Schiffslände oder der Parkplatz in Mittelzell, bzw. die dortige Bushaltestelle.

INFORMATION

Tourist-Information. Mai–Sept. Mo–Fr 9–18 Uhr, Sa 10–14 Uhr, April, Okt. Mo–Fr 9–12.30, 13.30–17 Uhr, Nov.–März Mo–Fr 9–12.30, 13.30–16 Uhr, Pirminstr. 145, 78479 Insel Reichenau, Tel. +49 75 34/9 20 70, www.reichenau.de

Keine Spur von klösterlicher Askese zeigt die Küche im Löchnerhaus.

8 Allensbach
Wiege der Meinungsforschung

In Deutschland dürfte es nur wenige Orte von vergleichbarer Größe geben, deren Namen bekannter sind. Doch Allensbach hat weitaus mehr als nur ein hübsches Fachwerkhaus mit Büros des Instituts für Demoskopie zu bieten. Das Strandbad am Gnadensee rühmt sich, das wärmste Bodenseewasser zu haben: Angesichts des flach abfallenden Naturstrandes erreicht es tatsächlich schnell eine angenehme Badetemperatur.

Galgenacker über dem Gnadensee

Allensbach ist ein ruhiger Erholungsort am Gnadensee gegenüber der Insel Reichenau. Als Wahrzeichen der 7000 Einwohner großen Gemeinde fungiert der Zwiebelturm der Pfarrkirche St. Nikolaus. Das Hinterland steht zu 90 Prozent unter Natur- und Landschaftsschutz und lädt zum Wandern und Radeln ein. Ursprünglich war der Ort der Fähranleger der Reichenau und ab dem 10. Jahrhundert auch Lagerplatz für die prosperierende Klosterinsel. Und noch etwas hatte Allensbach für die fromme »reiche Au« zu erledigen: Es war die Richtstätte der Klosterinsel. Auf der heiligen Insel wurde zwar Recht gesprochen, doch hingerichtet wurden die zum Tode Verurteilten auf dem Festland, sprich auf dem Galgenacker zwischen Allensbach und Hegne. Nur während der Bootsüberfahrt gab es noch einen winzigen Hoffnungsschimmer: Erklang vom Münster der Reichenau eine Glocke, ließ der Abt Milde vor Recht ergehen und begnadigte den Sünder, sofern dieser schwor, nie mehr seinen Fuß auf die Insel zu setzen. Schon seit

Lockere Atmosphäre im Hafen von Allensbach

Infos und Adressen

mehr als 1000 Jahren wird der Seearm zwischen Allensbach und Radolfzell deswegen Gnadensee genannt, und Allensbach spricht von sich selbst gern als Gnadenseegemeinde. Heute ist der See noch aus einem anderen Grund bekannt: Jedes Jahr im Juli bewältigen rund 350 Schwimmer die 1500 Meter lange Strecke zwischen der Reichenau und Allensbach, die Siegerzeit liegt derzeit bei knapp unter 18 Minuten.

Die Anfänge der Demoskopie

Nach dem Zweiten Weltkrieg ließ sich die junge Wissenschaftlerin Elisabeth Noelle-Neumann (1916–2010) in Allensbach nieder und erhielt sogleich von der französischen Besatzungsmacht den Auftrag, eine Jugendumfrage zu machen. Noelle-Neumann mietete eine Garage, stellte die ersten Mitarbeiter ein, entwickelte Fragebögen und führte 1947 in der Volksschule von Ludwigshafen die ersten Interviews durch. Sie nannte das junge Unternehmen »Institut für Demoskopie«, abgeleitet vom Griechischen »das Volk betrachten«. Bis dahin gab es das Wort im Deutschen noch gar nicht, heute steht es synonym für Meinungsforschung. Die Allensbacher Wahlprognosen für den Bundestag gingen in die Geschichte ein, mal kamen sie dem tatsächlichen Ergebnis ziemlich nahe, mal lagen sie deutlich daneben. Nicht überall stieß die Arbeit des dem konservativen politischen Spektrum zugehörigen Instituts auf uneingeschränkte Zustimmung. Hans Magnus Enzensberger etwa sprach wenig schmeichelhaft vom »Orakel am Bodensee«. Zumindest wurde in Allensbach ein neues Geschäftsmodell geboren; das Institut beschäftigt heute rund Hundert Mitarbeiter und etwa 1600 nebenberufliche Interviewer und erforscht nach wie vor das Konsumverhalten der Deutschen und deren politische Einstellung in der berühmt gewordenen Sonntagsfrage.

ÜBERNACHTEN

Haus St. Elisabeth. Wohnen im Kloster – das Gästehaus der Barmherzigen Schwestern vom Heiligen Kreuz macht es möglich. Das moderne Dreisternehaus neben dem Kloster Hegne überrascht mit viel Komfort und zeichnet sich durch ein gutes Preis-Leistungs-Verhältnis aus. Konradistr. 1, 78476 Allensbach-Hegne, Tel. +49 75 33/93 66 20 00, www.st-elisabeth-hegne.de

EINKAUFEN

Müllerhof. In dem Hofladen des Demeter-Betriebs gibt es neben Fleisch und Wurst aus eigener Metzgerei auch frische Milch aus dem Automaten (Selbstbedienung). Mi 9–12, 16–18 Uhr, Fr 9–18.30 Uhr, Markelfinger Str. 12, 78476 Allensbach-Kaltbrunn, Tel. +49 75 33/57 29, www.biohof-mueller.de

EVENT

Jazz am See. Eine auch überregional beachtete Jazz-Veranstaltung, Termine können über das örtliche Kultur- und Verkehrsbüro erfragt werden.

INFORMATION

Kultur- und Verkehrsbüro. Juni–Sept. Mo–Fr 9–18 Uhr, Sa 10–13 Uhr, sonst Mo–Fr 9–12, 14–17 Uhr, Im Bahnhof, 78476 Allensbach, Tel. +49 75 33/8 01 35, www.allensbach.de

9 Radolfzell
Kleine Metropole am Untersee

Die größte Stadt am Untersee steht etwas im Schatten der anderen Seeorte. Das liegt vielleicht daran, dass das Zentrum durch das ausufernde Schienennetz der Bahn ziemlich brutal vom See abgetrennt wird und einen vom Wasser abgewandten Eindruck hinterlässt. Doch ein Bummel durch die Altstadt lohnt auf jeden Fall, und auch wer auf Kunst aus ist, kann so manches entdecken.

Radolfzell (31 000 Einw.) ist eine Gründung des Bischofs Radolt von Verona, der am Ufer des Untersees um 826 ein Kloster namens *Cella Ratoldi* bauen ließ. Unter der Verwaltung der Reichenau entwickelte sich der Ort bald zu einem lebhaften Marktflecken mit eigenem Münzrecht. Doch mit dem wirtschaftlichen Niedergang der Klosterinsel Reichenau wurde Radolfzell 1298 kurzerhand an die Habsburger verkauft und gehörte für die nächsten 500 Jahre zu Österreich.

Münster und Österreichisches Schloss

Von Radolts Zelle blieb kein Stein auf dem anderen, das Zentrum der kleinen Altstadt bildet heute das spätgotische Münster (1436–1550). Mit seinem 82 Meter hohen Turm, kein anderer Kirchturm am Bodensee ragt höher in den Himmel, ist es das Wahrzeichen der Stadt. In der Hausherrenkapelle im nördlichen Seitenschiff werden Reliquien der Märtyrer Theopont und Senesius sowie des Bischofs Zeno verehrt. Gegenüber dem Münster bezeugt das Österreichische Schlösschen die lange Zugehörigkeit zum Hause Habsburg. Der dreigeschossige

Kein Turm am Bodensee ist höher als der des spätgotischen Münsters von Radolfzell.

Bau wurde jedoch nie als Schloss genutzt, sondern diente unter anderem als Speicher, Rathaus und Schule. Hinter der Stufengiebelfassade mit keck aufgesetztem Zwiebelturm befindet sich heute die Stadtbibliothek. Besonders lebhaft zeigt sich die Altstadt rund um das Münster an den Markttagen am Samstag und Mittwoch.

Von Spitzweg bis Lenk

Lohnend ist ein Besuch des Stadtmuseums, wo mit der kompletten Einrichtung der ehemaligen Stadtapotheke auch ein wunderbares Stück Biedermeier bewundert werden kann – die aus Kirschbaumholz geschreinerten Regale sind einfach nur schön. Im zweiten Obergeschoss werden im Spitzweg-Kabinett etliche Originalgemälde von Carl Spitzweg (1808–1885) gezeigt, darunter das *Mädchen im Gebirge* und mit dem *Käfersammler* auch eine seiner typisch humorvoll-ironischen Darstellungen von Sonderlingen. Der Münchner Maler stellt zugleich den Bezug zur Biedermeier-Apotheke her – bevor Spitzweg sich hauptberuflich der Malerei widmete, arbeitete er als Apotheker.
Seit 2013 ist auch der »Bodensee-Bildhauer« Peter Lenk mit einer Arbeit in Radolfzell vertreten. In der Sankt-Johannes-Straße ziert das schwergewichtige Steinguss-Ensemble *Kampf um Europa* die Fassade eines neuen Geschäfts- und Wohnhauses, mit dem der Künstler einen provokanten Kommentar zur deutschen Europapolitik beigesteuert hat. In das öffentliche Kunstwerk sind unter anderem Porträts von Angela Merkel, Wolfgang Schäuble und Peer Steinbrück eingearbeitet, und wie für Peter Lenk typisch nicht immer in vorteilhafter Pose. Nahe der Hafenmole fällt eine weitere interessante Plastik auf – *El Niño* aus der Werkstatt des Stuttgarter Bildhauers Ubbo Enninga. Je nach dem Stand des Seespiegels hockt die Gestalt mit ihren ausgebreiteten Armen mal mehr, mal weniger im Wasser.

Infos und Adressen

SEHENSWÜRDIGKEITEN
Stadtmuseum. Di–So 11–17 Uhr, Seetorstr. 3, 78315 Radolfzell, Tel. +49 77 32/8 15 30, www.radolfzell.de/stadtmuseum

ESSEN UND TRINKEN
Strandcafé Mettnau. Das schönste an diesem auf Betonstelzen gebauten Lokal ist die Lage am Wasser, von der Seeterrasse kann man bei einer Tasse heißer Schokolade der untergehenden Sonne zuschauen. Tgl. 12–21.30 Uhr, im Sommer ab 9 Uhr, Strandbadstr. 102, 78315 Radolfzell, Tel. +49 77 32/16 50, www.strandcafe-mettnau.de

Zur Alten Mosterei. Der Name täuscht, hier wird kein Most, sondern hausgemachte Sangria und spanischer Wein ausgeschenkt, auch die Karte mit Paella und Gambas ist spanisch ausgerichtet. Di–Fr, So 11.30–14, 17.30–23 Uhr, Sa 17.30–23 Uhr, Spitalstr. 3, 78315 Radolfzell, Tel. 49 77 32/3 02 74 31, www.zuraltenmosterei.de

ÜBERNACHTEN
Hotel Iris. Familiengeführtes Haus in toller Lage am Seeufer im ruhigen Kurviertel. Reizvoll sind die zur Seeseite ausgerichteten kleinen Dachgaubenzimmer. Rebsteig 2, 78315 Radolfzell, Tel. +49 77 32/9 47 00, www.hotelirisamsee.de

INFORMATION
Tourist-Information. Mai–Sept. Mo–Fr 9–18 Uhr, Sa, So 10–13 Uhr, Okt.–April Mo–Fr 9–13, 14–17 Uhr, Sa 10–13 Uhr, Bahnhofplatz 2, 78315 Radolfzell, Tel. +49 77 32/8 15 00, www.radolfzell-tourismus.de

10 Die Halbinsel Höri
Stiller Malerwinkel im touristischen Windschatten

Der Name der Halbinsel wird gern auf den Schöpfungsmythos zurückgeführt, als der »liebe Gott« als Letztes den Untersee erschaffen hatte und dann »jetzt höri auf« ausgerufen haben soll. Irgendetwas Besonderes muss die Halbinsel jedenfalls haben. Literaten schwärmen von der Stille, Maler vom weichen Licht und verträumt in die stille Landschaft eingebetteten Dörfern, und natürlich dem Blick auf den See, den man von so gut wie jedem Hügel hat.

Hesse in Gaienhofen

Prominentester Einwohner auf Zeit war der Dichter und Nobelpreisträger Hermann Hesse. Sein 1904 erschienener Roman *Peter Camenzind* machte ihn über Nacht bekannt und finanziell unabhängig. Nach seiner Heirat mit der Schweizer Fotografin Maria Bernoulli beschloss das junge Paar noch im gleichen Jahr, »künftig ganz auf dem Lande zu leben«. Sie mieteten sich in Gaienhofen ein »lusti-

Mitte: In dem Fachwerkhaus wohnte und dichtete einstmals Hermann Hesse.
Unten: Das Hermann-Hesse-Haus dient heute als Veranstaltungsort.

GUT ZU WISSEN

NEBEL
»Seltsam im Nebel zu wandern« – Hermann Hesse wusste, wovon er sprach, er lebte acht Jahre nur einen Steinwurf vom Bodensee entfernt. Nebel mag ja durchaus reizvoll sein, doch wenn im Winter die Ufer manchmal fast den ganzen Tag in eine milchige Suppe gehüllt sind, hört der Spaß auf. Doch irgendwann kommt die Sonne wieder durch, alles ist eben nur eine Frage der Zeit.

Blick vom Südufer der Höri aufs Schweizer Ufer

ges Bauernhäuschen« mit blauen Fensterläden und einer Linde vor der Haustür. Hesse verbrachte viel Zeit mit Wandern, vom Landungssteg warf er seine Angel aus, ruderte ab und an zum Einkaufen nach Steckborn ans Schweizer Ufer, kultivierte Rosen im Vorgarten und stellte mit seinem Schmetterlingsnetz bunten Faltern nach. Sein literarisches Werk bereicherte der »Steppenwolf« um die autobiografisch eingefärbte Erzählung *Unterm Rad*, in der Hesse seine Jahre als Klosterschüler in Maulbronn aufarbeitete. Hesses erstes Wohnhaus, 1907 ließ er sich in der Nachbarschaft mit dem Haus am Erlenloh ein eigenes Landhaus im Reformstil bauen, ist heute ein Museum, in dem auch einige Aquarelle mit dem malerischen Werk des Dichters bekannt machen. Dennoch zog es den rastlosen Literaten nach acht Jahren am Bodensee weiter, rückblickend, nicht ohne einen für moderne Touristikunternehmen wie geschaffenen Satz zurückzulassen: »Die Landschaft des Untersees wird mir zeitlebens fehlen.«

Der Malerwinkel in Hemmenhofen

Anscheinend hatte früher niemand für das reizvolle Örtchen am Südufer der Halbinsel Verwendung. Die Konstanzer Bischöfe verkauften es im

KUNSTROUTE MIT AUSBLICKEN

Viele Maler ließen sich von der Landschaft am Untersee inspirieren. Die lokale Tourist-Information hat eine grenzüberschreitende Route zu Standorten zusammengestellt, an denen die Künstler ihre Eindrücke auf der Leinwand festhielten. Eine Stele zeigt jeweils das Originalbild, daneben schaut man durch einen offenen Bilderrahmen und sieht, wie der Maler die Landschaft wahrgenommen hat. Zusätzlich wird kurz über den Künstler informiert und darauf verwiesen, wo das Originalbild hängt. Etliche der vorgestellten Werke befinden sich im Besitz des Hermann-Hesse-Museums in Gaienhofen.

Kunstroute. Die Broschüre *Kunstroute Untersee* kann gratis bei der Tourist-Information Gaienhofen (Tel. +49 77 35/91 90 55) angefordert bzw. auf www.tourismus-untersee.eu heruntergeladen werden.

Rundfahrt über die Halbinsel Höri

Ⓐ Moos – Von Radolfzell kommend ist Moos am Zeller See der erste Anlaufpunkt auf der rund 60 Quadratkilometer großen Halbinsel. Der kleine Ort ist für seine gute Gastronomie bekannt.

Ⓑ Horn – Von der spätgotischen Dorfkirche öffnet sich eine feine Aussicht auf den Untersee.

Ⓒ Gaienhofen – Im Hauptort der Höri lohnt neben dem Hesse-Museum (15. März–Okt. Di–So 10–17 Uhr, sonst Fr, Sa 14–17 Uhr, So 10–17 Uhr, Kapellenweg 8, Tel. +49 77 35/44 09 49, www.hesse-museum-gaienhofen.de) ein Blick auf die Dix-Kurve des Bildhauers Peter Lenk.

Ⓓ Hemmenhofen – Die Attraktion im Dorf ist das Museum Haus Dix (Ende März–Okt. Di–So 11–18 Uhr, Otto-Dix-Weg 6, Tel. +49 77 35/ 93 71 60, www.kunstmuseum-stuttgart.de).

Ⓔ Wangen – In der Flachwasserzone am Hinterhorn in Wangen wurden 1854 die ersten Pfahlbauten am Bodensee entdeckt. Ein Teil

der Funde, u. a. Tongefäße, Steinwerkzeuge und Fossilien, werden im Museum Fischerhaus ausgestellt (April–Mitte Okt. Di–Sa 11–17 Uhr, So 14–17 Uhr, Seeweg 1, Tel. +49 77 35/39 22, www.museum-fischerhaus.de).

Ⓕ Kattenhorn – In der St.-Petrus-Kirche können drei Glasfenster von Otto Dix bestaunt werden. Sie zeigen Szenen aus dem Leben des Apostels Petrus, darunter die Szene im Hof des Hohepriesters, wo Petrus seinen Herrn verleugnet und nach dem Hahnenschrei sich der Prophezeiung von Jesus erinnerte und bitterlich weinte.

Ⓖ Öhningen – In dem Gemeindesitz nahe der Schweizer Grenze errichteten die Augustiner ein großes Chorherrenstift, dessen Wurzeln bis ins Jahr 965 zurückreichen.

Ⓗ Schienen – Nach einem Besuch der Wallfahrtskirche St. Genius laden auf dem Schiener Berg Wanderwege zum Spazieren ein.

9. Jahrhundert an die Abtei St. Gallen, diese gab es schon einige Jahre später an das Kloster Feldbach nahe Steckborn weiter. Ab 1933 wurde Hemmenhofen unfreiwillig die neue Heimat des Malers Otto Dix (1891–1969), der, nachdem ihm die Nationalsozialisten seine Professur in Dresden aberkannten und seine Bilder als entartete Kunst brandmarkten, in Hemmenhofen bis zu seinem Tode lebte. Anders als Hermann Hesse, dem die Höri zumindest in den ersten Jahren als liebliches Paradies erschien, fand Dix die sanften Hügelrücken »zum Kotzen schön«. Sein Haus steht seit 2013 unter der Leitung des Kunstmuseums Stuttgart. Hochkarätige Originale des Künstlers dürfen allerdings nicht erwartet werden, die hängen im Stuttgarter Kubus. Dennoch ist ein Rundgang durch das Haus überaus lohnend. Dix widmete sich am Bodensee ganz der Landschaftsmalerei, seine Motive fand er praktisch vor der Haustür. Er war übrigens nicht der einzige namhafte Maler im Ort. Von den Nationalsozialisten vertrieben, kam 1944 der Expressionist und Brücke-Gründer Erich Heckel (1883–1970) von Berlin nach Hemmenhofen. Ebenfalls eng mit der Höri verbunden waren Ferdinand Macketanz, Curth Georg Becker und Max Ackermann, der sich nach einem Lehrverbot in Stuttgart in Hornstaad ansiedelte. Offiziell malte er dort Landschaftsbilder, im stillen Kämmerlein widmete er sich jedoch weiter der als entartet angesehenen Abstraktion. Von einer Künstlerkolonie am Untersee konnte dennoch nie gesprochen werden, dazu waren die Charaktere zu sehr auf sich selbst bezogen.

Genuss ohne Tränen – die Höri-Bülle

Vielerorts werden auf der Höri an Straßenständen Kürbisse, Äpfel und was gerade sonst noch erntefrisch vom Feld und aus dem Garten kommt, angeboten. Der Star unter den landwirtschaftli-

Oben: Kürbisse sorgen im Herbst im Gaienhofener Ortsteil Horn für einen reich gedeckten Tisch.
Unten: Die *Dix-Kurve* von Peter Lenk überspannt mit einer Höhe von acht Metern die ganze Hauptstraße von Gaienhofen.

FABRIK AM SEE

Geheimtipp

FABRIK AM SEE

Malen, wo Otto Dix, Erich Heckel und Hermann Hesse malten! Wer ein Wochenende oder ein paar kreative Ferientage verbringen möchte, kann in Horn einen Malkurs buchen. Die Idee dazu kam der Malerin Beate Bitterwolf und dem Architekten Wolfgang Beyer. Am Ortsrand des Gaienhofener Ortsteils und nur wenige Gehminuten vom Ufer des Untersees entfernt richteten sie in den Räumen einer alten Strumpfwarenfabrik mehrere Ateliers ein, auch für Unterkunft ist gesorgt. Die Fabrik ist anerkannte künstlerische Bildungsstätte für Erwachsene.

Fabrik am See. Hornstaader Str. 7, 78343 Gaienhofen-Horn, Tel. +49 77 35/93 83 51, www.fabrikamsee.de

chen Produkten ist die Höri-Bülle, eine hellrote, ovalförmige Speisezwiebel, die wegen ihres milden Geschmacks nicht nur von Feinschmeckern in den Himmel gelobt wird. Manche der Einheimischen essen sie roh wie einen Apfel. Weniger radikal ist es, sie in dicke Scheiben geschnitten auf einem Wurst- oder Käsebrot zu verzehren. Dass es sich um eine besondere Zwiebel handelt, zeigt auch ihre geschützte geografische Ursprungsbezeichnung. Die milde Knolle wird jeweils am ersten Sonntag im Oktober mit dem Bülle-Fest gefeiert, dazu gehören dann Zwiebelbrot und Zwiebelsuppe, die natürlich genauso wie die anderen Zwiebelspezialitäten Bülle-Brot und Bülle-Suppe heißen.

Von Öhningen auf den Schiener Berg

Mit den Ortsteilen Wangen, Kattenhorn und Schienen ist das nur einen Steinwurf von der Schweizer Grenze entfernt liegende Öhningen die größte Höri-Gemeinde. Für eine heimelige Atmosphäre sorgt das Schloss Oberstaad, das, die Lage neben dem Schiffsanleger lässt es vermuten, früher ein Wasserschloss war. Es ist in Privatbesitz, doch wer ab vom Schuss unmittelbar am Seeufer wohnen möchte, kann sich in einem der Apartments oder in einer der beiden Turmwohnungen einmieten. Von Öhningen führt ein Sträßchen auf den Schiener Berg, eigentlich ein lang gezogener bewaldeter Rücken, der es jedoch immerhin auf stolze 700 Meter Höhe bringt. Ein kunsthistorisches Kleinod ist die frühromanische Wallfahrtskirche St. Genesius (vermutlich 9. Jahrhundert) in der Ortschaft Schienen. Dem Dach sitzt ein mit Holzschindeln gedecktes Uhrentürmchen mit zwei Ziffernblättern auf, das obere zeigt die Minuten, das untere die Stunden. Von Wallfahrern wird ein Gnadenbild (um 1430) Unserer Lieben Frau von Schienen verehrt.

Infos und Adressen

ESSEN UND TRINKEN

Falconera. Das Lokal von Sternekoch Johannes Wuhrer zeichnet sich durch frische Saisonküche aus. Mi–Sa 12–14, 18–22 Uhr, So 12–16 Uhr, Zum Mühlental 1, 78337 Öhningen-Schienen, Tel. +49 77 35/23 40, www.restaurant-falconera.de

Grüner Baum. Der Bodenseefisch wird hier besonders lecker zubereitet, weithin bekannt ist die Fischsuppe mit geröstetem Weizenbrot und Sauce Rouille. Fr–Di 12–14, 18–22 Uhr, Radolfzeller Str. 4, 78345 Moos, Tel. +49 77 32/ 5 40 77, www.gruenerbaum-moos.de

ÜBERNACHTEN

Seehörnle. Das von der Caritas geführte Haus liegt am Bodenseeradweg und ist deshalb bei Radlern beliebt. Die hellen Balkonzimmer sind relativ günstig und im Sommer oft ausgebucht. Hörnliweg 14, 78343 Gaienhofen-Horn, Tel. +49 77 35/93 77 00, www.seehoernle.de

Hesse schrieb seine ersten Bestseller auf einer amerikanischen Smith Premier No. 4.

EINKAUFEN

S'Lädele. Der von einer Bürgerinitiative geführte Laden verkauft bevorzugt Produkte von der Höri (auch Höri-Büllen). Mo–Fr 7.30–12.30, 17–19 Uhr, Sa 7.30–12.30 Uhr, Sonnenbergstr. 2, 78337 Öhningen-Schienen, www.laedele-schienen.de

EVENT

Töpfermarkt Iznang. Jeweils am dritten Wochenende im Juli stellen im Mooser Ortsteil Iznang rund siebzig Werkstätten handgefertigte Keramik aus. www.toepfermarkt-iznang.de

SCHIFF

Höri-Käpt'n Harald Lang. Verkehrt in der Saison dreimal in der Woche zwischen Horn, Berlingen, Gaienhofen und Steckborn auf der Schweizer Seite. Fahrräder dürfen mit an Bord. 78343 Gaienhofen-Horn, Tel. +49 77 35/88 91, www.schiffahrtlang.de

INFORMATION

Tourismus Untersee. Mo–Fr 9–17 Uhr, Im Kohlgarten 2, 78343 Gaienhofen, Tel. +49 77 35/ 91 90 55, www.tourismus-untersee.eu

Mild im Geschmack – die Höri-Bülle

FEINE ESSKULTUR
am Bodensee

Trotz Seefischplatte und Dünnele – eine Bodenseeküche im eigentlichen Sinne gibt es nicht. Vielmehr fällt die kulinarische Tradition je nach Region badisch, schwäbisch oder bayerisch aus. Natürlich mischen auch Schweizer und österreichische Köche kräftig mit. Langweilig wird eine Rundfahrt um den See also in puncto Essen auf keinen Fall.

Allen Länderküchen gemeinsam ist das Bodenständige, sie leben von dem, was Land, Wälder und natürlich der See hergeben. Die Wege sind dadurch kurz, Frische und Regionalität sind Trumpf. Überall am See weiß man von der hervorragenden Qualität der Produkte. Der Fisch wird selbstverständlich im Bodensee gefangen, Wild kommt aus den Wäldern im Hinterland, der Spargel aus Tettnang, und mit der Insel Reichenau hat man einen der größten Salat- und Gemüsegärten Süddeutschlands praktisch vor der Haustür. »Gutes vom Bodensee« ist nicht nur eine leere Worthülse: Unter dem Namen haben sich Gastronomen, Großküchen, Landwirte und Verarbeiter zusammengetan, um gezielt die regionale Vermarktung von Lebensmitteln zu fördern. Beachtlich ist auch die Dichte an Sternen, Hauben und Kochmützen. In Lokalen wie etwa dem Casala in Meersburg oder dem Riva in Konstanz wird nicht nur gekocht, sondern der Gang durch die Gänge richtiggehend zelebriert. Doch man muss für ein Menü nicht unbedingt 100 Euro und mehr ausge-

Kässpätzle – Nudeln auf schwäbische Art

ben, vielmehr findet man rund um den See ein breit gefächertes Angebot an bezahlbaren und guten bis sehr guten Restaurants und Landgasthöfen. Vom deftigen Vesperbrett mit Schinken, Wurst und Käse bis zur leichten Feinschmeckerküche ist alles dabei.

Spätzle, Knöpfle & Flädle

Natürlich gibt es überall Spaghetti, Penne und Tagliatelle, doch die Pasta erster Wahl sind Spätzle, in runder Form mancherorts auch als Knöpfle bezeichnet. Jedes Lokal, das etwas auf sich hält, schabt das schwäbische Grundnahrungsmittel frisch vom Brett. Klassisch werden Spätzle als Sättigungsbeilage zum Zwiebelrostbraten gegessen, doch als Kässpätzle sind sie auch für sich allein eine gehaltvolle Mahlzeit. Übrigens nicht nur auf der schwäbischen Seeseite, sondern auch im Allgäu und Vorarlberg. Ganz untypisch isst man in Liechtenstein, das sich trotz räumlicher Distanz zur Seeregion zugehörig fühlt, zu Kässpätzle eine Portion Apfelmus. Ein Leibgericht der Schwaben sind dagegen Linsen mit Spätzle und einem Paar Saitenwürstle.

Feine Esskultur am Bodensee

Es steht nicht nur als preiswertes Tellergericht auf vielen Mittagskarten, sondern kommt auch in jeder Betriebskantine auf den Tisch. Ergänzt wird der schwäbische Nudelhimmel durch Maultaschen, die auch am See populär sind. Anstelle der üblichen Füllung mit Fleischbrät können sie ab und an auch mit Bodenseefisch gefüllt sein. Badisch-schwäbisch ist die Flädlesuppe. Diese war in früherer Zeit ein klassisches Resteessen: Ein übrig gebliebener Eierpfannkuchen vom Vortag wurde dazu einfach in Streifen geschnitten und zur Suppeneinlage gemacht. An der Zubereitung hat sich bis heute nichts verändert. Die Antwort auf den elsässischen Flammkuchen heißt am Bodensee Dünnele (auch Dinnele oder Dinnerte). Wie auch in Frankreich wird dazu ein dünn ausgewalzter Hefeteig mit Zwiebeln, Speck, Käse und anderem belegt und im Ofen kross gebacken. Dünnelewirtschaften sind besonders auf dem Bodanrück populär, so etwa der Kranz in Liggeringen (s. S. 53).

Schweizer und österreichische Spezialitäten

Der eidgenössische Beitrag zur Bodenseeküche beschränkt sich nicht nur auf Geschnetzeltes und Rösti. In St. Gallen hat es die OLMA-Bratwurst zu Kultstatus gebracht, und ein gutes Käsefondue isst man nicht nur in Appenzell. Käse ist überhaupt der Renner, Schaukäsereien führen in die Herstellung ein, und in Hofkäsereien kann man direkt beim Erzeuger einkaufen. Auch die süße Geschmackskomponente kommt in der Schweiz nicht zu kurz. In vielen Konditoreien füllen je nach Saison mit Äpfeln und Aprikosen belegte Wähen die Kuchenvitrine. Und natürlich wird man nicht umhinkommen, sich die eine oder andere Tafel Schokolade zu gönnen – wenn nicht in der Schweiz, wo denn sonst? Unvermutet trifft man auf bislang unbekannte Spezialitäten. Den Tag versüßen können beispielsweise Gottlieber Hüppen, mit feiner Schokolade gefüllte Waffelröllchen, die man am besten in einem der Seecafés in Gottlieben ausprobiert.

Die Rösterei in Konstanz bietet eine breite Auswahl an Kaffeemischungen.

Feiner Käse machte Appenzell weltbekannt. Man lässt ihn mindestens drei Monate reifen.

Auf süße Sachen verstehen sich auch die Österreicher. Weltberühmt etwa ist der Kaiserschmarrn, der in Bregenz – wie es sich gehört – mit Zwetschgenröster (eine Art Pflaumenkompott) serviert wird. Damit nicht genug, können in Bregenzer Lokalen und Kaffeehäusern auch andere österreichische Mehlspeisen getestet werden, allen voran Strudel, Nocken oder mit Marillenmarmelade gefüllte Krapfen. Stichwort Kaffee, den gibt es natürlich auch. Eine gute Adresse etwa ist das Theatercafé am Bregenzer Kornmarkt, in dem man sich durch die ganze Bandbreite der österreichischen Kaffeetradition probieren kann – angefangen vom Kleinen Braunen bis zu Fiaker und Einspänner (s. S. 208). Ach ja, ein echtes Kalbsschnitzel gibt es natürlich nicht nur in Wien.

Was schwimmt denn da?

Rund 45 Fischarten sind im Bodensee zu Hause. Nicht alle davon schmecken wirklich gut, aber viele. Ungekrönter Star unter den Speisefischen ist der Felchen, doch auch der im tieferen Wasser von Obersee und Überlinger See lebende Seesaibling sowie der Kretzer, der in der Schweiz Egli heißt, werden sehr geschätzt. Hoch im Kurs steht das zartrosa Fleisch der Seeforellen, sie laichen in Zuflüssen wie dem Alpenrhein und der Bregenzer Ach und wandern von dort in den See. Zu den größten Seefischen gehört der Hecht, ausgewachsene Exemplare des Raubfisches können bis zu 25 Kilo auf die Waage bringen. Sein etwas trockenes Fleisch kommt bevorzugt in Form von Hechtklößchen auf den Tisch.

11 Der Hegau
Vulkane mit Seeblick

Neun erloschene Vulkankegel prägen das Bild dieser ausgesprochen lieblichen Region zwischen der Baar und dem Bodensee. Sofern man auf der A81 von Stuttgart zum See unterwegs ist, sollte man unbedingt einen Stopp einlegen. Zum modernen Stadtbild der Hegaumetropole Singen am Hohentwiel, die neben viel Industrie auch Raum für zeitgenössische Kunst übrig hat, setzt das Landstädtchen Engen einen mittelalterlichen Kontrast.

Kultur und Industrie in Singen

Mitte: Die Luftaufnahme offenbart die großartige Lage der Festungsruine Hohentwiel, wenn dann noch Fön ist und sich die Alpen zeigen …
Unten: Von Künstlerhand achtlos im Singener Stadtgarten verteilte Goldene Äpfel

Singen (47 000 Einw.) ist das wirtschaftliche und kulturelle Zentrum im Hegau. Es ist eine relativ junge Stadt, die nach dem Bahnanschluss von 1863 quasi über Nacht von einem Dorf zur Industriestadt mutierte. Vor allem Schweizer Unternehmen, etwa die Maggi-Werke (heute Nestlé) und ein großes Aluminium-Walzwerk, nutzten den grenznahen Standort, um so die damaligen Schutzzölle im Deutschen Reich zu umgehen. Der Name Maggi ist bis heute untrennbar mit Singen verbunden, die Flüssigwürze und Suppenwürfel avancierten vor Hundert Jahren zu einem weltweiten Exportschlager. Aus dem Dorf wurde 1887 offiziell eine Stadt, für Tausende von neuen Arbeitskräften entstanden Wohnsiedlungen und Gartenstädte. Das Quartier rund um das Rathaus nördlich des Bahnhofs bildet heute das Zentrum, südlich der Gleisanlagen erstreckt sich das riesige Werksgelände von Maggi. Der Industriestandort war im Zweiten Weltkrieg Ziel von alliierten Bombenangriffen, doch schon nach 1948 konnten die Großbetriebe ihre Produktion wieder aufnehmen.

Kunst im öffentlichen Raum

Das im nüchtern-sachlichen Stil der 1950er-Jahre erbaute Rathaus muss man nicht unbedingt mögen. Für eine künstlerische Note sorgte jedoch der amerikanische Konzeptkünstler Joseph Kosuth. Im Rahmen seines Projekts »Hier da und dort« gibt der Fries mit 29 in großen Neonbuchstaben geschriebenen Orts- und Ländernamen dem Gebäude ein Stück Weltoffenheit. Wer sich für Otto Dix interessiert, sollte einen Blick in den Ratssaal werfen, in dem der Maler der Stadt das monumentale Wandbild *Krieg und Frieden* (1960) hinterließ. Weitere Arbeiten von Dix stellt das Städtische Kunstmuseum aus, das mit Werkgruppen von Erich Heckel und Max Ackermann eine umfangreiche Sammlung zu den einst auf der Bodenseehalbinsel Höri lebenden Künstlern besitzt. Im Stadtgarten muss man aufpassen, um nicht über die achtlos im Gras platzierten *Golden Apples* des russischen Künstlers Ilya Kabakov zu stolpern. Natürlich darf im Singener Stadtbild eine Arbeit des *Enfant terrible* der Bodenseekunst, sprich des Bodmaner Bildhauers Peter Lenk, nicht fehlen. Sein *Paradiesbaum* (1997) in Form einer zwölf Meter hohen Hohlpyramide steht mitten in der Fußgängerzone an der Kreuzung Scheffel-/Hegaustraße.

Festungsruine Hohentwiel

Der Hohentwiel ist mit 688 Metern zwar nicht der höchste Hegauvulkan, doch mit seiner gut erhaltenen mittelalterlichen Burgruine der bekannteste. Vor gut 1000 Jahren befand sich ursprünglich ein Benediktinerkloster auf dem weiträumigen Gipfelplateau. Nachdem das Kloster 1007 nach Stein am Rhein umgezogen war, begann unter wechselnden Burgherren der Umbau zur Festung. Zunächst richtete sich auf dem lange Zeit uneinnehmbaren Berg das schwäbische

Geheimtipp

BRODELNDER QUELLTOPF

Die Donauversickerung zwischen Immendingen und Fridingen ist nicht nur ein geologisches Phänomen, sondern auch geografisch interessant. Ein Teil des versickerten Wassers drängt nach einer unterirdischen Reise von zwölf Kilometern im Aachtopf wieder an die Oberfläche. Dort entspringt die Radolfzeller Aach, die ihr Wasser bei Radolfzell in den Bodensee entlässt. Wirklich paradox bei der Geschichte ist, dass dadurch ein Teil des Donauwassers nicht im Schwarzen Meer landet, sondern über den Rhein in die Nordsee gelangt. 1877 wies ein findiger Geologe den Zusammenhang nach, er gab Farbzusätze ins Donauwasser, die dann im Quelltopf der Aach zum Vorschein kamen. Die Aachquelle lohnt vor allem im Frühjahr den Besuch, wenn sie nach der Schneeschmelze durch die empordrängenden Wassermassen einem riesigen Topf voll brodelndem Wasser gleicht.

Aachquelle. An der B 31 zwischen Engen und Stockach

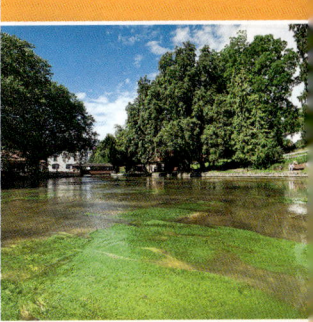

Fürstengeschlecht der Zähringer ein, später die Herzöge von Württemberg, bis schließlich 1801 napoleonische Truppen die Burg zerstörten. Doch selbst die Ruinen lassen die einstigen Dimensionen der Anlage erkennen. Das heute im Besitz des Landes Baden-Württemberg befindliche Gelände gilt als die größte Festungsruine Deutschlands. Ach ja, der Vulkankegel erlaubt natürlich auch einen fulminanten Ausblick auf den Bodensee.

Schmale Gassen in Engen

Gäste und Einheimische erreichen neuerdings bequem und umweltfreundlich vom Parkplatz am Fuß der Stadtmauer mit einem gläsernen Panoramalift den Kirchplatz der mittelalterlichen Altstadt von Engen. Verwinkelte Gassen, buckliges Pflaster, ein stolzes Schloss und dicht an dicht stehende alte Bürgerhäuser verhelfen dem Ort zu einer heimeligen Atmosphäre. Im ehemaligen Kloster St. Wolfgang bündelt das Städtische Museum Funde zur Frühgeschichte, herausragendes Exponat ist die sogenannte *Venus von Engen*, eine aus Gagat geschnitzte stilisierte Frauenfigur, deren Alter auf 14 000 Jahre geschätzt wird.

Oben: Auf dem Marktplatz von Engen sorgt eine zeitgenössische Brunnenskulptur für Kontraste.
Unten: In Engen erreicht man den Kirchplatz im aussichtsreichen Panoramalift.

Infos und Adressen

SEHENSWÜRDIGKEITEN

Festungsruine Hohentwiel. Tgl. 9–18 Uhr, Nov.–März 10–16 Uhr, Auf dem Hohentwiel 2a, 78224 Singen, Tel. +49 77 31/6 91 78, www.festungsruine-hohentwiel.de

MAC Museum Art & Cars. Das 2014 eröffnete Museum zeigt in ausgefallenem architektonischem Rahmen die Sammlung der Südwestdeutschen Kunststiftung, u. a. mit Arbeiten von Otto Dix, Erich Heckel und HAP Grieshaber. Daneben werden etliche Oldtimer ausgestellt, etwa ein Mercedes Silberpfeil von 1939 und ein Isotta-Fraschini von 1924. Mi–Fr 14–18 Uhr, Sa, So 11–18 Uhr, Parkstr. 1, 78224 Singen, Tel. +49 77 31/9 26 53 74, www.museum-art-cars.com

Die Liebe fürs Detail ist in der Festung Hohentwiel augenscheinlich.

Städtisches Museum Engen. Di–Fr 14–17 Uhr, Sa, So 10–17 Uhr, Klostergasse 19, 78234 Engen, Tel. +49 77 33/50 14 00

ESSEN UND TRINKEN

Kapuzinerstube. In der rustikalen Gaststube mit gemütlichem Kachelofen wird badisch und international gekocht, gut und günstig ist der Seehasteller. Mi–So 11–14, 18–24 Uhr, Hegaustr. 7, 78234 Engen, Tel. +49 77 33/68 76

EVENT

Hohentwiel-Festival. Jeden Sommer ist die Festungsruine Kulisse für ein renommiertes Festival mit internationalen Größen aus Rock und Pop, 2016 gab es Konzerte von BAP und The Bosshoss. www.hohentwielfestival.de

INFORMATION

Tourist-Information. Mo–Fr 9–18 Uhr, Sa 10–13 Uhr, August-Ruf-Str. 33, 78224 Singen, Tel. +49 77 31/8 52 62, www.in-singen.de

Gewohnt provokant – Peter Lenks *Paradiesbaum* in der Singener Fußgängerzone

ÜBERLINGER SEE

12 Die Marienschlucht
Eine enge Klamm, Bisons und zwei Burgruinen

Auch in der vom Klima gesegneten Bodenseeregion kann die Natur mitunter verrückt spielen. So im Mai 2015, als nach Tagen mit sehr starken Niederschlägen in der Marienschlucht die Erde nachgab und es infolge eines Hangrutsches zu einem folgenschweren Unfall kam. Der einst viel begangene Treppenweg durch das Naturdenkmal wurde größtenteils zerstört, der Zugang in die Schlucht ist seither gesperrt. Doch nahe der berühmten Klamm gibt es noch andere lohnende Ausflugsziele.

Ein gräfliches Verlobungsgeschenk

Der Weg durch die Marienschlucht wurde 1897 anlässlich der Verlobung von Freiherr Johann Othmar von und zu Bodman mit Maria Gräfin von Walderdorff offiziell eröffnet und nach dem Vornamen der zukünftigen Gattin »Braut-Maria-Schlucht« genannt. Das war den Anwohner anscheinend doch zuviel des Guten, sodass sich bald der Name Marienschlucht durchsetzte. Ein Anleger, an dem kleinere Dampfschiffe festmachen konnten, ließ sogleich die Besucherzahlen in die Höhe schnellen und machte die Erosionsschlucht auf dem Bodanrück zu einem weithin bekannten Ausflugsziel – zuletzt zählte man jährlich bis zu 150.000 Besucher. Im »Nadelöhr« der Schlucht war gerade mal Platz genug, dass zwei Personen aneinander vorbeikamen. Besonders spannend: Von dem nur meterbreiten Bohlenweg könnte man mit ausgestreckten Armen beide Wände berühren.

Vorangehende Doppelseite: Burgruinen auf dem Bodanrück. **Oben:** In der Marienschlucht hatte man das Gefühl, man spaziert durch einen grünen Tunnel. **Seite 91:** Wann die Marienschlucht wieder zugänglich gemacht wird ist noch ungewiss.

BODENSEEFISCH, NA KLAR!

Einfach gut!

Der Bodenseefelchen ist seit eh und je der »Brotfisch« am See, sprich, er gehört zu den Grundnahrungsmitteln, wenn auch angesichts der rückläufigen Fangquoten die Preise in den letzten Jahren deutlich gestiegen sind. Klassisch zubereitet wird er filetiert und dann nach Müllerinart in Mehl gewendet und in Butter goldbraun ausgebraten. Dazu reicht man Petersilienkartoffeln und Feldsalat. Darüber hinaus lassen sich Felchen auch gut grillen, dämpfen und räuchern. Das helle Fleisch ist fest, fettarm und ausgesprochen gut im Geschmack. Selbst in der Gourmetküche hat der Felchen sich seinen Platz erobert, an Spezialitäten gibt es Felchenkaviar, Felchenleber und pikante Terrinen. Felchengerichte bekommen Sie rund um den See, fast überall, wo Fisch auf der Karte steht.

Steter Tropfen höhlt den Stein

In der mehr als hundertjährigen Geschichte musste der Steg durch die Schlucht schon mehrfach gesperrt und erneuert werden, vornehmlich nach Starkregen verselbstständigten sich immer wieder Teile des weichen Molassegesteins. Doch so schlimm wie am 6. Mai 2015 war es noch nie. Eine 72-jährige Wanderin kam unter den tonnenschweren Erdmassen, Gesteinen und entwurzelten Bäumen ums Leben, ihr Begleiter überlebte schwer verletzt. Der Zugang in die Schlucht wurde daraufhin von den Behörden sofort geschlossen.

Nur wenige Wochen später musste im Juni 2015 musste wegen erneuten Abgängen auch der beliebte Uferweg zwischen Bodman und Wallhausen gesperrt werden. Seither wird über ein Sicherungsnetz diskutiert. Da dieses nicht nur mit einem erheblichen finanziellen Aufwand verbunden ist, mag derzeit niemand einen konkreten Termin für die Wiedereröffnung der Schlucht nennen. Eine Frage, die sich anschließt, dürfte sein, inwieweit durch die umfangreichen Hangsicherungen auch das Landschaftsbild in Mitleidenschaft gezogen wird. Schon jetzt scheint festzustehen, dass so wildromantisch wie die Schlucht einmal war, sie wahrscheinlich nie mehr ganz sein wird.

Der Höhenweg zum Bisongehege

Nicht nur die Schlucht, auch der einst von Wanderern viel frequentierte Uferweg zwischen Bodman und Wallhausen ist weiterhin gesperrt. Doch alternativ zu dem Weg am Wasser, er war zugleich ein Teilstück des von Konstanz nach Überlingen verlaufenden Premiumwanderwegs »SeeGang«, kann man nur unweit vom landseitigen Eingang der Marienschlucht auf einem bequemen Waldweg über den Bodanrück wandern. Ein geeigneter

Startpunkt dazu ist die Burgruine Kargegg. Die mittelalterliche Spornburg wurde im Bauernkrieg 1525 von Aufständischen gestürmt, geplündert, niedergebrannt und nicht mehr wieder aufgebaut. Überdauert hat lediglich die Südmauer des ehemaligen Wohnturms. Von der Ruine aus läuft der Höhenweg über den Grillplatz Stöckenloch zum Bisongehege. In dem Hofgut werden schon seit mehr als vierzig Jahren nordamerikanische Wildrinder gezüchtet. Vor allem Kids sind hier bestens aufgehoben: Neben dem Gehege gibt es außer einem Spielplatz einen kleinen Streichelzoo mit Ziegen, Schafen und Ponys. Und einkehren kann man in der Bisonstube, in der vor allem an Sommerabenden viel los ist, wenn Live-Bands die Stille auf dem Bodanrück für ein paar Stunden unterbrechen.

Von den Bisons ist es nicht weit zur Ruine Altbodman, dem mittelalterlichen Domizil der Grafen von und zu Bodman. Sie entstand im 14. Jahrhundert, nachdem ein Vorgängerbau auf dem benachbarten Frauenberg durch einen Blitzeinschlag ausbrannte. Die exponiert auf einen Bergsporn gesetzte Höhenburg liegt gut 200 Meter über dem Seespiegel.

Oben: Traumhafte Ausblicke waren in der Marienschlucht garantiert.
Unten: Von Wallhausen gibt es im Sommer mehrmals in der Woche Abendfahrten über den Überlinger See.

Die Festung hielt sich immerhin rund 300 Jahre, bis sie im Dreißigjährigen Krieg 1643 von französischen Truppen zerstört wurde. Erhalten blieb der aus Bu-ckelsteinen errichtete ehemalige 20 Meter hohe Wohnturm. Warum dieser zur Bergseite hin so gut wie ohne Fenster auskommen musste, hatte einen einfachen, aber nachvollziehbaren Grund: Nur von dort war ein Angriff möglich – denn vom See her war der Hang für einen feindlichen Überfall viel zu steil. Heute kann man von einer Aussichtsplatt-form über den Überlinger See bis zu den Hegau-vulkanen schauen.

Legendärer Teufelstisch

Einen guten Kilometer nordwestlich vom Hafen in Wallhausen, das Dorf gehört bereits zur Stadt Konstanz, macht ein etwa 50 Meter vom Ufer ent-ferntes Seezeichen auf den berühmt-berüchtigten Teufelstisch aufmerksam. Die Stelle ist auch an der etwas helleren Färbung des Wassers auszumachen. Von dem Teufelstisch selbst ist allerdings nichts zu sehen; es handelt sich um eine Felsnadel, die vom Seegrund in 90 Meter Tiefe bis etwa anderthalb Meter unter die Wasseroberfläche reicht. Oben ist sie wie ein Tisch abgeplattet und bringt es auf die stolze Fläche von etwa 22 mal 10 Metern, groß genug, dass eine ganze Hochzeitsgesellschaft dar-auf tafeln könnte. Wenn eben nur die anderthalb Meter Wasser darüber nicht wären! Nur bei Nied-rigwasser liegt die Tischplatte trocken, doch das kommt sehr selten vor, letztmalig im Winter 1972. Wer nicht auf eigene Faust im Paddelboot auf dem See unterwegs ist, kommt ab Hafen Wallhau-sen mit einem Ausflugsboot zu dem von Legenden umrankten Tisch. Hochinteressant ist die Felsnadel für Taucher. Nachdem es jedoch wiederholt zu tödlichen Unfällen kam, darf hier nur noch mit behördlicher Genehmigung getaucht werden.

Infos und Adressen

ESSEN UND TRINKEN

Bisonstube Bodenwald. In rustikaler Gaststube, bei schönem Wetter draußen im Biergarten, werden deftige Fleischgerichte und Spanferkel vom Grill aufgetischt; Bisonsteaks

Einfach mal eine Auszeit nehmen.

gibt es nur im Herbst nach der Schlachtung. Im Sommer jeden Freitagabend Open-Air-Konzerte von Blues über Rock bis Heavy Metal. April-Okt. Mi-So 12-22 Uhr, in den Sommerferien täglich geöffnet. Hofgut Bodenwald 1, 78351 Bodman-Ludwigshafen, Tel. +49 7773/50 90, www.bisonstube-bodenwald.de

Schiff: Während des Sommers lädt die Personenschifffahrt Giess ab Wallhausen zu Abendfahrten zum Teufelstisch ein, Tel. +49 171 7795162, www.personenschifffahrt-bodensee.de

Marienschlucht. Wegen eines Erdrutsches ist die Marienschlucht derzeit gesperrt. Weitere Auskünfte erteilt die Tourist-Information in Bodman, im Internet die Seite www.marienschlucht.de

INFORMATION

Tourist-Information. März-Sept. Mo-Fr 9-12 und 14-17 Uhr, März, Okt., Nov. nur 9-12 Uhr, Hafenstr. 5, 78351 Bodman-Ludwigshafen, Tel. +49 7773/93 00 40, www.bodenseepur.de und www.marienschlucht.de

13 Bodman-Ludwigshafen
Peter Lenks wundersame Skulpturenwelt

Der Doppelort am westlichsten Zipfel des Überlinger Sees ist ein Kind der Gemeindereform der 1970er-Jahre. Zwischen den zwei Kilometer auseinanderliegenden Ortsteilen macht sich das Naturschutzgebiet Aachried breit, das durch einen reizvollen Uferweg erschlossen wird. Die beiden flach abfallenden Strandbäder sind ideal für Familienferien. Für provokante Kunst sorgt der in Bodman ansässige Bildhauer Peter Lenk.

Die Pfalz am See

Bodman ist die ältere der beiden ursprünglich selbstständigen Gemeinden. Der Ort ging aus der im 9. Jahrhundert von den Karolingern gegründeten Königspfalz *Bodema* hervor, von der sich der deut-

Mitte: Was will uns der Künstler Peter Lenk mit dieser Arbeit in seinem Bildhauergarten in Bodman wohl sagen?
Unten: Eine reizvolle Parklandschaft umschließt das Schloss der Grafen von und zu Bodman.

GUT ZU WISSEN

MÜCKENALARM
Wo es viel Wasser gibt, ist meist auch mit Mücken zu rechnen. Die Plagegeister schwärmen vor allem nach Regentagen aus, besonders betroffen können die verschilften Ufer in Naturschutzgebieten wie dem Wollmatinger Ried und Eriskircher Ried sein. Nicht nur in der Dämmerung, auch tagsüber surren dort die kleinen Quälgeister durch die Luft. Gut, dass oft eine frische Brise die Biester auf Distanz hält. Dennoch sollte man für alle Fälle gerüstet sein und langärmelige Hemden und lange Hosen tragen. Auch ein gutes Mückenschutzmittel kann sehr hilfreich sein.

Bodman-Ludwigshafen

sche Name des Bodensees ableitet. 1277 fiel der Besitz an die Grafen von und zu Bodman, deren Nachfahren noch heute ein Schloss am südöstlichen Ortsrand von Bodman bewohnen und im Königsweingarten Biowein anbauen. Das in Altrosa gestrichene Schloss kann zwar nicht besichtigt werden, dafür der im englischen Stil angelegte Schlossgarten (April–Okt. Mo–Fr 9–18 Uhr). Bodman ist die Wahlheimat des Nürnberger Bildhauers Peter Lenk, mit seinen provokanten Kunstwerken ist er mittlerweile in mehr als einem halben Dutzend Bodenseeorten vertreten (siehe Kapitel 1, 9, 10, 16, 21). An Aufträgen mangelt es dem Künstler nicht, in der Regel sind es die Stadtväter selbst, die, wohl wissend um die mediale Aufmerksamkeit bei dem Künstler anfragen. In Bodman selbst gibt es zwar noch kein offizielles Kunstwerk von Lenk, doch kann in der Kaiserpfalzstraße 20 ein Blick über den Zaun in seinen reichlich mit skurriler Kunst bestückten Skulpturengarten geworfen werden – unter anderem fährt dort eine nackte Motorradfahrerin in die Bäume hinein.

Der Ortsteil Ludwigshafen

Wer mit dem Schiff nach Ludwigshafen kommt, erblickt zunächst das dreigeschossige Zollhaus (1837) an der Promenade. Heute ist im Zollhaus das Rathaus untergebracht, jüngst avancierte das Gebäude zu einem Publikumsmagneten. Das angebaute WC-Häuschen wird seit 2008 von einem zehn mal vier Meter großen Relief von Peter Lenk »verschönert«. Wie immer ließ sich der Künstler während der Planung nicht in die Karten schauen. Als man dann das Kunstwerk namens *Ludwigs Erbe* enthüllte, schaute angesichts der in Guss gegossenen splitternackten Politikerriege von Schröder über Merkel bis Westerwelle doch so mancher geladene Gast verlegen zur Seite. Lenk hatte es mal wieder geschafft zu provozieren.

Infos und Adressen

ESSEN UND TRINKEN
Kern's Restaurant. Das Lokal im neuen Gemeindezentrum Seeum hat es auf Anhieb zu einer der besten Adressen im Ort gebracht. Man sitzt auf der Terrasse vor einem Mammutbaum und genießt badische, schwäbische und mediterrane Spezialitäten. Di–So 11.30–14, 18–21 Uhr (im Winter Mo und Di Ruhetag), Seestr. 5, 78351 Bodman-Ludwigshafen, Tel. +49 77 73/93 551 70, www.kerns-restaurant.de

ÜBERNACHTEN
Immengarten. Kleines Viersternehotel. Überlinger Str. 26–28, 78351 Bodman-Ludwigshafen, Tel. +49 77 73/93 74 20, www.bodenseehotel-immengarten.de

EVENT
Jazzfrühschoppen. Jeden ersten Sonntag im Monat (außer Juli und August) um 11 Uhr im Zollhaus Ludwigshafen. Hafenstr. 4, 78351 Bodman-Ludwigshafen, www.jazz-im-zollhaus.de

INFORMATION
Tourist-Information Bodman. April–Sept. Mo–Fr 9–12, 14–17 Uhr, März u. Okt. nur Mi, Seestr. 5, 78315 Bodman-Ludwigshafen, Tel. +49 77 73/93 00 48

Tourist-Information Ludwigshafen. März–Sept. Mo–Fr 9–12, 14–17 Uhr, März, Okt., Nov. nur 9–12 Uhr, Dez.–Feb. nur Do, Hafenstr. 5, 78315 Bodman-Ludwigshafen, Tel. +49 77 73/93 00 40, www.bodenseepur.de

14 Von Ludwigshafen zum Haldenhof
Genusswandern über den Ufern des Überlinger Sees

Der Haldenhof gilt zu Recht als einer der schönsten Aussichtspunkte am Bodensee. Besonders reizvoll ist eine Rundwanderung zum Haldenhof während der Obstbaumblüte im April, doch auch der Frühherbst ist lohnend, wenn entlang des Blütenweges die Apfel- und Birnbäume voll in Frucht stehen. Eine wunderbare Halbtagestour, auf der man unbedingt die Einkehr im Höhengasthaus Haldenhof einplanen sollte!

Wanderung zum Haldenhof

Vom Büro der Tourist-Information am Hafen geht man zunächst auf der Sernatingenstraße zur in der Ortsmitte gelegenen Kirche, folgt dort der Ausschilderung in Richtung Haldenhof und einige Minuten der Haldenhofstraße und biegt von dieser in die Straße »An der Schnabelburg« ab. Am Ortsrand beginnt ein schattiger Wanderweg, der durch einen Buchenwald mitunter kräftig, doch nie unangenehm steil zum Stättelberg hinaufführt. In der Saison können hier Gleitschirmflieger bei ihren Starts beobachtet werden. Wer außergewöhnliche Bäume sehen möchte, kann von dem beschaulichen Weiler Buohof einen ausgeschilderten Abstecher ins Eisenholz machen, in dem zwei riesige Douglasien und die 300 Jahre alte Hildegard-Lärche stehen. Schließlich wird das Höhengasthaus Haldenhof erreicht, an dem man im Biergarten rasten und vor allem das berühmte Seepanorama genießen kann. An einem schönen Sommerwochenende muss die Aussicht mit zahlreichen

Mitte: Stilles Wasser – der Überlinger See bei Sipplingen
Unten: Knackig-frisch mit roten Bäckchen, so müssen Bodenseeäpfel aussehen!

Wanderung zum Haldenhof

Ausgangspunkt: Tourist-Information in der Hafenstraße von Ludwigshafen. Alternativ kann die Wanderung auch am westlichen Ortsrand von Sipplingen begonnen werden (kostenpflichtiger Parkplatz P 1 an der B 31).

Schwierigkeitsgrad: mittelschwer

Höhenunterschied: etwa 270 m

Länge: Für den 12 km langen Rundweg sollten etwa dreieinhalb Stunden eingeplant werden. Sofern man nur einen Weg gehen möchte, kann von Sipplingen aus mit der Bahn oder dem Schiff nach Ludwigshafen zurückgefahren werden.

Wegbeschaffenheit: Der Rundweg verläuft überwiegend auf gut ausgebauten Wirtschaftswegen und Pfaden, beim Abstieg von der Ruine Hohenfels ist etwas Trittsicherheit erforderlich.

Ausrüstung: Am Bodensee gibt es Zecken, es empfehlen sich deshalb lange Hosen.

🅐 Ludwigshafen – Von Hafen und Bahnhof ist schnell die Ortsmitte der Kleinstadt erreicht.

🅑 Buohof – In dem inmitten einer großen Rodungsfläche gelegenen Weiler ist man bereits auf 566 Metern über Normalnull. Der Ort besteht lediglich aus einer Handvoll Gehöften.

🅒 Hildegard-Lärche – Der monumentale Baum liegt etwa zehn Gehminuten vom Buohof entfernt.

🅓 Haldenhof – An dem Höhengasthaus ist mit 630 Metern der höchste Punkt des Rundweges erreicht. Der schon um 1441 als »Uff der Halden« erwähnte Wirtschaftshof gehörte einst zur Burg Hohenfels und ging später dann in den Besitz des Überlinger Spitals über. Als ab dem 19. Jahrhundert mehr und mehr Ausflügler wegen der phänomenalen Aussicht hinaufkamen, wurde das Anwesen zum Gasthof umgebaut.

🅔 Ruine Hohenfels – An die exponiert auf einem fast 600 Meter hohen Bergsattel thronende mittelalterliche Burg erinnern nur noch bescheidene Mauerfragmente.

🅕 Sipplingen – Sofern man nach dem steilen Abstieg nicht einen kurzen Bummel durch Sipplingen einschieben will, hält man sich am Ortsrand rechts.

🅖 Blütenweg – Nach dem Landhaus Sternen geht es auf bequemem Weg durch Streuobstwiesen immer parallel zur Bundesstraße nach Ludwigshafen zurück.

Vom Ufer des Überlinger Sees kommt man schnell ins hügelige Hinterland.

DIE SIEBEN CHURFIRSTEN

In der Steilufer-landschaft zwischen Sipplingen und Hödingen versteckt sich im Naturschutz-gebiet Sipplinger Dreieck ein geologisches Kleinod, das nur zu Fuß auf einer kurzen Wanderung erreicht werden kann. Mitten im Wald machen markante Felszinnen auf sich aufmerksam – die Chur-firsten. Sieben sind es allerdings nicht mehr, auch bei noch so gründlicher Zählung kommt man lediglich auf fünf. Nach alten Quel-len standen hier sogar einmal 18 dieser von der Erosion frei gewit-terten Sandsteinsäulen. Doch auch die fünf verbliebenen sind mit ihrer Höhe von bis zu sieben Metern beeindruckend. Mit etwas Fanta-sie kann man die auf den Felsen aufsitzenden härteren Steinplatten als »Mützen« interpretieren, sie sollen denen von Kurfürsten ähnlich sehen. Man erreicht die Sieben Churfirsten vom Rathaus in Sipplingen aus, wobei zunächst der Ausschilderung in Richtung Burghalde gefolgt wird.

Ausflüglern geteilt werden. Doch mit mehr als 200 Außenplätzen ist man in dem beliebten Biergarten auf großen Besuch eingestellt, Kinder können sich in Sichtweite der Gartenterrasse auf einem kleinen Spielplatz vergnügen. Ist das Wetter gut, schweift von der Hangkante der Blick über den Obersee bis nach Bregenz; über der Schweizer Uferseite zeich-net sich die Silhouette des Alpsteinmassivs mit dem 2500 Meter hohen Säntis ab. Und zu Füßen schaut man auf den über dem Überlinger See ste-henden Sipplinger Kirchturm hinab. In der Nähe des Gasthauses kann man auch einen Blick auf die nach dem mittelalterlichen Minnesänger Burkhart von Hohenfels benannte Burkhart-Linde werfen. Auf alten Postkarten sieht sie noch ein bisschen majestätischer aus, doch mit dem mächtigen Stamm ist der Baum nach wie vor sehr imposant.

Auf dem Blütenweg

Nach einer ausgiebigen Rast wird vom Halden-hof nach Sipplingen abgestiegen und nach dem Gasthof Sternen der nach Ludwigshafen führende Blütenweg erreicht. Kaum hat man Sipplingen den Rücken zugewandt, geht es ganz entspannt mehr oder weniger eben auf bequemen Feldwegen durch ausgedehnte Streuobstwiesen mit Apfel- und Kirschbäumen, die zur Blütezeit im April die Landschaft in einen zartrosa Blütentaumel ver-setzen. Der Obstbau wird hier noch gar nicht so lange betrieben, früher breiteten sich Weinberge über die liebliche Landschaft aus. Sitzbänke am Wegrand laden immer wieder zum Verweilen ein. Der Weg führt bald am Fuß des Künstbergs immer parallel zur B 31 und den Bahngleisen über dem Überlinger Seeufer entlang, bis schließlich kurz vor Ludwigshafen die Bundesstraße gequert wird und man nach einer Unterführung zum Hafen zurückkommt.

Infos und Adressen

SEHENSWÜRDIGKEITEN

Hildegard-Lärche. Nach einer Sage soll der 45 Meter hohe Baumriese von der mildtätigen Gräfin Hildegard im 18. Jahrhundert gepflanzt worden sein. www.monumentaltrees.com

ESSEN UND TRINKEN

Höhengasthof Haldenhof. Familie Reineke-Regenscheit empfängt Wanderer und Ausflügler mit gutbürgerlicher Küche und vermietet auch günstige Zimmer und Ferienwohnungen. Das Lokal hat außer Montag täglich von März bis Oktober geöffnet. Haldenhofweg 51, 88662 Überlingen-Bonndorf, Tel. +49 77 73/56 13, www.gasthaus-haldenhof.de

ÜBERNACHTEN

Landhaus Sternen. Das von Streuobstwiesen umgebene Haus garni am östlichen Ortsrand von Sipplingen liegt sehr ruhig in Halbhöhenlage am Beginn des Blütenweges über dem Seeufer, die meisten der Zimmer mit Balkon haben Seeblick. Burkhard-von-Hohenfels Str. 20, 78354 Sipplingen, Tel. +49 75 51/6 36 09, www.landhaussternen.de

AKTIVITÄTEN

Traumfänger. Auf dem spirituell ausgerichteten Bauernhof mit kleinem Arabergestüt bietet Ina Stumpp auf Anfrage Yoga, Meditation und allgemeine Lebensberatung an. Interessierte und kleine Gruppen kommen in Ferienhäusern und -wohnungen unter. Doch man kann in dem ruhigen Weiler auch Ferien machen, ohne an einem Programm teilzunehmen. Buohof 2, 88662 Überlingen, www.pension-traumfaenger.com

INFORMATION

Tourist-Information. Hier gibt es u. a. eine sehr informative Broschüre zum geologischen Lehrpfad, im Internet unter www.sipplinger-steiluferlandschaft.de. März–Sept. Mo–Fr 9–12, 14–17 Uhr, März, Okt., Nov. nur 9–12 Uhr, Dez.–Feb. nur Do, Hafenstr. 5, 78351 Bodman-Ludwigshafen, Tel. +49 77 73/93 00 40, www.bodenseepur.de

Der Haldenhof garantiert weite Ausblicke über den See bis zu den Alpen.

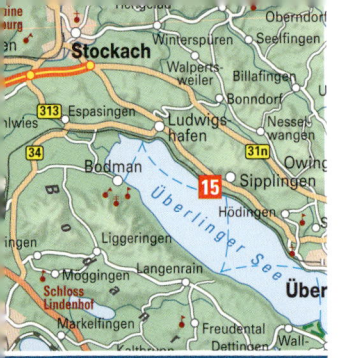

15 Sipplingen
Baden-Württembergs Trinkwassergemeinde

Sipplingen ist ein hübsch herausgeputztes altes Fachwerkdorf am Südufer des Überlinger Sees, dessen Ortsbild mit seinen buckligen Gassen und 400 Jahre alten Amts- und Torkelhäusern schon mehrfach Preise eingeheimst hat. Zum Ort gehören ein familienfreundlicher Naturbadestrand und zwei kleine Jachthäfen, im Hinterland lädt ein gut ausgeschildertes Wegenetz zu Touren durch die Steiluferlandschaft ein.

Auf einem Spaziergang durch den kleinen historischen Ortskern lassen sich hübsche Fachwerkhäuser und stille Gassen entdecken. Die Ortsmitte dominiert der schlanke spätgotische Turm der Pfarrkirche St. Martin, sofern man genau hinschaut, wird man erkennen, dass er leicht schief steht und sich fast einen halben Meter zur Seite neigt. Stolze Fachwerkbauten wie das Rebleutehaus (um 1700) in der Rathausstraße und das noch Hundert Jahre ältere, vom Konstanzer Spital erbaute sogenannte Bruderschaftshaus im Eckteil 20 reichen in die Zeit zurück, als noch der Weinbau Sipplingen prägte. Der Ort ist ein sehr guter Ausgangspunkt für Wanderungen. Ein geologischer Lehrpfad führt durch die bemerkenswerte Steiluferlandschaft, lohnende Ziele sind der Hödinger Tobel, die Burgruine Alt-Hohenfels und von dort der Aufstieg zum aussichtsreichen Panoramalokal Haldenhof (s. S. 98).

Gutes aus der Region

An den Hängen der Sipplinger Steiluferlandschaft ist eine intensive landwirtschaftliche Nutzung nicht rentabel. Umso wichtiger sind die Betriebe,

Ein kleines Wassersportzentrum darf auch in Sipplingen nicht fehlen.

die mit Streuobstwiesen und Schaf-
haltung einen aktiven Beitrag zur
Landschaftspflege leisten. Apfel- und
Birnenbäume gibt es verglichen mit den
Nachbargemeinden kaum, dafür reichlich Kirsch-
bäume, die während der Blütezeit Mitte April der
Region ihren ganz eigenen Zauber verleihen, auch
Mirabellen und Pflaumen werden kultiviert. Während der Reifezeit, bei Kirschen Juni bis Mitte Juli,
bei Pflaumen im August und September, werden
die Früchte vielerorts an Ständen angeboten oder
können direkt beim Obstbauern gekauft werden.
Frisches Lammfleisch und knackige Würste vom
Sipplinger Weidelamm sind vor Ort in etlichen
Gasthöfen und Metzgereien erhältlich. Produkte
aus der Region erkennt man an dem Label »Sipplinger Steiluferlandschaft«.

Trinkwasser fürs Ländle

Mehr als ein Drittel der baden-württembergischen
Bevölkerung trinkt, kocht und wäscht mit Bodenseewasser, genauer gesagt etwa vier Millionen
Menschen in 320 Städten und Gemeinden. Ein
rund 1700 Kilometer langes Versorgungsnetz mit
Rohren von etwa 2,25 Metern im Durchmesser
zieht sich vom Überlinger See zur Landeshauptstadt Stuttgart und noch weiter nördlich bis nach
Heidelberg und in den Odenwald. Das Wasser wird
vor Sipplingen in 60 Metern Tiefe aus dem See
entnommen, jede Sekunde je nach Bedarf bis zu
7700 Liter. Angst zu haben, dass die Schwaben ihr
Meer einmal leer trinken könnten, braucht man
nicht. Die Entnahme macht nur einen Bruchteil
der jährlichen Zuflussmenge von 11,5 Milliarden
Kubikmetern aus, die der Rhein und andere in
den See mündende Flüsse bringen. Von der Ent-
nahmestelle wird das Wasser auf den 312 Meter
über dem Seespiegel liegenden Sipplinger Berg
zum Bodensee-Wasserversorgungswerk gepumpt

Nicht verpassen

BAUMBLÜTE AM SEE
Die Baumblüte ist am Bodensee die spekta-
kulärste Reisezeit. Schwer zu sagen ist allerdings, wo diese nun am prächtigsten ausfällt – Stammgäste sagen einfach da, wo man sich gerade aufhält. Je- denfalls verwandeln ab Mitte April bis Anfang Mai Hunderttausende von Obstbäumen die Landschaft in ein weiß-rosa Blütenmeer. Ein heißer Kandidat für die Nummer eins unter den »Blütendörfern« ist Kressbronn, die dortige Tourist- Information (www.kressbronn.de) wirbt mit einer einwöchigen »Blü- tenpauschale«; zu der geführte Wanderungen und Radtouren durch die Obstbauregion gehören, die man natürlich genauso gut auf eigene Faust entdecken kann. Die erste Adresse für die Kirschblüte dürften die Sipplinger Obsthänge über dem Ufer des Überlinger Sees sein. In Immenstaad stellt ein Apfelspazierweg die wichtigsten Sorten vor, das ist auch im Herbst interessant, wenn die Bäume voll reifer Früchte sind.

und dort für den weiteren Transport aufbereitet. Wie das im Einzelnen funktioniert, wird bei einer eineinhalbstündigen Führung durch das größte Wasserwerk Deutschlands erklärt.

Unser wichtigstes Lebensmittel

Stolz erzählen die Mitarbeiter des Wasserwerks, dass eigentlich gar nicht so viel unternommen werden muss, bis das Wasser zum »Premium-Produkt« wird und hygienisch einwandfrei beim Verbraucher ankommt – das Seewasser ist in tieferen Schichten bereits sehr sauber. Natürlich werden organische Bestandteile wie Kleinstlebewesen und Trübstoffe herausgefiltert. Etwas Ozon macht das Wasser keimfrei, um auf Nummer sicher zu gehen, wird geringfügig gechlort, der Geschmack wird dadurch nicht beeinträchtigt. Dann kann die lange Reise des Bodenseewassers beginnen, ganz ohne Eile fließt es durch das Land. Bis das Wasser in Bad Mergentheim in der nördlichsten Ecke Baden-Württembergs schließlich bei Familie Schmidt-Müller ankommt, ist es ganze sieben Tage unterwegs.

Oben: Brauchtum wird in Sipplingen großgeschrieben, viel los ist beim Dorffest im Sommer.
Unten: Die Marienschlucht erlaubt einen ungewöhnlichen Blick auf Sipplingen.

Infos und Adressen

SEHENSWÜRDIGKEITEN

Bodensee-Wasserversorgungswerk Sipplingen. Kostenlose Führungen von Mai bis Mitte Oktober jeweils mittwochs um 15.30 Uhr, Anmeldung über das Verkehrsamt Sipplingen, Tel. +49 75 51/9 49 93 70. Für die Teilnahme ist der Personalausweis erforderlich. 78354 Siplingen, www.zvbwv.de

ESSEN UND TRINKEN

Seehaus. Zwischen Strandbad und Jachthafen machen an der Uferpromenade zwei reetgedeckte Häuschen im Pfahlbautenstil auf sich aufmerksam, davor gibt es eine nette Terrasse. Di–So 9–24 Uhr, warme Küche ab 11.30 Uhr (im Winterhalbjahr Mo geschlossen), Seestr. 5, 78354 Sipplingen, Tel. +49 75 51/9 47 42 47, www.seehaus-sipplingen.de

ÜBERNACHTEN

Lupinenhotel Bodensee. Kleines Viersternehaus mit ebenso kleinem Spa-Bereich in der zweiten Reihe über dem See. Prielstr. 4, 78354 Sipplingen, Tel. +49 75 51/6 12 27, www.lupinenhotel.de

Bestechende Lage – das Wasserwerk auf dem Sipplinger Berg

Bei einer Führung kann man den Rohrkeller des Wasserwerks kennenlernen.

EINKAUFEN

Mosterei Gobs. Ab-Hof-Verkauf von naturtrübem Apfelsaft in Fünf- und Zehn-Liter-Gebinden; ab 18.30 Uhr gibt es frische Milch in Selbstbedienung. Der Bauernhof liegt in der Nähe des Gewerbegebiets und wird von der B 31 in Richtung Überlingen über eine Nebenstraße angefahren. Mo–Sa 8–19 Uhr, Süßenmühle 18, 78354 Sipplingen, Tel. +49 75 51/94 44 40, www.gobs-bodensee.de

AKTIVITÄTEN

Segelschule Sipplingen. Mit breitem Kursprogramm, angefangen von Schnuppersegeln bis zum Erwerb des Bodenseeschifferpatents. Seestr. 3, 78354 Sipplingen, Tel. +49 75 51/9 49 98 25, www.segelschule-sipplingen.de

INFORMATION

Tourist-Information. April–Sept. Mo–Fr 9–12, 14–17 Uhr (Aug.–Mitte Sept. auch Sa, So 9–12 Uhr), sonst Mo–Fr 9–12 Uhr, Seestr. 3, 78354 Sipplingen, Tel. +49 75 51/9 49 93 70, www.sipplingen.de

16 Überlingen
Kuren und fasten in der Wahlheimat von Martin Walser

»Klein-Nizza« nannte man nicht ganz verkehrt vor 150 Jahren den Kurort am nördlichen Bodenseeufer, der genau wie seine Nachbarn vom milden Seeklima profitiert. Überlingen ist die Heimatstadt des Romanciers Martin Walser, dem die Stadt einen öffentlichen Brunnen schenkte, den er gar nicht haben wollte. Entdeckt werden kann außer der netten Altstadt die längste Promenade am See, entspannen kann man sich in der Bodenseetherme.

Überlingens (21 900 Einw.) Aufstieg zum Kurort begann 1825, als am Landungsplatz das erste Dampfschiff festmachte. Unweit davon eröffnete im gleichen Jahr das Bad-Hotel, an das sich in westlicher Richtung heute der Kurgarten mit altem Baumbestand und dem Kursaal anschließt. Schon bald darauf kurte in Überlingen die gehobene Gesellschaft, Gäste der ersten Stunde waren die schwäbischen Dichter Gustav Schwab und Ludwig Uhland, Ende des Jahrhunderts kam auch Pfarrer Kneipp zu Besuch. Nach dem Zweiten Weltkrieg setzte man erneut auf den Kurbetrieb; mit etlichen Sanatorien, dem auch international bekannten Heilfastenzentrum Buchinger und der Bodenseetherme ist Überlingen in Sachen Rekonvaleszenz und Wellness heute bestens aufgestellt.

Mitte: Der Landungsplatz ist zugleich die schönste Überlinger Flanierzone …
Unten: … alter Baumbestand, exotische Gewächse und eine kleine Kakteenabteilung laden im Stadtgarten zu botanischen Entdeckungen ein.

Am Landungsplatz

Der Landungsplatz ist sozusagen die Wiege der Stadt, an dem das ganze Jahr über ein reges Kommen und Gehen herrscht und in der Hochsaison Ausflugsschiffe immer neue Gäste bringen.

Der Fähranleger entwickelte sich ab dem 14. Jahrhundert zu einem bedeutenden Umschlagplatz für Getreide, wovon noch die Greth mit ihrem imposanten Walmdach zeugt. Vor dem Kornhaus laden zur Seeseite ein an lauen Sommertagen immer voll besetztes Terrassenlokal und eine Vinothek ein, auf der Landseite des Getreidespeichers gibt es einen kleinen Glockengiebel, von dem in früherer Zeit die Marktglocke läutete. Mindestens genauso viel Aufmerksamkeit wie die Greth bekommt ein paar Schritte davon entfernt Peter Lenks lediglich grotesker *Bodenseereiterbrunnen* (1999), der wie so viele andere Installationen des Bodmaner Bildhauers für viel Diskussionsstoff sorgte. Vor allem der auf dem klapprigen Pferd griesgrämig dreinblickende Reiter alias Martin Walser war aufgebracht. Um ja nicht an dem Kunstwerk vorbeigehen zu müssen, soll der in Überlingen-Nußdorf wohnhafte Schriftsteller nach einem Bericht des *Spiegel* sogar einen neuen Frisör gesucht haben. Auch für die Stadtväter hatte Walser kein gutes Wort übrig: »Da wohnt man 30 Jahre in einer Stadt, und dann stellen sie einfach so etwas auf.« Die vielen Besucher amüsieren sich jedenfalls köstlich über das skurrile und ausgesprochen fotogene Kunstwerk.

Zürns Meisterwerk

In der Altstadt gehört das dem Schutzpatron der Fischer geweihte monumentale Münster St. Nikolaus mit seiner prächtigen Innenausstattung zu den bedeutendsten Kirchenschätzen der Region. Um 1350 begonnen, wurde der Bau Zug um Zug zu einer fünfschiffigen Basilika erweitert und stellte nach seiner Fertigstellung 200 Jahre später selbst die Konstanzer Bischofskirche in den Schatten. Prunkstück ist der aus Lindenholz geschnitzte, fünfstöckige Hochaltar von Jörg Zürn (um 1583–

Einfach gut!

HEILFASTEN BEI BUCHINGER

Das moderne Heilfasten geht auf den Arzt Otto Buchinger (1878–1966) zurück. Tochter Maria eröffnete 1953 eine Fastenklinik in Überlingen, die schnell zu einer international bekannten Adresse avancierte. Promis und Manager aus aller Welt gönnen sich hier eine Auszeit vom beruflichen Alltagsstress. Das unter medizinischer Anleitung durchgeführte Fastenprogramm verfolgt einen ganzheitlichen Ansatz, in den viel Bewegung, Yoga und Pilates genauso einbezogen werden wie kulturelle Events, Autorenlesungen und Fachvorträge. Gefastet wird mit Fruchtsäften, Gemüsebouillon und Kräutertees. Nicht fastende Gäste, und davon gibt es gar nicht so wenige, werden mit vegetarischer Biokost bestens versorgt.

Buchinger-Wilhelmi. Wilhelm-Beck-Str. 7, 88662 Überlingen, Tel. +49 7661/80 70, www.buchinger-wilhelmi.com

Stadtrundgang Überlingen

A Landungsplatz – Der dem Schiffsanleger vorgelagerte Platz ist für die Überlinger die gute Stube der Stadt, an dem man sich trifft und den Bummel auf der Promenade beginnt.

B Greth – Wo früher Getreide umgeschlagen wurde, gibt es heute eine kleine Markthalle und einladende Terrassenlokale.

C Bodenseereiter – An dem Wasserspiel von Peter Lenk ist tagsüber immer etwas los, nur Martin Walser wird man mit Sicherheit hier nicht treffen.

D Münster St. Nikolaus – Ein Muss ist die Besichtigung des Hochaltars von Jörg Zürn. Beachtenswert sind ferner vorn im linken Seitenschiff der Schutzengelaltar (1634) und im gegenüberliegenden Seitenschiff der Rosenkranzaltar (1640), beide stammen ebenfalls aus der Werkstatt der Familie Zürn. Die Besteigung der Münstertürme ist derzeit nicht möglich.

E Rathaus – Der spätgotische Ratssaal ist im Rahmen einer kostenlosen Führung zugänglich, Termine über die Tourist-Information.

F Städtisches Museum – Neben der umfangreichen Sammlung geben die historisch möblierten Säle des Patrizierhauses einen Einblick in die Wohnkultur von früher. Im mit Stuckdekor der Wessobrunner Schule ausgeschmückten barocken Museumssaal von 1700 finden gelegentlich Konzerte statt.

G St. Jodok – Das berühmte Hühnerwunder-Fresko befindet sich in der Galerie an der nördlichen Innenwand der Jodokkirche.

H Stadtgarten – Im oberen Teil des Gartens gibt es auch ein Rehgehege.

I Goldbacher Stollen – Der Eingang des von KZ-Häftlingen gegrabenen Stollens liegt westlich der Altstadt in der Oberen Bahnhofstraße.

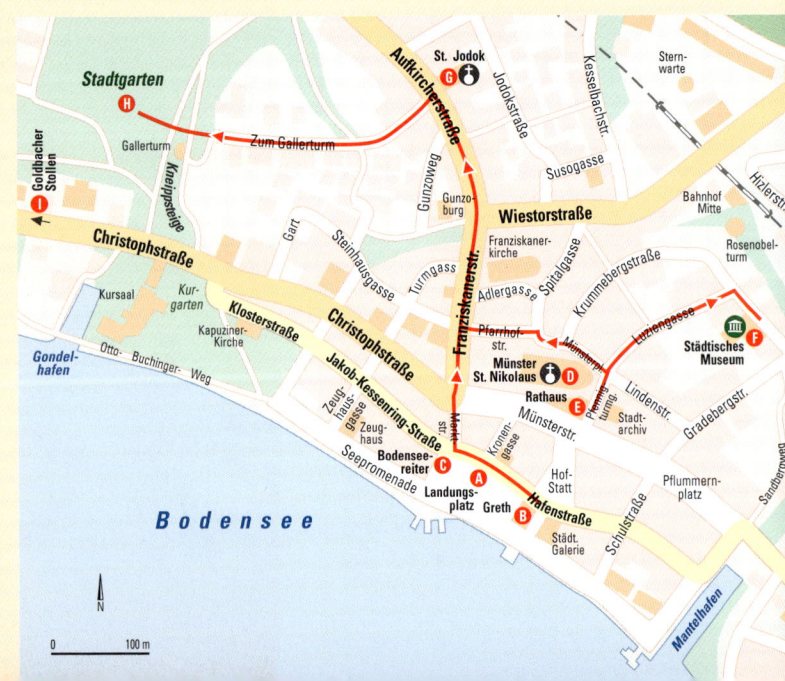

1638), der zusammen mit seinem Vater und Lehrmeister sowie seinen beiden Brüdern und etlichen Gesellen an dem zehn Meter hohen Kunstwerk zweieinhalb Jahre arbeitete. In großartig komponierten Szenen werden die Stationen des Marienlebens dargestellt, angefangen von der Verkündigung und der Anbetung der Hirten bis zur Marienkrönung.

Der Maßwerkfries im Rathaus

In dem mit Rustikaquadern verblendeten Rathaus gegenüber dem Münster öffnet sich im Rahmen einer Stadtführung der getäfelte spätgotische Ratssaal, in dem der Ravensburger Holzschnitzer Jakob Russ (1455–1525) ein für den Bodenseeraum einzigartiger Maßwerkfries geschaffen hat. Die dargestellten Figuren spiegeln die Ständeordnung im ausgehenden Mittelalter wider. Im an das Rathaus angebauten Pfennigturm prägte einst die Freie Reichsstadt ihr Geld.

Städtisches Museum

Allein schon das Reichlin-von-Meldegg-Haus aus dem 15. Jahrhundert lohnt den Besuch. In den schmucken Räumlichkeiten des alten Patrizierhauses hat schon seit mehr als Hundert Jahren die städtische Sammlung Platz gefunden. Zum Fundus der auf vier Geschosse verteilten 30 Säle gehört ein buntes Sammelsurium, angefangen von Mammutknochen über Volkstrachten und Weihnachtskrippen bis hin zu einem Gebärstuhl aus dem 18. Jahrhundert. Ein Highlight sind die 55 historischen Puppenstuben aus der Zeit von der Renaissance bis zum Jugendstil. Von Saal 8 im ersten Obergeschoss hat man übrigens einen netten Einblick in die ehemalige Hauskapelle, die mit ihrem spätgotischen Netzgewölbe bis ins Jahr 1468 zurückreicht.

Einfach gut!

LANDGASTHOF ADLER

Ein 300 Jahre altes Fachwerkhaus bildet den Rahmen für diesen bereits in der elften Generation geführten gemütlichen Gasthof, der mittlerweile jedem Feinschmeckerführer eine Erwähnung wert ist. Aufgetischt wird gehobene badische Küche, die neben Spezialitäten wie den geschmorten Schweinsbäckle mit Spätzle auch internationale Anleihen auf der Karte stehen hat, etwa in Tempurateig gebackene Gambas an Auberginenpüree. Das Preis-Leistungs-Verhältnis ist gut, in der Hochsaison sollte man unbedingt reservieren. Sofern man im Hinterland von Überlingen wohnen möchte, ist der Gasthof auch eine gute Adresse zum Übernachten.

Landgasthof zum Adler. Fr–Di 11.45–14, 17.30–21 Uhr, Hauptstr. 44, 88662 Überlingen-Lippertsreute, Tel. +49 75 53/8 25 50, www.adler-lippertsreute.de

Das Hühnerwunder

Das Münster ist nicht der einzige bemerkenswerte Sakralbau Überlingens. Architektonisch hat die Jodokkirche in der Aufkircherstraße zwar nichts Außergewöhnliches zu bieten, in kunstgeschichtlicher und geografischer Hinsicht schon eher. Die erstmals 1424 erwähnte Kirche liegt am Jakobsweg nach Santiago de Compostela, und Pilger, die hier vorbeikommen, lassen es sich nicht nehmen, die an der linken Innenwand in zwölf spätgotischen Fresken dargestellte Jakobslegende anzuschauen, sie ist auch als das Hühnerwunder bekannt. Den Schlüssel zur Kirche erhält man im Laden Reliquio links von der Kirche, dort bekommen Pilger auch den Stempel in ihren Pilgerausweis.

Flanieren am See

Besonders stolz ist man in Überlingen auf die lange, autofreie Seepromenade. Vom Landungsplatz kann man nach Osten bis zum Mantelhafen oder nach Westen bis zur Therme und dem Kurpark flanieren. Und sie ist nicht nur lang, sondern auch hübsch. Kübelpalmen, Blumenarrangements und die Sicht übers Wasser sorgen für Mittelmeeratmosphäre. Immer hat man die an- und ablegenden Kurs- und Ausflugsschiffe der Weißen Flotte im Blick.

Oben: Ein Meisterwerk aus Lindenholz – Jörg Zürns Hochaltar im Münster
Unten: Der *Bodenseereiterbrunnen* mit Martin Walser als Hauptdarsteller – für den Schriftsteller ist das skurrile Kunstwerk allerdings ein rotes Tuch.

Subtropischer Garten

Im Stadtgarten setzt sich das mediterrane Flair der Promenade fort. Zwar kann es die bereits im 19. Jahrhundert angelegte, etwa dreieinhalb Hektar große Grünzone nicht mit der Insel Mainau aufnehmen (s. S. 44), doch profitiert man auch hier sichtlich vom milden Seeklima. Auf den Spazierwegen lassen sich neben Taubenbaum und Strauchkastanie etliche subtropische Gewächse entdecken, darunter Bananenstauden und ein im Frühling prächtig blühender Judasbaum. Mittelpunkt ist ein plätschernder Zinkgussbrunnen von 1875, neben dem mit Opuntien, Säulenkakteen und anderen Gewächsen ein Kakteengarten liegt.

Goldbacher Stollen

Erfreulich gestaltet sich ein Abstecher zur Sylvester-Kapelle im Ortsteil Goldbach – die Geschichte des frühromanischen Kirchleins mit Fresken der Reichenauer Malschule reicht bis ins 10. Jahrhundert zurück. Interessant sind hier die Wandmalereien mit Szenen aus dem Leben Jesu wie der Sturm auf dem See Genezareth oder die Heilung der Aussätzigen. Nachdenklich bis betroffen stimmt dagegen die Besichtigung des Goldbacher Stollen. Nach einem verheerenden Luftangriff auf den Rüstungsstandort Friedrichshafen im Zweiten Weltkrieg versuchten die Nationalsozialisten, die Kriegsproduktion in einen bombensicheren Stollen westlich von Überlingen auszulagern. Zu diesem Zweck wurden bis zu 800 Häftlinge aus dem KZ Dachau rekrutiert, die unter dem Decknamen Magnesit innerhalb von sieben Monaten ein vier Kilometer langes Stollensystem in die weichen Molassefelsen trieben. Produziert werden konnte darin jedoch nicht, das Kriegsende kam schneller als gedacht. Mindestens 170 KZ-Häftlinge kamen während der Bauzeit ums Leben, 97 davon liegen auf dem KZ-Friedhof Birnau begraben.

Nicht verpassen

HAUSTIERHOF REUTEMÜHLE

In der Reutemühle gibt es nicht etwa nur eine Schafrasse, sondern gleich über ein Dutzend, mit ganz unterschiedlich gedrehten Hörnern. Der Tierbestand des zwischen Wiesen und Weiden gelegenen Erlebnisbauernhofs ist mittlerweile auf mehr als 200 Arten angewachsen, neben vielen heimischen Haustierrassen fühlen sich hier auch Exoten, etwa Erdmännchen, Kängurus und Nasenbären sichtlich wohl. Viel los ist jeweils am ersten Sonntag von Mai bis Oktober, wenn internationale Blaskapellen und Musikanten zünftige Volksmusik zum Besten geben. Und falls es für Kinder doch mal zu langweilig sein sollte, können sie sich auf einem attraktiven Spielplatz austoben.

Haustierhof Reutemühle. April–Okt. tgl. 10–20 Uhr (letzter Einlass 18 Uhr), Nov.–März 10–16 Uhr (nur an schneefreien Tagen), Reuteweg 71, 88662 Überlingen-Bambergen, Tel. +49 77 51/97 07 85, www.haustierhof-reutemuehle.de

Infos und Adressen

SEHENSWÜRDIGKEITEN

Goldbacher Stollen. Öffentliche Führungen an jedem ersten Freitag im Monat um 17 Uhr, Anmeldung über die Tourist-Information.

Städtische Galerie. Das Kunstforum neben der Greth, besser bekannt als Fauler Pelz, stellt in Wechselausstellungen Malerei vom Mittelalter bis in die Gegenwart aus. Di–Fr 14–17 Uhr, Sa, So 11–17 Uhr, Landungsplatz, 88662 Überlingen, Tel. +4975 11/99 10 74, www.staedtische galerie.de

Städtisches Museum. Di–Sa 9–12.30, 14–17 Uhr, April–Okt. auch So 10–15 Uhr, Krumme-bergstr. 30, 88662 Überlingen, Tel. +4975 51/9 91079, www.museum-ueberlingen.de

ESSEN UND TRINKEN

Bürgerbräu. Hinter dem gewöhnlichen Namen steckt ein Traditionslokal, das gekonnt die regionale Küche mit mediterranen und fern-östlichen Komponenten ergänzt. Ein Klassiker ist der Bodenseefisch an Limonen-Rahm-Sauce mit handgeschabten Spätzle vom Brett. Geho-bene Preise, das Auge isst mit. Mi–So 17.30–21 Uhr, Sa, So auch 11.30–14 Uhr, Aufkircher Str. 20, 88662 Überlingen, Tel. +4975 51/9 27 40, www.buergerbraeu-ueberlingen.com

Fischhaus Löwenzunft. Fischhandlung mit Bis-tro am Marktplatz; mit großer Auswahl an fri-schem Bodenseefisch und Räucherware aus der eigenen Holzofenräucherei. Mo–Fr 8.30–18.30 Uhr, Sa 8–14.30 Uhr, warme Küche 11–15 Uhr, Hofstatt 7, 88662 Überlingen, Tel. +4975 51/9 49025, www.knoblauch-bodensee.de

Johanniter Kreuz. Das Lokal im Ortsteil An-delshofen logiert in der umgebauten Scheune eines ehemaligen Bauernhofs. Geboten wird eine leicht gehobene Linzgauer Regionalküche. Das Vier-Sterne-Romantik-Hotel ist auch eine gute Adresse. Nur der Seeblick fehlt! Di 18–21 Uhr, Mi–So 12–14, 18–21 Uhr, Johanniter-weg 11, 88662 Überlingen-Andelshofen, Tel. +4975 51/93 70 60, www.johanniter-kreuz.de

Zeughaus. In dem historischen Altstadthaus hat ein trendiges japanisches Sushi-Lokal eröffnet, im Sommer mit bewirtschafteter See-terrasse. Mi–Mo 11–22 Uhr, Zeughausgasse 2, 88662 Überlingen, Tel. +4975 51/9 37 98 80, www.zeughaus-ueberlingen.de

Zu den Höhepunkten des närrischen Treibens in Überlingen gehört der Hänselejuck.

ÜBERNACHTEN

Bad Hotel. Das Traditionshaus aus dem 19. Jahrhundert mag zwar etwas altmodisch erscheinen, angesichts der tollen Lage gehört es dennoch zu den besten Adressen im Ort, es empfehlen sich die etwas teureren Zimmer mit Seeblick. Vor dem komplett renovierten Haus überbrückt ein Park die kurze Distanz bis zur Seepromenade, in der zugehörigen Jugendstilvilla Seeburg wohnt man unmittelbar am Wasser. Christophstr. 2, 88662 Überlingen, Tel. +49 75 51/83 70, www.bad-hotel-ueberlingen.de

Parkhotel St. Leonhard. Das gediegene Viersternehotel Superior liegt in einer weitläufigen Parklandschaft oberhalb von Überlingen und hat neben Spa, Hallenbad und Sauna auch Tennisplätze; ein Golfplatz liegt in der Nähe im Ortsteil Owingen. Einziges Manko: Zu Fuß ist es in die Stadt zu weit. Obere St.-Leonhard-Str. 71, 88662 Überlingen, Tel. +49 75 51/80 81 00, www.parkhotel-sankt-leonhard.de

EINKAUFEN

Eigenart. Ladengemeinschaft von zwölf Kunsthandwerkern aus der Region, die mit Malerei, Schmuck und Arbeiten aus Holz, Keramik, Leder, Seide und Filz ein breites Sortiment an Mitbringseln und Spielzeug anbietet. Mo–Fr 10–13, 14.30–18 Uhr, Sa 10–14 Uhr, Mai–Sept. auch So 15–18 Uhr; Seepromenade 15, 88662 Überlingen, Tel. +49 75 51/24 03, www.eigenart-kunsthandwerk.de

Hofgemeinschaft Heggelbach. Ab-Hof-Verkauf von Demeter-Käse, neben einem bis zu zwölf Monate gereiften Hartkäse (Alpkäse) gibt es auch Tilsiter, Camembert und Quark. Der Bio-Hof liegt etwa 13 km nordwestlich von Überlingen. Di, Fr 17–19 Uhr, Heggelbach 8, 88634 Herdwangen, Tel. +49 75 57/86 68, +49 75 57/15 42 (Käserei), www.hofgemeinschaft-heggelbach.de

Naturata. Das von dem ungarischen Architekten Imre Makowecz entworfene Naturata-Zentrum beherbergt einen der stimmungsvollsten Bioläden Deutschlands. Zu dem anthroposophisch orientierten Fachgeschäft für gesunde Lebensmittel gehören ein Bio-Restaurant (So Ruhetag) und ein nach baubiologischen Aspekten konzipiertes, relativ preisgünstiges Hotel. Tgl. 8–20 Uhr, Rengoldshauser Str. 21, 88662 Überlingen, Tel. +49 75 51/95 16 15, www.naturata-gmbh.de

Überlinger Antiquariat. Ein bis an die Decke vollgestapelter Buchladen, in dem Inhaber Bernd Wiese nie den Überblick verliert, einer der Schwerpunkte im Sortiment ist die Anthroposophie. Mo, Mi–Sa 9.30–14.00 Uhr, Di 9.30–13.30, 14.30–18.30 Uhr, Turmgasse 8, Tel. +49 75 51/6 05 75, www.ueberlinger-antiquariat.de

Walz. Galerie und Kunsthandel, u. a. mit Radierungen von Goya und Lithografien von Miró. Mo–Fr 11–13, 15–18 Uhr, Sa 11–16 Uhr, Bahnhofstr. 14, 88662 Überlingen, Tel. +49 75 51/93 77 90, www.walz-kunsthandel.de

STRANDBAD

Strandbad Ost. Von den drei Überlinger Bädern die beste Wahl. Es liegt neben dem Sportboothafen und hat eine große Liegewiese. 1. Mai–Mitte Sept., Strandweg, 88626 Überlingen, www.ostbad-ueberlingen.de

INFORMATION

Tourist-Information. Juli–Sept. Mo–Fr 9–18 Uhr, Sa 9–13 Uhr, So 10–13 Uhr, 13. Okt.–31. Okt. Mo–Fr 9–12.30, 14.30–16.30 Uhr, Do bis 18 Uhr, Sa 9–13 Uhr, Nov.–März Mo–Fr 9–12.30, 14–16.30 Uhr, Do bis 18 Uhr, sonst Mo–Sa 9–18 Uhr, Landungsplatz 5, 88662 Überlingen, Tel. +49 75 51/9 47 15 22, www.ueberlingen-bodensee.de

17 Die Birnau
Rokokojuwel über dem See

Die Birnau gehört ohne Wenn und Aber zu den prächtigsten spätbarocken Kirchen Süddeutschlands. Dem Besucher eröffnet sich ein heiteres Gesamtkunstwerk aus Fresken, Plastik und Stuck. Auch die erhabene Lage über dem Seeufer inmitten von ausgedehnten Weinbergen könnte reizvoller nicht sein, klar zeichnen sich die Umrisse der Insel Mainau ab, und bei Föhn genießt man den fulminanten Alpenblick.

Fast wie ein Schloss präsentiert sich die dem See zugewandte Schaufassade der Wallfahrtskirche mit ihrem zwischen den beiden Priesterhäusern hoch aufragenden Turm. Auffällig ist der Uhrenreichtum: Vier Turmuhren zeigen die Zeit in alle Himmelsrichtungen an, dazu gibt es drei Sonnenuhren am Priesterhaus und im Inneren der Kirche eine viel beachtete Monduhr.

Bewegte Geschichte

Die berühmteste Barockkirche am Bodensee geht auf eine Marienwallfahrt zurück. Einige Kilometer von dem heutigen Standort entfernt befand sich auf dem Gebiet der ehemaligen Reichsstadt Überlingen bereits im 14. Jahrhundert eine Kapelle, in der ein Gnadenbild in Form einer als wundertätig angesehenen, 80 Zentimeter großen Marienstatute verehrt wurde. Mit dem immer größer werdenden Pilgerstrom flossen nicht unbeträchtliche Mittel in die Überlinger Stadtkasse und natürlich profitierte auch das Kloster Salem davon. Dennoch kam es zu andauernden Streitigkeiten, bis sich der Salemer Abt Anselm II. 1746 kurzerhand entschloss, die Wallfahrtskapelle auf das eigene Territorium zu

Dem Vorarlberger Baumeister Peter Thumb gelang mit der Wallfahrtskirche ein barockes Meisterwerk.

Weinberge umgeben die Wallfahrtskirche.

verlegen. Als Handwerker wurden die
jeweils Größten ihrer Zunft verpflichtet
und unter der Federführung des Vorarlberger Baumeisters Peter Thumb konnte
nach nur vierjähriger Bauzeit die neue Kirche
geweiht werden. Zeitzeugen berichten, dass rund
20 000 Gläubige der Einweihung beiwohnten.
An der barocken Pracht konnten sich die Äbte
und Gläubigen allerdings gerade mal 50 Jahre
erfreuen. Nach der Säkularisation 1804 ging es
in Birnau drunter und drüber, etliche der prächtig gedrechselten Beichtstühle wurden zu Geld
gemacht, und auch die Orgel fand schnell einen
Käufer. Zeitweise nutzte man das Langhaus gar als
Heuschober und Ziegenstall. Erst ab 1919, als die
Zisterzienser des Bregenzer Klosters Mehrerau die
Birnau erwarben und seither als Priorat führen,
ging es wieder aufwärts.

Hochaltar und Honigschlecker

Das erwähnte gotische Gnadenbild hat im Hochaltar seinen Platz gefunden. Noch berühmter ist
allerdings der rechts davon über dem Bernhard-
altar sich an die Wand lehnende Honigschlecker.
Der mit dem Zeigefinger sich aus einem Bienen-
korb bedienende, sichtlich wohlgenährte Putto

Einfach gut !

**AUF DEM
PRÄLATENWEG
WANDERN**

Der Prälatenweg war
ursprünglich ein viel began-
gener Wirtschafts- und Pilgerweg
zwischen dem Zisterzienserkloster
Salem und der Wallfahrtskirche
Birnau. Heute wird die knapp acht
Kilometer lange, gut ausgeschil-
derte Strecke gern von Wanderern
zurückgelegt. Startpunkt ist das
Schloss Salem. Wer mit Kindern
unterwegs ist, sollte unbedingt
eine längere Pause am Affenberg
und der Storchenkolonie am
Mendlishauserhof einplanen
(s. S. 123). Von dort geht es auf
meist schattigem Waldweg an den
Nellenfurter Weihern vorbei, zwei
von Mönchen angelegten Fischtei-
chen, aus denen das Kloster einst
seinen Bedarf an Süßwasserfisch
deckte. Nach der Fußgängerunter-
führung der B31 wird schließlich
die Birnau erreicht. Je nach Gusto
kann man nach Maurach absteigen, dann dem Uferweg bis Unteruhldingen folgen und von dort mit
dem Bus nach Salem zurückfahren.

115

gehört zu den Meisterwerken des Stuckateurs Joseph Anton Feuchtmayer. Er steht sinnbildlich für die wie Honig fließende Rede des Ordensgründers Bernhard von Clairvaux. Wer genau hinschaut, kann auf dem Altarrahmen vergoldete Bienen ausmachen.

Spätbarocke Monumentalmalerei

Für die Deckengewölbe war der Augsburger Historienmaler Gottfried Bernhard Göz (1708–1774) verantwortlich, der sich zuvor schon mit der Ausmalung der Schlosskapelle von Meersburg und dem Audienzsaal der Abtei Weingarten einen Namen gemacht hatte. Die Kuppel im Langhaus wird von einem von Engeln umschwirrten Marienbildnis dominiert. Unter den im Umkreis dargestellten Personen hat sich neben den Bauherren, den Äbten Stephan II. und Anselm II., der Maler mit einem Selbstporträt ein Denkmal gesetzt. Es zeigt ihn als einen auf eine Krücke gestützten Bettler. Während der Arbeit an den Fresken fiel Göz von einem Gerüst und brach sich dabei ein Bein, vermutlich hatte er zuvor reichlich dem Klosterwein zugesprochen.

Schloss Maurach

Nie fertiggestellt wurde ein ursprünglich vorgesehener Treppenweg zum unterhalb von der Birnau gelegenen Schloss Maurach. Der ursprünglich von Laienbrüdern bewirtschaftete Gutshof war zugleich der Schiffsanleger von Salem. Ab 1722 begann man das Landgut zum Sommersitz der Äbte von Salem auszubauen, die anscheinend genauso wie die heutigen Touristen möglichst nahe am Wasser sein wollten. In den Wirtschaftsgebäuden wohnte das im Weinberg beschäftigte Personal. Ein Teil des Gebäudes wird heute als Tagungshotel genutzt, zu besichtigen ist es nicht.

Oben: Putten schwirren engelsgleich durch das Kirchenschiff der Birnau.
Unten: Für die künstlerische Ausstattung des Innenraumes konnten die besten Freskenmaler und Stuckateure gewonnen werden.

Infos und Adressen

SEHENSWÜRDIGKEITEN
Wallfahrtskirche. Im Sommerhalbjahr tgl. 7.30–19 Uhr, im Winter tgl. 7.30–17.30 Uhr. Kirchenführungen von Mai–Sept. Do 15 Uhr (Feiertage ausgenommen). In der Wallfahrtskirche herrscht striktes Fotografier- und Filmverbot.

GOTTESDIENSTE UND WALLFAHRTEN
Heilige Messe. Mo–Sa 8 Uhr, So und feiertags 7.30 und 10.45 Uhr

Fatima-Wallfahrt. Nov.–April jeden 13. des Monats, 18–20 Uhr

Wallfahrt der Aussiedler und Heimatvertriebenen. In der Regel am 2. Sonntag im Mai

Männerwallfahrt. Am zweiten oder dritten Sonntag im September

ESSEN UND TRINKEN
Seehalde. Schwäbische Küche zu gehobenen Preisen, Terrasse mit tollem Seeblick. Do–Mo 11.45–14, 18–21 Uhr, Maurach 1, 88690 Uhldingen-Mühlhofen, Tel. +49 75 56/9 22 10, www.seehalde.de

ÜBERNACHTEN
Pilgerhof und Rebmannshof. Die beiden unter einer Leitung stehenden Häuser liegen

Berühmtester Putto der Birnau ist der Honigschlecker von J. A. Feuchtmayer.

am Seeufer unterhalb der Wallfahrtskirche Birnau. Während der Pilgerhof ein moderneres Gebäude ist, wohnt man im Rebmannshof in einem historischen Fachwerkhaus aus dem 17. Jh. Maurach 2, 88690 Uhldingen-Mühlhofen, Tel. +49 75 56/93 90, www.hotel-pilgerhof.de

EVENT
Geistliche Musik Birnau. Konzertreihe des Chors und Orchesters der Birnauer Kantorei; gespielt wird an vier Sonntagen von Ende April–Okt., Tel. +49 75 22/2 01 85, www.birnauer-kantorei.de

INFORMATION
Zisterzienser Priorat Birnau. Birnau-Maurach 5, 88690 Uhlingen-Mühlhofen, Tel. +49 75 56/ 9 20 30, www.birnau.de

Detail des Deckenfreskos von dem Historienmaler Gottfried Bernhard Göz

18 Das Welterbe Unteruhldingen
Eine Pfahlbausiedlung aus der Steinzeit

Wie wohl die Menschen am See vor 6000 Jahren lebten? Das Freilichtmuseum in Unteruhldingen versucht seit bald Hundert Jahren, das Rätsel zu lösen. In 23 rekonstruierten Pfahlbauhäusern wird auf fast alle Fragen zum Thema eine Antwort gesucht. So manches mag auf der Fantasie der Archäologen gebaut sein, doch vieles ist durch die zahlreichen vom Seegrund geborgenen Funde abgesichert. Seit 2011 steht das Museum auf der Welterbeliste der UNESCO.

Eine lange Geschichte

Die erste Pfahlbausiedlung am Bodensee entdeckte man 1854 im Flachwasserbereich des Untersees vor der Halbinsel Höri. Zehn Jahre später wurden Hobbyarchäologen auch auf einem Schwemmlandkegel vor dem Ufer von Unteruhldingen fündig, allein dort standen einst 87 Häuser. Eine Frage, welche die Fachleute seither verfolgt: Warum bauten die frühen Siedler ihre Behausungen im Wasser? Der neueste Stand der Forschung bietet dazu verschiedene Erklärungsmodelle an. Zum einen könnte der Schutz vor wilden Tieren und eventuellen Angriffen feindlicher Stämme eine Rolle gespielt haben. Doch vielleicht waren es ganz praktische Gründe: Man wohnte auf dem See, weil man so den dicht bewaldeten Ufersaum nicht roden musste, und natürlich war auch das Fischen vom Wasser aus einfacher. Aufwendig war allerdings die ständige Erneuerung der Häuser, da die verwen-

Mitte: Ob die ins Wasser gebauten Pfahlbauten tatsächlich so schmuck ausgesehen haben, wie sie uns heute von den Archäologen präsentiert werden?
Unten: Fischerromantik auf dem Obersee

Einfach gut!

deten Eichenpfähle im Wasser bereits nach etwa fünfzehn Jahren verrotten. Ursprünglich ging man davon aus, dass die Pfahlbauten immer auf einer in den See gebauten Plattform standen und durch einen Palisadenzaun gesichert waren. Heute weiß man, dass auch Pfahlbauhäuser auf dem vom Hochwasser sicheren Ufer standen. Das Alter der kleinen Dörfer lässt sich anhand der gefundenen Pfähle mit der Dendrochronologie (Jahresringforschung) und Radiokarbonmessung ziemlich exakt ermitteln. Die Siedlungsperiode umfasst den Zeitraum von der Jungsteinzeit um 4400 v. Chr. bis zur Eisenzeit um 850 v. Chr., das heißt, die Menschen am Bodensee lebten mehr als drei Jahrtausende auf Pfählen.

Das erste Freilichtmuseum

Nicht nur die Pfahlbauten, auch das Museum hat seine Geschichte. Es wurde 1922 als erstes Freilichtmuseum in Deutschland eröffnet und gehörte mit seinem Hüttendorf auf dem Wasser zu den ersten großen Touristenattraktionen am Bodensee. Nach ständigen Erweiterungen sind die Pfahlbauten in Unteruhldingen zu einem der größten Freilichtmuseen Europas angewachsen. Seit 2011 ist der Museumskomplex Teil des UNESCO-Welterbes Pfahlbauten, zu dem 111 Pfahlbaufundstellen in sechs Alpenländern gehören. Das Freilichtmuseum in Unteruhldingen liegt nicht nur ausgesprochen pittoresk am Seeufer, es ist zugleich ein bedeutendes Dokumentationszentrum und wissenschaftliches Forschungsinstitut der Pfahlbaukultur. Seit der Eröffnung vor nunmehr über neunzig Jahren besuchten mehr als dreizehn Millionen Gäste den Museumskomplex, seit der Ernennung zum Welterbe kommen verstärkt auch Besucher aus dem Ausland. 2015 soll eine Freilichtbühne fertig sein, auf der ein Pfahlbautheater den Alltag der Steinzeitmenschen nachspielen wird.

Rundgang auf dem Wasser

Eine Attraktion der Erlebniswelt ist die Multimediashow *Archaeorama*, in der eine 360-Grad-Projektion dem Besucher das Gefühl vermitteln will, mitten in einem Pfahlbaufeld der Steinzeit gelandet zu sein. Gleich danach führt ein Holzsteg auf den See hinaus zu den mit Flechtwänden und Schilfdächern rekonstruierten Häusern. Anschaulich wird die Lebensweise der Steinzeitmenschen vorgestellt und gezeigt, wie sie ihre Werkzeuge und Kleidung herstellten, welchen Schmuck sie trugen, was für Kultobjekte sie hatten und wovon sie sich außer von Bodenseefisch noch ernährten. Auch gibt es ein Fernsehdorf, in dem 2006 die ARD-Serie *Die Steinzeit – Das Experiment* das Leben einer Steinzeitsippe dokumentierte. Am Ende des Rundgangs zeigt eine Ausstellung die herausragenden Funde aus den letzten 150 Jahren. Im Sommer kann man sich nach dem Besichtigungsprogramm im Strandbad nebenan entspannen und an der Seepromenade des Kurorts Uhldingen-Mühlhofen in einem der Lokale einkehren, oder je nach Lust und Laune noch ein Traktormuseum und ein Reptilienhaus besuchen.

Oben: Bestechende Lage – die Pfahlbausiedlung füllt eine kleine Seeausbuchtung aus.
Unten: Bei einer im Eintrittspreis eingeschlossenen Führung bleibt keine Frage offen.

Infos und Adressen

SEHENSWÜRDIGKEITEN

Pfahlbaumuseum. April–Sept. tgl. 9–18.30 Uhr, Okt. 9–17 Uhr, März, Nov. Sa, So 9–17 Uhr, Strandpromenade 6, 88690 Uhldingen-Mühlhofen, Tel. +49 75 56/92 89 00, www.pfahlbauten.de

Reptilienhaus. Hier gibt es u.a. Klapperschlangen, Leguane und Vogelspinnen. April–Okt. tgl. 9.30–11 Uhr, sonst Sa, So 11–17 Uhr, Ehbachstr. 4, 88690 Uhldingen-Mühlhofen, Tel. +49 75 56/92 97 00, www.reptilienhaus.de

Traktormuseum. In der 2013 eröffneten Ausstellung mit mehr als 150 Treckern machen auch alte Werkstätten mit dem Handwerk der Küfer, Schmiede und Holzschuhmacher bekannt. Mai–Okt. tgl. 9.30–17.30 Uhr, März, April Di–So 10–17 Uhr. Gebhardsweiler 1, 88690 Uhldingen-Mühlhofen, Tel. +49 75 56/ 92 83 60, www.traktormuseum.de

ESSEN UND TRINKEN

Jägerhof. Aus der Küche des Landgasthofs beim Traktormuseum kommen schwäbische

Nach dem Gang durch die steinzeitliche Siedlung kann man die Füße ins Wasser hängen.

Im Traktormuseum können rund 200 historische Schlepper bewundert werden.

Spezialitäten. Mai–Okt. tgl. 11.30–22 Uhr, März, April Di–So 12–22 Uhr, Gebhardsweiler 1, 88690 Uhldingen-Mühlhofen, Tel. +49 75 56/ 92 83 36 20, www.jaegerhof-restaurant.de

Uhldinger Fischtheke. Fisch-Bistro mit Wintergarten – gut und günstig! Mo–Fr 9–17 Uhr, Sa 9–13 Uhr, Poststr. 8, 88690 Uhldingen, Tel. +49 75 56/67 62, www.uhldinger-fischtheke.de

INFORMATION

Tourist-Information. Mo–Fr 9–13, 14–17 Uhr, im Winterhalbjahr Mo–Fr 9–12 Uhr, Ehbachstr. 1, 88690 Uhldingen-Mühlhofen, Tel. +49 75 56/9 21 60, www.seeferien.com

ANFAHRT

Uhldinger Kurbähnle. Die Durchfahrt im Ortsteil Unteruhldingen ist für den privaten Verkehr gesperrt. Vom gebührenpflichtigen Großparkplatz am Ortseingang pendelt in der Hauptsaison ein Mini-Zug zwischen den Pfahlbauten und dem Seeufer (www.uhldinger-kurbaehnle. de), ansonsten müssen zehn Gehminuten eingeplant werden. Kosten für die Hin- und Rückfahrt: 3 €

Mitte: Vor dem Salemer Tor lädt der akkurat angelegte Hofgarten zum Flanieren ein.
Unten: Im Kaisersaal dokumentieren 16 überlebensgroße Kaiserstatuen die enge Verflechtung der weltlichen Macht mit dem Klerus.

19 Salem
Repräsentative Klosterkultur und adlige Sommerfrische

Linzgau heißt das grüne Hinterland des Bodensees östlich von Überlingen. Kultureller Mittelpunkt der von Rebkulturen und Obstanbau geprägten flachwelligen Hügellandschaft ist das aus einem Zisterzienserkloster hervorgegangene Schloss Salem. Mit seinen kunsthistorischen Schätzen gehört es zu den bedeutendsten Sehenswürdigkeiten im Bodenseeraum, ein prominentes Eliteinternat macht Salem zudem zu einem international bekannten Bildungsträger.

Zwischen Askese und Pomp

1134 gründeten Mönche aus dem Elsass das erste Zisterzienserkloster im süddeutschen Raum, den Namen Salem (früher Salmannsweiler) leiteten sie von Jerusalem ab. In dem 1142 von Stauferkönig Konrad III. zur Reichsabtei erhobenen Konvent lebten bald 300 Mönche und Laienbrüder. Durch großzügige Schenkungen und prosperierende

GUT ZU WISSEN

LEIDER GESCHLOSSEN!
Der Bodensee ist ein Ziel fürs Sommerhalbjahr, im Winter läuft, zumindest was den Tourismus angeht, alles nur mit halber Kraft. Manche Hotels sind zu, einige Highlights haben stark eingeschränkte Öffnungszeiten oder sind ganz geschlossen, so das Schloss Salem und das Pfahlbaumuseum. Damit man im Januar oder Februar nicht vor verriegelten Türen steht, sollte man sich vorher informieren.

Wirtschaftshöfe avancierte Salem im späten Mittelalter zu einem der reichsten Klöster Süddeutschlands. Münster, Prälatur, Konventsgebäude und Marstall bilden die Höhepunkte der bald 900-jährigen Baugeschichte. Nach Rückschlägen im Dreißigjährigen Krieg und einer Brandkatastrophe (1697), die fast einen kompletten Neuaufbau notwendig machte, führten die Salemer Äbte das Kloster zu einer zweiten kulturellen Blüte. An der von Rokoko und Frühklassizismus geprägten Ausgestaltung werkelten die besten Handwerker ihrer Zunft.

Markgräfliche Sommerresidenz

Nach der Säkularisation fiel Salem an die Markgrafen von Baden, sie bauten das Kloster zur Sommerresidenz aus. Die adligen Nachkommen bewirtschaften bis heute rund um Salem das mit 110 Hektar Rebflächen größte Weingut am Bodensee. Markgräfliche Qualitätsweine, unter anderem von der sonnigen Birnauer Kirchhalde, stehen in vielen Seelokalen auf der Weinkarte. Trotz Weinverkauf und Einnahmen durch den Tourismus sprengte der Unterhalt des weitläufigen Schlosses die markgräfliche Kasse, sodass Bernhard Prinz von Baden 2009 den größten Teil von Salem samt zugehöriger Kunstsammlung an das Land Baden-Württemberg veräußerte. Seither wurde in den weitläufigen Gebäudekomplex kräftig investiert.

Kleine und große Führungen

Wie bei den Zisterziensern üblich, fiel das hochgotische Salemer Münster (um 1300) ausgesprochen streng und schlicht aus. Für Glanz sorgte erst Abt Anselm II., der um 1772 die Innenausstattung im frühklassizistischen Stil mit aus hellem Alabaster gearbeiteten Altären erneuern ließ. Das Münster

Nicht verpassen

UNTER AFFEN UND KLAPPERSTÖRCHEN

Das Erste gleich voraus weg: Auf dem Affenberg Salem ist hautnaher Kontakt garantiert – zwischen Affe und Besucher gibt es keine trennenden Gitter. Die rund zweihundert Berberaffen in dem Freigehege sind ausgesprochen zutraulich und kommunikativ, vor allem wenn man mit einer Tüte voll Popcorn (gibt es am Parkeingang zu kaufen) unterwegs ist. Hut oder Mütze sollte man sicherheitshalber vorher verstauen. Außerdem wird empfohlen, das Wegenetz nicht zu verlassen, um so etwa stillende Affenmütter nicht zu stören. Attraktiv ist auch die Storchenstation am Mendlishauserhof, in der jedes Jahr eine etwa zwanzig Paare große Brutkolonie von Weißstörchen zu Gast ist.

Affenberg Salem. Mitte März–Okt. tgl. 9–18 Uhr, Mendlishauserhof, 88682 Salem, Tel. +49 75 53/3 81, www.affenberg-salem.de. Im Sommer pendelt der Erlebnisbus zwischen Unteruhldingen und Salem.

und der ehemalige Klosterhof mit akkurat ange-
legtem Hofgarten können auf eigene Faust besichtigt werden. Je nach Interesse und Zeitbudget
lohnt es sich, an einer der angebotenen Führungen
teilzunehmen, die zwar etwas mehr als der normale
Einritt kosten, doch dafür mit fachkundigen Informationen aufwarten und die Türen zu ansonsten
für den Besucherverkehr geschlossenen Räumen
öffnen. Die einstündige »kleine Führung«, zu der
natürlich auch die Besichtigung des Münsters gehört, führt durch den Kreuzgang in den von Stuck
und barocken Gemälden geschmückten ehemaligen
Speisesaal der Mönche. Doch wenn schon geführt, sollte man gleich an der »großen Führung«
teilnehmen, bei der zusätzlich ein Blick in die Re-
sidenzräume der Salemer Äbte geworfen werden
kann. Einzigartig sind der prunkvolle Kaisersaal
(1708) und das im Stil des Rokoko ausstaffierte
Arbeitszimmer von Abt Anselm.

Feuchtmayer-Museum

Welche Handwerkerfamilie maßgeblich am Ausbau des Schlosses beteiligt war, erfährt man bei
einem Abstecher in den nur einen Steinwurf von
der »Baustelle« entfernten Salemer Ortsteil Mim-
menhausen. Dort ließ sich 1706 der aus Linz an
der Donau stammende Stuckateur Franz Joseph
Feuchtmayer (1660–1718) nieder. Nach seinem
Tod machte Sohn Joseph Anton den väterlichen
Betrieb zu einer der bekanntesten Bildhauerwerk-
stätten im süddeutschen Raum. Er war nicht nur
ein begnadeter Bildhauer, sondern konnte auch
vorzüglich drechseln. Zu seinen Hauptwerken gehören die Stuckaturen im Kreuzgang des Klosters
Salem, die Gesamtausstattung der Wallfahrtskirche
Birnau und das Chorgestühl in der Stiftskirche des
UNESCO-Welterbes St. Gallen. Wohn- und Wir-
kungsstätte der Familie Feuchtmayer sind heute
als Museum zugänglich.

Oben: Von der asketischen
Strenge der Zisterzienser ist
im Salemer Münster nichts zu
sehen – nach dem Umbau zog
der Klassizismus ein.
Unten: Verspielter Decken-
schmuck im Audienzraum von
Abt Anselm

Infos und Adressen

SEHENSWÜRDIGKEITEN

Feuchtmayer-Museum. April–Okt. Sa, So 11–17 Uhr (Führungen auf Anfrage). Tüfinger Str. 10, 88682 Salem-Mimmenhausen, www.feuchtmayermuseum.de

Kloster und Schloss Salem. Neben einer Führung durch das Münster und die Prälatur lohnt der Besuch des 2014 eröffneten Klostermuseums, Hauptattraktion dort ist der Salemer Marienaltar (1507) von Bernhard Striegel. Zudem gibt es ein Feuerwehrmuseum mit historischen Handdruckspritzen. April–Okt. Mo–Sa 9.30–18 Uhr, So 10.30–18 Uhr, im Winter bis auf eine sonntägliche Führung (jeweils um 15 Uhr) geschlossen, 88682 Salem, Tel. +4975 33/916 53 36, www.salem.de

ESSEN UND TRINKEN

Salmannsweiler Hof. Fachwerkgasthof mit Regionalküche und Obstlern aus der Hofbrennerei. Mi–So 17.30–21 Uhr, Sa, So auch 11.30–14 Uhr, Salmannsweilerweg 5, 88682 Salem, Tel. +4975 53/9 21 20, www.salmannsweiler-hof.de

EINKAUFEN

Weinverkauf. Repräsentativer Schauraum mit alter Weinpresse. Mo–Sa 9–18 Uhr, im Oberen Langbau gegenüber dem Münster, Tel. +4975 53/8 12 84, www.markgraf-von-baden.de

EVENT

Salem Open Airs. Jeweils im Juni/Juli auf dem Schlossplatz, 2016 gastierten Simply Red und Joan Baez. www.allgaeu-concerts.de

INFORMATION

Bodensee-Linzgau Tourismus. Mo–Sa 9.30–18 Uhr, So 10.30–18 Uhr, Nov.–März Mo–Fr 9–12 Uhr, 88682 Schloss Salem, Tel. +4975 53/91 77 15, www.bodensee-linzgau.de

Im Schwanen neben dem Schloss kann der markgräfliche Wein probiert werden.

20 Heiligenberg
Fürstliche Sonnenterrasse hoch über dem See

Heiligenberg liegt mit gut 700 Metern hoch genug, um dem berüchtigten Seenebel Paroli zu bieten. Nicht selten kann man im Winterhalbjahr bei strahlendem Sonnenschein über den unter einer geschlossenen Nebeldecke versteckten Bodensee auf die Gipfelkette der Alpen schauen. Doch der Höhenluftkurort 20 Kilometer nördlich des Obersees ist noch aus einem anderen Grund bekannt – über dem Ort thront exponiert eines der prächtigsten Renaissanceschlösser Süddeutschlands.

Von der Burg zum Schloss

Viel spekuliert wird über die Herkunft des Ortsnamens, vermutlich geht er auf eine keltische Kultstätte zurück. Eine mittelalterliche Burg namens *Mons Sanctus* wird urkundlich erstmals 1083 erwähnt. Im 16. Jahrhundert ging der »Heilige Berg« in den Besitz der Fürsten zu Fürstenberg über, welche die Burg zwischen 1560 und 1575 im Stil der Spätrenaissance zu einem komfortablen Schloss ausbauten. Trotz der aussichtsreichen Lage wurde die Nebenresidenz meist nur für ein paar Wochen im Sommer als Jagdschloss genutzt. Die Fürsten zogen es vor, in München oder Wien zu residieren, ab 1723 schließlich in Donaueschingen. Das hatte den Vorteil, dass seither kaum größere bauliche Veränderungen vorgenommen wurden. Eine Schrecksekunde erlebten die Heiligenberger im Dreißigjährigen Krieg, als die französischen Besatzer schon den Sprengstoff gelegt hatten, um das Schloss in Schutt und Asche zu legen – glücklicherweise funktionierten die Zünder nicht.

Das Schloss Heiligenberg gilt als einer der schönsten Bauten der deutschen Renaissance, herausragend ist der prächtige Rittersaal.

Der monumentale Rittersaal

Im Südflügel führen steile Treppen zum Rittersaal hinauf, er gilt gemeinhin als einer der prächtigsten Renaissancesäle Deutschlands. Was sofort auffällt: Anders als in mittelalterlichen Burgen lassen Fenster viel Licht hinein und geben den Blick auf den Bodensee frei. Prunkstück ist die den Saal aus edlen Hölzern überspannende Kassettendecke, an welcher der Meßkircher Architekt und Bildhauer Jörg Schwarzenberger vier Jahre gearbeitet haben soll. Der 36 Meter lange Raum wird von einem Wappenfries eingefasst, darunter machen Porträts mit der Fürstenfamilie bekannt. An den Schmalseiten sind zwei aus Sandstein gebaute Kamine der Blickfang.

Panoramawege

Die Lage und vor allem die gute Luft machten die kleine Gemeinde bereits im 19. Jahrhundert bekannt, Ärzte empfahlen bei »Affektionen der Respirationsorgane« eine Kur in Heiligenberg. Aus der Frühphase des Kurtourismus sind rund um den Postplatz noch einige historische Gasthöfe erhalten. Von dort erreicht man auf einem etwa einstündigen Rundweg die Amalienhöhe. Der von Wiesen und Feldern umgebene Aussichtsplatz ist mit 788 Metern die höchste Erhebung von Heiligenberg. 1843 ließ dort das Fürstenhaus zur Silbernen Hochzeit von Fürst Karl Egon II. und seiner Gemahlin Amalie sieben Linden anpflanzen, für jedes Kind des Paares jeweils eine. Drei davon wurden später durch Ulmen ersetzt, heute ist die Baumgruppe als Naturdenkmal geschützt und ein viel besuchter Aussichtspunkt auf den See. Mit etwas mehr Zeit ausgestattet kann man eine Runde auf dem ebenfalls ausgeschilderten Höhenpanoramaweg unternehmen, er führt an der Freundschaftshöhle vorbei über Altheiligenberg und wieder zum Postplatz zurück.

Infos und Adressen

SEHENSWÜRDIGKEITEN

Schloss Heiligenberg. Bei einer Führung sind der Rittersaal, die Kapelle mit frei stehendem Glockenturm, Fürstengruft, Schlossküche und der Innenhof der Vierflügelanlage zugänglich. Ostern–Okt., Führungen Di–So 11, 14 und 15.30 Uhr, 88633 Heiligenberg

ESSEN UND TRINKEN

Landgasthof zur Post. Im Ortsteil Betenbrunn wird gutbürgerliche Küche aufgetischt, im benachbarten Gästehaus kann auch übernachtet werden. Do–Di 11.30–21.30 Uhr, Betenbrunn 17, 88633 Heiligenberg, Tel. +49 75 54/9 98 80, www.landgasthof-neue-post.de

ÜBERNACHTEN

Hotel-Restaurant Hack. Man wohnt in einem Neubau mit sechs geräumigen Zimmern und genießt leichte Regionalküche mit Wildgerichten und Fisch vom Bodensee. Warme Küche Di–Fr 17.30–21 Uhr, Sa, So 11.30–14, 17.30–21 Uhr, Am Bühl 11, 88633 Heiligenberg-Steigen, Tel. +49 75 54/86 86, www.gasthaus-hack.de

INFORMATION

Tourist-Information. Mo–Fr 8–12 Uhr, Do auch 14–18 Uhr, Schulstr. 5, 88633 Heiligenberg, Tel. +49 75 54/99 83 12, www.heiligenberg.de

MEERSBURG UND LINDAU

21 Meersburg – die Altstadt
Alte Burg und Neues Schloss

Mit einer Burg wie aus dem Bilderbuch, alten Tortürmen und steilen Gassen ist Meersburg einer jener seltenen Orte in Deutschland, in dem sich in hinreißender Lage ein Stück Mittelalter mit rustikalem Fachwerk und barocker Baukunst paart. Und über den Rebhängen thront ein prächtiges Schloss mit einer reizvollen Kaffeeterrasse. Popularität hat allerdings ihren Preis – in der Hauptsaison platzt das Städtchen aus allen Nähten.

Meersburg ist ein touristischer Dauerbrenner. Nicht wenige Gäste aus Übersee verhelfen der Kleinstadt am Südufer des Überlinger Sees zu internationalem Flair. Die meisten Besucher zieht es als Erstes zur Burg hinauf, die spätestens nach einem Blick von der Terrasse des Burg-Cafés ihre exponierte Lage hoch über der Unterstadt preisgibt. Seit eh und je betritt man das historische Gemäuer über eine Zugbrücke. Das Wahrzeichen der Stadt garantiert Mittelalter hautnah, sozusagen Geschichte zum Anfassen. Im Unterschied zu vielen anderen Burgen und Schlössern kann die Festung auf eigene Faust besichtigt werden. Auf einem Rundgang kommt man durch das Burgmuseum, den mittelalterlichen Wohntrakt und die Waffenhalle, man kann einen Blick in den Rittersaal und die Brunnenstube werfen und sich anschließend im barocken Burg-Café mit einer Vesperplatte stärken.

Eine Burg mit Geschichte

Die Meersburg gehört zu Deutschlands ältesten Festungsbauten. Der Grundstein der Wehranlage

Vorangehende Doppelseite:
Am Bodensee wird viel Wein angebaut, wie hier in Meersburg.
Oben: Ein Bummel durch die Meersburger Altstadt ist ein Muss. In den historischen Fachwerkhäusern in der Steigstraße haben sich etliche Weinlokale eingerichtet.

Das Alte Schloss thront hoch über Meersburg.

Nicht verpassen

wurde vermutlich von den Merowingern gelegt, die im 7. Jahrhundert Meersburg zu einem Stützpunkt an der Fernstraße zwischen Konstanz und Ulm ausbauten. Gesichert ist, dass die Burg 1210 vom Bistum Konstanz übernommen wurde, das zeitweise auch die weltliche Macht ausübte und mit harter Hand im Burgdorf für Ordnung sorgte. Wer gegen den Bischof opponierte, etwa 1461 der Meersburger Bürgermeister, wurde kurzerhand im See ertränkt. Im Laufe der Geschichte beherbergte die Festung zahlreiche bekannte Persönlichkeiten, während des Konstanzer Konzils wohnte hier König Sigismund, später ließen sich Dichter wie die Gebrüder Grimm und Ludwig Uhland von der Lage inspirieren. Die Bischöfe von Konstanz selbst kamen eher unfreiwillig. Kurz bevor sich Konstanz 1527 der Reformation anschloss, zog das Domkapitel Hals über Kopf ins Exil nach Meersburg. Und obschon nach 25 Jahren in Konstanz die Gegenreformation wieder die Oberhand gewann und die Protestanten aus der Stadt gejagt wurden, zogen es die Bischöfe vor, in Meersburg zu bleiben. Das Bistum baute die Burg zum bischöflichen Hof aus. Doch schon bald wurde es den gut betuchten geistlichen Würdenträgern zu eng, und sie ließen sich ein paar Schritte oberhalb das repräsentative Neue Schloss erbauen.

SEERESIDENZ FÜR FEINSCHMECKER

Das Hotel Residenz am See gehört nicht zuletzt wegen des exquisiten Gastronomieangebots zu den besten Häusern am Platz: Das Feinschmeckerlokal Casala (ein Michelin-Stern) wird in allen Gourmetführern in den Himmel gelobt (Mi–So 18.30–21.30 Uhr, Reservierung erforderlich). In der zugehörigen Koch-Akademie werden Koch- und Backkurse von Fisch bis Weihnachtsgebäck angeboten. Das elegante Haus liegt ein paar Gehminuten außerhalb der Altstadt beim Strandbad und der Therme.

Romantik Hotel Residenz am See. Uferpromenade 11, 88709 Meersburg, Tel. +49 75 32/8 00 40, www.hotel-residenz-meersburg.com

Von der Meersburger Unterstadt in die Oberstadt

Ⓐ Bismarckplatz – Vom Platz am Fuß des Burgfelsens kann durch das Unterstadttor (um 1250) ein Blick in die Unterstadt geworfen werden, während auf der Steigstraße, Meersburgs beliebter Bummelmeile, zur Burg und dem Neuen Schloss in der Oberstadt aufgestiegen wird.

Ⓑ Burg Meersburg – Das malerisch über der Altstadt thronende Alte Schloss der Konstanzer Bischöfe gehört zu den bekannten Wahrzeichen am Bodensee, sehr reizvoll ist der Ausblick vom Burg-Café.

Ⓒ Neues Schloss – In der ehemaligen Bischofsresidenz macht das Schlossmuseum mit dem barocken Wohnstil des Kirchenadels bekannt. Im kleinen Schlossgarten können Sie auf der Terrasse des Schlosscafés erlesene Konditorwaren kosten.

Ⓓ Marktplatz – Blickfang zwischen den historischen Fachwerkhäusern ist das Gasthaus zum Bären, es ging aus einer spätmittelalterlichen

Trinkstube hervor. Hier befindet sich auch das 1551 erbaute Rathaus.

Ⓔ Fürstenhäusle – Jenseits der Stettiner Straße bietet sich ein Abstecher zum Musensitz der Droste an.

Ⓕ Staatsweingut Meersburg – Zum Weingut im ehemaligen Marstall gehört auch die Gutsschänke, das schönste Panoramalokal der Stadt.

Ⓖ Gredhaus – Vom Staatsweingut führt ein steiler Fußweg zum Kornspeicher am Seeufer hinab, dem ehemaligen Handelsplatz.

Ⓗ Magische Säule – In dem Kunstwerk an der Mole setzt der Bildhauer Peter Lenk berühmte Meersburger Bürger in Szene, etwa den Exorzisten Joseph Gassner und den als Wunderdoktor bekannt gewordenen Arzt Franz Anton Mesmer.

Ⓘ Seepromenade – Von der Mole kommt man über die von Terrassencafés gesäumte Uferpromenade wieder zum Fähranleger zurück.

Der Musensitz der Droste

Einfach gut!

1838 erwarb der Altertumsforscher Freiherr von Lassberg die Burg und richtete sich zusammen mit Gemahlin Jenny in den alten Mauern häuslich ein. Schon bald stellte sich Besuch von Annette von Droste-Hülshoff (1797–1848) ein. Jennys Schwester bezog im Turm ein Arbeitszimmer. Sie genoss den wunderbaren Seeblick und schrieb dort ihre schönsten Gedichte. Zwischen 1841 und 1848 hielt sich die Droste dreimal längere Zeit in Meersburg auf, alles in allem lebte sie dreieinhalb Jahre in dem Städtchen, und solange es ihre angegriffene Gesundheit erlaubte, unternahm sie ausgedehnte Spaziergänge am Seeufer. 1843 ersteigerte sie sich vom Honorar für ihre Novelle *Die Judenbuche* für 700 Gulden das ehemalige Gartenhaus von Fürstbischof Jakob Fugger, der das schmucke Häuschen um 1600 inmitten von Weinstöcken errichten ließ. Es ist ein großartiger Logenplatz über dem Bodensee, und die Dichterin schwärmte in den höchsten Tönen von ihrem neuen Besitz, schon »fast zu schön« sei die Aussicht. Das jenseits der alten Bundesstraße gelegene »Fürstenhäusle« steht Besuchern als Gedenkstätte offen, man erreicht es auf einem durch die Weinberge hinaufführenden Treppenweg. Zu sehen gibt es neben dem Biedermeier-Sekretär der Dichterin eine liebevoll zusammengestellte Sammlung persönlicher Gegenstände, zu denen auch am Strand gesammelte Muscheln, eine Mineraliensammlung, Porzellan und eine blonde Haarlocke gehören.

Gewohnt hat die Droste in ihrem Paradies allerdings nicht, ihr labiler Gesundheitszustand fesselte sie bald ans Bett. Ihre letzten Monate verbrachte sie in der Meersburg, wo sie von ihrer Schwester besser betreut werden konnte. Auf dem Rundgang durch die Burg ist auch ihr Sterbezimmer mit dem kleinen Bett zu sehen. Beigesetzt ist die Dichterin nur fünf Gehminuten vom Fürstenhäusle entfernt,

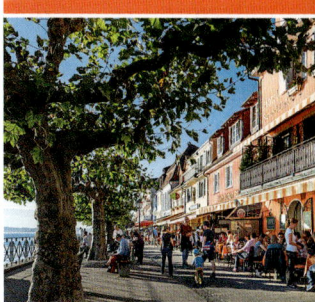

Die Meersburger Uferpromenade ist von Platanen gesäumt.

das Grab findet man auf der rechten Seite oben an der Friedhofsmauer. Für die Schriftstellerin Harriet Straub (1872–1945), sie wohnte einige Jahrzehnte nach dem Tod der Droste in der Nähe im Glaser-häusle, war die Hülshoff »der Stolz des Meersburger Friedhofs«. Und auch die Stadt hat die Dichterin in ihr Herz geschlossen, in Souvenirgeschäften prangt Drostes Bildnis auf Sammeltassen und Ansichtskarten. Bis zur Umstellung auf den Euro war die Droste übrigens in so gut wie jeder Brieftasche präsent – vor der im Hintergrund skizzierten Silhouette der Meersburg zierte ihr Lockenkopf den Zwanzigmark-schein der letzten Serie der DM-Banknoten.

Das Neue Schloss

Nach einem Spaziergang durch die Unterstadt ist in der Oberstadt die barocke Residenz (1710–1762) der Konstanzer Fürstbischöfe ein touristisches Muss. Schon beim Anblick des von dem Vorarlberger »Stararchitekten« Balthasar Neumann (1687–1753) entworfenen monumentalen Treppenhauses gerät man ins Staunen. Antike Statuen, schmiede-eiserne Geländer, stuckierter Wandschmuck und nicht zuletzt das opulente Deckengemälde machen den Aufgang in die oberen Etagen zu einem Meisterwerk des Rokoko. In der Beletage im zweiten Obergeschoss entfaltet sich die pom-pöse Wohnkultur der Konstanzer Bischöfe in ihrer ganzen Pracht. In den teils mit prunkvollen

Oben: Unten in der Meersburger Altstadt ist es recht eng, oben am Alten Schloss überraschen im Frühling bunte Blumenwiesen.
Unten: Die Panoramabänke unter der *Magischen Säule* des Bildhauers Peter Lenk sind aus-gesprochen beliebt.

Kachelöfen ausgestatteten, eichenholzgetäfelten Zimmerfluchten logierte im 18. Jahrhundert der bischöfliche Hofstaat, inklusive Hofnarr und Kammermohr. Hier befindet sich auch der für seine gute Akustik viel gelobte Spiegelsaal, der jeden Sommer zur Bühne für die Internationalen Schlosskonzerte wird. Im Porzellankabinett werden drei Original-Exponate aus dem bischöflichen Besitz gezeigt, darunter eine Elfenbein-Madonna.

Schlosskirche, Reithof und Priesterseminar

Balthasar Neumann zeichnete auch für den Entwurf der Schlosskirche verantwortlich. Das Rokoko-Juwel war ursprünglich ein Pferdestall und ist vollständig in das Schloss integriert, sodass man die Kirche von außen gar nicht als solche wahrnimmt. Die sehenswerte Kreuzigungsgruppe im Hochaltar stammt aus der Werkstatt von Joseph Anton Feuchtmayer, das prächtige Deckenfresko von dem Augsburger Maler Gottfried Bernhard Göz, die in strahlendem Weiß gehaltenen Apostelbildnisse an den Pfeilern von Andreas Brugger. Traumhaft ist der Seeblick von der Schlossterrasse, praktischerweise hat dort das Schlosscafé seine Tische stehen. Benachbart zum Schloss demonstrieren weitere Bauten das Geltungsstreben der Bischöfe. Franz Anton Bagnato, der auch wesentlich in den Umbau des Schlosses einbezogen war, entwarf den Reithof (1760), eine Vierflügelanlage mit Stallungen, Remise, Zeughaus und Reithalle, die heute vom Staatsweingut Meersburg genutzt wird. Unter Fürstbischof Johann Franz Schenk entstand das Priesterseminar (1735), heute das Droste-Hülshoff-Gymnasium. Neben Burg und Schloss ergänzen die beiden Bauten hoch über der Seepromenade das imposante architektonische Ensemble der Stadt.

Einfach gut!

MUSEUM FÜR MEERSBURGER BILDTEPPICHKUNST

In einem Anbau des Neuen Schlosses befindet sich in zehn Räumen ein Museum der besonderen Art. Ausgestellt sind rund neunzig Wandteppiche der Ateliergründerin Edith Müller-Ortloff (1911–1994), die mit ihren Auftragsarbeiten den Namen Meersburg in die ganze Welt hinaus getragen hat. Als Materialien werden vornehmlich feine Schurwolle und edle Seidenstoffe verwendet, die in verschiedenen Techniken, etwa der Reliefknüpferei, Gobelinweberei oder Batik zu dekorativem und farbenprächtigem Wandschmuck verarbeitet werden. Wer sich mit der Bildteppichkunst näher vertraut machen möchte – auf Anfrage kann ein Kreativ-Workshop gebucht werden.

Museum für Meersburger Bildteppichkunst. Mo–Fr 11–13 Uhr, Führungen Sa 17 Uhr, Schlossplatz 2, 88709 Meersburg, Tel. +49 75 32/ 64 76, www.bildteppichkunst.de

Die Stadtpfarrkirche Mariä Heimsuchung in Meersburg

Infos und Adressen

SEHENSWÜRDIGKEITEN

Bibelgalerie. Ein Museum zum Anfassen – auf einer Gutenbergpresse kann man einen Psalm ausdrucken, PC-Spiele bringen jungen Besuchern das Alte Testament nahe. April–Okt. Di–Sa 11–13, 14–17 Uhr, So 14–17 Uhr, Kirchstr. 4, 88709 Meersburg, Tel. +49 75 32/53 00, www.bibelgalerie-meersburg.de

Der Garten des Hotels Wilder Mann wartet mit Bananenstauden auf.

Burg Meersburg (Altes Schloss). Führungen durch den Dagobertturm von Ostern bis Anfang November. Der Museumsshop hält für angehende Ritter die komplette Ausrüstung bereit. März–Okt. tgl. 9–18.30 Uhr, Nov.–Feb. 10–18 Uhr, Schlossplatz 10, 88709 Meersburg, Tel. +49 75 32/8 00 00, www.burg-meersburg.de

Fürstenhäusle. Gedenkstätte für die Dichterin Annette von Droste-Hülshoff. Tgl. 11–17 Uhr, Stettiner Str. 11, 88709 Meersburg, Tel. +49 75 32/60 88, www.fuerstenhaeusle.de

Neues Schloss. Die Prunkräume können besichtigt werden von April–Okt. tgl. 9.30–18 Uhr, Nov.–März So 12–17 Uhr, Schlossplatz 12, 88709 Meersburg, Tel. +49 75 32/8 07 94 10, www.neues-schloss-meersburg.de

Wallfahrtskirche. Im Ortsteil Baitenhausen etwa 5 km nordöstlich von Meersburg steht inmitten von Streuobstwiesen eine barocke Wallfahrtskirche (1704) mit sehenswerten Deckenfresken.

Zeppelinmuseum. Die Privatsammlung ist nicht zu verwechseln mit dem gleichnamigen Museum in Friedrichshafen (s. S. 158). In zehn Räumen werden vornehmlich Originalbauteile und technische Raritäten gezeigt, in historischen Filmaufnahmen wird nochmals der tragische Absturz der »Hindenburg« im Jahr 1938 lebendig. April–Okt. tgl. 10–18 Uhr, Schlossplatz 8, 88709 Meersburg, Tel. +49 75 32/79 09, www.zeppelinmuseum.eu

ESSEN UND TRINKEN

Aurichs. Kleines Altstadtlokal mit im Sommer netter Terrasse mit Seeblick. Die Küche gibt sich international, dazu trinkt man ausgesuchte Weine vom Bodensee. Tgl. 12–21 Uhr, Steigstr. 28, 88709 Meersburg, Tel. +49 75 32/4 45 98 55, www.aurichs.com

Burg-Café. Mit spektakulärer Aussichtsterrasse. Tgl. 10–18.30 Uhr, Schlossplatz 10, 88709 Meersburg

Café Gross. Probieren sollte man den Apfel-Weinschaum-Kuchen. Tgl. 13–18.30 Uhr, Unterstadtstr. 22, 88709 Meersburg, Tel. +49 75 32/60 55, www.cafe-gross.de

Café im Neuen Schloss. Das von dem Baiersbronner Luxus- und Gourmethotel Traube-Tonbach geführte Café sorgt für exzellenten gastronomischen Service. Do–So 10–17 Uhr, Schlossplatz 12, 88709 Meersburg,

Tel. +49 75 32/80 79 41 20,
www.neuesschlossmeersburg.de

Drei Stuben. Die Küche des Hotelrestaurants
in der Altstadt serviert sowohl schwäbische als
auch sehr gute mediterrane Gerichte. Mo–Sa
ab 17 Uhr, Kirchstr. 7, 88709 Meersburg,
Tel. +49 75 32/8 00 90, www.3stuben.de

ÜBERNACHTEN

Gasthof zum Bären. Das älteste Haus am Platz
ist nicht nur wegen der begrünten Fassade ein
beliebtes Fotomotiv, man kann dort auch sehr
zentral wohnen und in der rustikalen Gaststube gut essen (Mo Ruhetag). Marktplatz 11,
88709 Meersburg, Tel. +49 75 32/4 32 20,
www.baeren-meersburg.de

Hotel Garni Eden. Kleines Frühstückshotel,
etwa zehn Gehminuten oberhalb der Seepromenade, mit kostenlosem Parkplatz
vor der Haustür. Menizhofer Weg 4,
88709 Meersburg, Tel. +49 75 32/4 30 50,
www.hotel-eden-meersburg.de

Hotel zum Schiff. Das Traditionshotel grenzt
direkt ans Seeufer und bietet von fast allen
Zimmern Seeblick, allerdings ohne Balkon.
Bismarckplatz 5, 88709 Meersburg, Tel.
+49 75 32/4 50 00, www.hotelzumschiff.de

AUSGEHEN

Strandhotel Wilder Mann. Im Tanzpavillon des
Hotels schwingen vornehmlich ältere Semester
das Tanzbein, monatlich wechselnde Livekapel-
len spielen flotte Rhythmen von Cha-Cha-Cha
bis Foxtrott. Di–So ab 19 Uhr, Mi, Sa, So
zusätzlich Nachmittagstee um 15 Uhr, 88709
Meersburg, Bismarckplatz 2, Tel. +49 75 32/
90 11, www.wilder-mann-meersburg.de

EINKAUFEN

Froschkönig. Silberschmuck, Uhren und
Wohnaccessoires, vieles davon mit Froschmo-
tiv. Mitte März–Mitte Nov. Mo–So 10–18 Uhr,

Mitte Nov. und Dez. Mo–Sa 11–17 Uhr, Jan.,
Feb. Fr, Sa 12–16 Uhr, Steigstr. 9, 88709
Meersburg, www.froschkoenigmeersburg.de

Omas Kaufhaus. In dem Fachwerkhaus gibt es
nostalgisches Blechspielzeug, Hummelfiguren,
Autominiaturen von Schuco, und gegen Eintritt kann man sich auch ganzjährig eine Weih-
nachtsausstellung mit Christbaumschmuck aus
dem Thüringer Wald und eine Modelleisenbahn
ansehen. Tgl. 10–12.30, 14–18 Uhr, im Winter
So Ruhetag, Kirchstr. 1, 88709 Meersburg,
Tel. +49 75 32/43 39 60

EVENTS

Droste-Literaturtage. Jeweils im Mai mit
Lesungen, Vorträgen und Musikveranstaltun-
gen in Burg, Fürstenhäusle und Neuem Schloss

Internationale Schlosskonzerte. Reihe
klassischer Musik (Mai bis Dezember) mit
namhaften Solisten und Ensembles im stilvollen Rahmen des Spiegelsaals im Neuen
Schloss. Programm und Kartenvorverkauf
über die Touristeninformation. Tel. +49 75 32/
44 04 00, www.meersburg.de

Knabenmusik Meersburg. Die Auftritte des
Orchesters der Städtischen Jugendmusikschule
gehören zu den Höhenpunkten der sommerlichen Konzertsaison. Tel. +49 75 32/44 02 71,
www.knabenmusik.meersburg.de

Open-Air-Konzerte. Im Juli und August wird
der Schlossplatz zur Bühne für nationale und
internationale Top-Acts von BAP bis Joan
Baez; Programm und Kartenvorverkauf über
Meersburg Tourismus.

INFORMATION

Meersburg Tourismus. Thematische Stadtführungen, u. a. »Auf den Spuren der Droste«.
Mo–Fr 9–12, 14–16.30 Uhr, Kirchstr. 4,
88709 Meersburg, Tel. +49 75 32/44 04 00,
www.meersburg.de

22 Meersburg – Bodenseeweine
Weingüter, Weinproben und Weinwandern

Man mag es kaum glauben, doch Wein wird am Bodensee schon seit 2000 Jahren angebaut. War es früher die Insel Reichenau, haben sich heute vor allem die Weingüter über der Meersburger »Sonnenküste« und den benachbarten Orten am Obersee einen guten Namen gemacht. Das milde Seeklima sorgt für außerordentliche Qualitätsweine, die sich durchaus mit Tropfen von Rhein und Mosel messen können. Weinliebhaber können auf einem Wanderweg durch die Rebkulturen spazieren und direkt beim Winzer einkaufen.

Die Rebhänge ziehen sich vom Seeufer in Lagen von bis zu 500 Metern hinauf, in dieser Höhe ist anderswo in Deutschland der Anbau kaum möglich. War zunächst der Gutedel die wichtigste Sorte, wird heute auf der von eiszeitlichen Gletschern hinterlassenen dicken Schicht von Moränenschotter neben Müller-Thurgau vor allem Spätburgunder angebaut.

Staatsweingut Meersburg

Nicht nur Weinliebhaber wissen die Lage des Weinguts auf dem Steilhang über dem Meersburger Hafen zu würdigen. Der ehemalige Besitz der Konstanzer Fürstbischöfe wurde nach der Säkularisation 1803 zunächst als Domänenkellerei vom Großherzogtum Baden fortgeführt, heute werden die 63 Hektar Rebfläche vom Land Baden-Württemberg bestellt. Angesichts seiner Größe kann das Weingut

Mitte: Der Weinberg unterhalb des Staatsweingutes Meersburg gehört zu den besten Lagen am Bodensee.
Unten: Aus den Trauben werden vornehmlich trockene Weiß- und Grauburgunder gekeltert.

mit verschiedenen Lagen aufwarten, darunter die für ihre Weißburgunder und Chardonnays bekannte Chorherrenhalde und die kleine, jedoch feine Lage Rieschen unterhalb des Weinguts. Von dem Staatsbetrieb wird auch der höchstgelegene Weinberg Deutschlands, der Hohentwieler Olgaberg im Hegau, bewirtschaftet, auf dessen vulkanischem Tuffgestein feinwürzige Tropfen reifen. Ein besonderes Erlebnis ist der einmal im Jahr zusammen mit der Spitalkellerei Konstanz und dem Salemer Weingut Markgraf von Baden organisierte Ausflug auf dem Bodensee-Weinschiff (in der Regel am ersten Wochenende im September), auf dem die drei Traditionsweingüter zu einem Feinschmeckermenü ihre beste Tropfen offerieren. Doch auch sonst gibt es in den Weinlokalen der Meersburger Altstadt reichlich Gelegenheit, das eine oder andere »Viertele zu schlotzen« und an einer Weinprobe oder Kellerführung teilzunehmen.

Weinmuseum Vineum

Den historischen Rahmen für das einzige Weinmuseum am deutschen Bodenseeufer bildet das ehemalige Heilig-Geist-Spital in der Vorburggasse, zu dem auch eine eigene Weinpresse gehörte. Davon zeugt ein Baumtorkel von 1607, der noch

Nicht verpassen

DIE GUTSSCHÄNKE IM STAATSWEINGUT

Nach einem Bummel durch die Meersburger Reblandschaft ist die Terrasse der Gutsschänke einer der besten Plätze, um bei einem guten Essen die Seele baumeln zu lassen. Wie ein Balkon liegt das vom Staatsweingut Meersburg bewirtschaftete Lokal auf dem Steilhang. Auf der Weinkarte stehen natürlich eigene Gewächse, dazu isst man Flammkuchen, der auch zwischen den Küchenzeiten serviert wird. Es gibt ihn wahlweise klassisch mit Rahm, Speck und Zwiebeln oder mediterran mit Ziegenkäse und Oliven. An Hauptgerichten empfehlen sich etwa das Winzergulasch oder der Zwiebelrostbraten an Spätburgundersauce. An lauen Sommerabenden sollte man unbedingt reservieren.

Gutsschänke. Di–Sa 12–22 Uhr, So 12–20 Uhr, Seminarstr. 4, 88709 Meersburg, Tel. +49 75 32/80 76 30, www.gutsschaenke-meersburg.de

bis 1922 in Betrieb war. Prachtstück des Museums ist das Türkenfass, in dem früher der Zehnte für die Deutschordenskommende der Insel Mainau gelagert wurde – es hat ein Fassungsvermögen von 50 000 Litern. Außerdem werden traditionelle Küferwerkzeuge, ein alter Traubenwagen und eine historische Flaschensammlung ausgestellt. In der Saison lädt unter dem rustikalen Gebälk des Dachgeschosses die Veranstaltungsreihe »Kultur unterm Dach« zu Jazz und Comedy ein.

Auf dem Weinkundeweg

Zu Fuß lässt sich die Weinregion auf einem sechs Kilometer langen Wanderweg nach Hagnau entdecken, der durchgängig geteerte Rundweg ist auch für Kinderwagen geeignet. Unterwegs informieren 18 Tafeln über die kultivierten Rebsorten und die geologischen Besonderheiten der Region. Am besten steigt man vom Weinmuseum zur Stefan-Lochner-Straße auf und folgt dieser in östlicher Richtung. Zunächst liegen die Weinberge des Staatsweinguts Meersburg am Weg, auf einer Brücke geht es anschließend über den Töbele und weiter auf dem aussichtsreichen Höhenweg zum Wetterkreuz, von dem sich das Panorama über die Rebhänge hinweg auf fast den ganzen Bodensee öffnet. Mit dem Weingut Aufricht wird ein weiteres prominentes Weingut passiert, es ist für seine Burgunderweine bekannt.

Von Hagnau aus geht es auf dem Uferweg zurück, bis schließlich wieder die Meersburger Altstadt erreicht wird – auf halbem Weg drängt sich die reizvoll über dem Seeufer gelegene Weinstube Haltnau zu einer Rast auf. Wer nicht auf eigene Faust loswandern will und darüber hinaus noch mehr über die Weinregion erfahren möchte, kann sich auch einer der vom örtlichen Winzerverein organisierten Rundwanderungen mit Weinverkostung anschließen.

Oben: Aussichtsreich führt der Weinkundeweg hoch über dem Seeufer durch die Meersburger Reblandschaft.
Unten: Die Rotweine im Staatsweingut reifen traditionell in rustikalen Eichenholzfässern.

Infos und Adressen

SEHENSWÜRDIGKEITEN

Vineum Bodensee. April–Okt. Di–So 11–18 Uhr, sonst nur Sa, So, Führungen April–Okt. So 15 Uhr; Vorburggasse 11, 88709 Meersburg, Tel. +497532/440260

ESSEN UND TRINKEN

Meersburger Winzerstuben. Das Lokal des Winzervereins steht für typisch regionale Küche; zum Fischteller oder Rostbraten mit Spätzle trinkt man natürlich einen hauseigenen Weißen oder Roten vom See. Tgl. 11–22 Uhr, Steigstr. 33, 88709 Meersburg, Tel. +497532/414314, www.alemannen-torkel-meersburg.de

WEINGÜTER

Staatsweingut Meersburg. Verkauf Mo–Fr 9–18 Uhr, Sa 9–16 Uhr, Seminarstr. 6, 88709 Meersburg, Tel. +497532/446744, www.staatsweingut-meersburg.de

Weingut Aufricht. Ab-Hof-Verkauf Mo–Sa 10–12, 14–8 Uhr, Höhenweg 8, 88719 Meersburg-Stetten, Tel. +497532/2427, www.aufricht.de

Winzerverein. Dem 1884 gegründeten Verein gehören heute 30 Winzer an. Verkauf (auch Traubenkernöl, Weintrüffel und Geschenkkörbe) und Weinproben im Wein- und Kulturzentrum. Mo–Fr 8–18 Uhr, Sa 9–16 Uhr, Kronenstr. 19, 88709 Meersburg, Tel. +497532/43160, www.meersburger.de

EVENT

Meersburger Weinfest. Am zweiten Septemberwochenende stellen sich auf dem Schlossplatz die Meersburger Weingüter vor; mit traditionellem Weinfrühschoppen und musikalischem Rahmenprogramm.

INFORMATION

Bodensee Wein e.V. Der Verein der Bodenseewinzer stellt auf seiner Webseite die Winzer der Seeregion vor. Tel. +49160/8512432, www.bodenseewein.org

Eine Kellerführung ist eine gute Gelegenheit, mit den Seeweinen bekannt zu werden.

23 Hagnau
Weinseliger Winzerort in bester Seelage

Genau wie Meersburg profitiert auch der nur wenige Kilometer entfernte, kleinere Nachbar von seiner Lage, Weinreben reichen fast bis mitten ins Dorf hinein. Daneben ist man ganz auf Fremdenverkehr eingestellt: Es gibt heute in Hagnau mehr Gästebetten als Einwohner. Ortsgeschichte schrieb ein Schwarzwälder Landpfarrer mit typisch breitkrempigem schwarzem Filzhut.

Winzerort mit Geschichte

Nicht etwa am Rhein oder Kaiserstuhl, nein, im damals kleinen Bodenseedorf Hagnau wurde 1881 die erste Winzergenossenschaft von Baden gegründet. Hintergrund dafür waren die schlechten Vermarktungsmöglichkeiten der Winzer, die angesichts von Schädlingsbefall und einem extrem kalten Winter um ihre Existenz fürchteten. Als treibende Kraft agierte der Pfarrer Heinrich Hansjakob (1837–1916). Der auch als Heimatschriftsteller bekannt gewordene Hansjakob mischte kräftig in der Dorfpolitik mit, ihm verdanken die Hagnauer einen ersten Landungssteg, der nicht unwesentlich dazu beitrug, den Handel zu fördern. Im Dorf sprach sich bald herum, dass man von seinen Predigten zwar nicht gerade fromm werde, dafür aber gescheit! Für die Regierenden war der Dorfpfarrer ein unbequemer Zeitgenosse, seine kritische Gesinnung, die er auch als Abgeordneter im Landtag nicht verbarg, brachte ihm etliche Wochen Festungshaft ein. Für die Hagnauer ist der gebürtige Schwarzwälder dennoch einer der ihren. Sein Name und Antlitz sind mehrfach im Ortsbild präsent, vom Straßennamen bis zur nach

Mitte: Im Weinort Hagnau wird nicht nur Wein kultiviert, an der Uferpromenade stehen auch ein paar Bananenstauden.
Unten: Im Hagnauer Rathaus ist unter anderem ein kleines Heimatmuseum untergebracht.

ihm benannten Apotheke und dem Hansjakob-Hotel. An prominenter Stelle vor dem Rathaus widmete ihm Hagnau ein lebensgroßes Denkmal.

Einfach gut!

Stolze Klosterhöfe

Vom jahrhundertelangen Weinbau erzählen die stattlichen Verwaltungshöfe, etwa der Klosterhof von Weingarten (1714). Mit 84 Metern Länge ist es das mit Abstand größte Gebäude im Ort, früher lagerten die Äbte hier die kirchlichen Abgaben zwischen, zugleich war der Hof ein Heim für Kranke und Hilfsbedürftige. Heute haben darin Rathaus und Heimatmuseum Platz gefunden. Das Museum stellt Funde aus der steinzeitlichen Pfahlbausiedlung Hagnau vor, daneben wird natürlich auch das Lebenswerk von Heinrich Hansjakob gewürdigt, der seine Hagnauer Zeit in seinen bis heute aufgelegten Aufzeichnungen *Hagnauer Tagebuch* und *Schneeballen vom Bodensee* festgehalten hat. Beide Bücher können im Museumsshop erworben werden. Auch andere Klöster wollten von dem geschätzten Hagnauer Wein etwas abhaben und hatten im Ort ihre Niederlassungen, etwa der Salmannsweilerhof (1568) der Zisterzienserabtei Salem. Der prächtige Fachwerkbau neben der Kirche ruht auf mächtigen Buckelquadern und gilt als der älteste Profanbau im Ort. Lohnend ist auch ein Blick auf das ehemalige Amtshaus in der Hansjakobstraße, an dessen Fassade das Wappen des Klosters Einsiedeln und ein Relief der Heilig-Blut-Reliquie aus Weingarten auf die vormaligen Eigentümer hinweisen.

Seegfrörne

Wenn nach einem extrem kalten Winter der Bodensee unter einer geschlossenen Eisdecke verschwindet, wird dies rund um den See als

BURGUNDERHOF

Das zertifizierte Bio-Hotel der Familie Renn gehört zu den Top-Vier-Sterne-Adressen am Bodensee. Es liegt inmitten eines ökologisch bewirtschafteten Weingutes und erlaubt weite Blicke über den See. Die hellen und freundlich möblierten Zimmer und Suiten sind alle individuell ausgestattet. Zu den Extras gehören ein Außenpool, Sauna, balinesisch inspirierte Wellnessanwendungen und ein schön gestalteter Garten, in dem Ruhezonen zum Entspannen einladen. Kellermeister Heiner Renn ist aus dem Fernsehen bekannt, Tochter Julica war schon einmal Badische Weinprinzessin, und der Hof selbst diente als Kulisse für den ARD-Tatort *Blutsbande*. Das Hotel steht nur Erwachsenen offen.

Burgunderhof. Am Sonnenbühl 70, 88709 Hagnau, Tel. +49 75 32/ 80 76 80, www.burgunderhof.de

Jahrhundertereignis gefeiert. In den letzten 400 Jahren gab es dazu allerdings nur sechsmal Anlass. Für die Hagnauer ist die »Seegfrörne« etwas ganz spezielles. Sobald die Eisdecke tragfähig ist, wird nach alter Tradition die Büste des Heiligen Johannes aus der Katholischen Pfarrkirche in einer großen Eisprozession hinüber in die Klosterkirche im schweizerischen Münsterlingen gebracht, letztmalig 1963. Dort bleibt die Johannes-Büste so lange, bis der See erneut wieder zufriert und zurückgebracht werden kann. Angesichts der Klimaerwärmung, die auch vor dem Bodensee nicht haltmacht, kann das noch dauern, die Hagnauer warten nun schon seit mehr als 50 Jahren.

Romanische Spuren

Im Weiler Frenkenbach, zwei Kilometer östlich von Hagnau, hat sich die Kirche St. Oswald und Otmar (um 1200) zu einem Wallfahrtsort für Kirchenfans entwickelt. Sie gehört im Bodenseeraum zu den ältesten Zeugnissen romanischer Baukunst. Lediglich die Fenster wurden leicht verändert und der Turm erhielt im 15. Jahrhundert ein Krüppelwalmdach. Der Innenraum jedoch strahlt eine unaufdringliche Schlichtheit aus, wie es für die damalige Zeit üblich war.

Oben: Beschauliche Momente garantiert der Hagnauer Promenadenweg.
Mitte: Hagnaus Weintorkel war noch bis in die 1950er-Jahre hinein im Dienst.
Unten: Im Hinterland nahe der Kirche St. Oswald und Otmar

Infos und Adressen

SEHENSWÜRDIGKEITEN

Hagnauer Museum. Mitte April–Ende Okt. Do 16–18.30 Uhr, So 15–17.30 Uhr, im Bürgerhaus, 88709 Hagnau, Tel. +49 75 32/80 80 08, www.hagnauer-museum.de

ESSEN UND TRINKEN

Zur Winzerstube. Schönes Terrassenlokal am Bootshafen mit guter Bodenseeküche, im zugehörigen Hotel kann man auch modern und komfortabel wohnen. Tgl. 11.30–21 Uhr, Seestr. 1, 88709 Hagnau, Tel. +49 75 32/49 48 60, www.zur-winzerstube.de

ÜBERNACHTEN

Hotel Der Löwen. Man wohnt im gepflegten alten Fachwerkhaus und genießt zum Frühstück Brot aus der eigenen Bäckerei, auch das Restaurant ist eine Empfehlung wert. Eine Wucht ist der liebevoll gehegte japanische Teichgarten. Hansjakobstr. 2, 88709 Hagnau, Tel. +49 75 32/43 39 80, www.loewen-hagnau.de

Villa am See. Tolles Boutiquehotel mit sechs schmucken Zimmern an der Seepromenade. Für das optimale Ferienglück in dem Jugendstilnachbau sollte man nach einem allerdings nicht ganz billigen Balkonzimmer im Obergeschoss fragen. Meersburger Str. 4, 88709 Hagnau, Tel. +49 75 32/4 31 30, www.villa-am-see.de

EINKAUFEN

Winzerverein Hagnau. Weinverkauf von gut 50 genossenschaftlichen Winzern; Weinproben und Kellerführung auf Anfrage über die Tourist-Information. Mo–Fr 8–18 Uhr, Sa 9–18 Uhr, im Winter nur Sa 9–16 Uhr, Strandbadstr. 7, 88709 Hagnau, Tel. +49 75 32/10 30, www.hagnauerwein.de

AKTIVITÄTEN

Hagnauer Obst- und Weinwanderweg. Etwa 13 km langer Rundweg nach Immenstaad, mit reizvollen Aussichtspunkten

INFORMATION

Tourist-Information. Mo–Fr 9–12, 14–17 Uhr, Im Hof 1, 88709 Hagnau, Tel. +49 75 32/43 00 43, www.hagnau.de

Platzhirsch in der Ortsmitte ist Der Löwen, der neben einer guten Küche auch Suiten bereithält.

24 Immenstaad
Fachwerk, Schlösser und große Obstgärten

Immenstaad ist ein familienfreundlicher Ferienort mit einem guten Angebot an Freizeitmöglichkeiten. Im Ortszentrum wollen einige hübsche alemannische Fachwerkhäuser besichtigt werden. Doch der Tourismus ist nicht der einzige Wirtschaftszweig, im Hinterland machen sich weitläufige Obstplantagen und Weinberge breit, darüber hinaus ist Immenstaad auch ein nicht unbedeutender Hightech-Standort.

Immenstaad ist ein Beispiel dafür, wie schwierig früher die Besitzlage einer Ortschaft mitunter sein konnte. Bis 1779 gab es dort mit den Fürsten von Fürstenberg, dem Deutschritterorden und dem Kloster Weingarten gleich drei Herrschaften, die das Sagen hatten. Etliche sehenswerte Bauten überdauerten die bewegte Zeit. Die Pfarrkirche St. Jodokus bildet schon seit mehr als 600 Jahren den Mittelpunkt des Dorfkerns, ihr spätgotischer Chor muss allerdings seit 1982 mit einem neuen Schiff harmonisieren.

Historisches Fachwerk

Relativ unbeschadet überstand die Zeit das nur wenige Schritte entfernte Schwörerhaus, ein prächtiger Fachwerkbau, an dem eine Inschrift an der Fassade auf das Baujahr 1578 hinweist. Fachleute sprechen von einem für die Region typisch alemannischen gestalten Fachwerkhaus, das auf Stützen über einem niedrigen Stall erbaut wurde. Das Torkelhaus (18. Jahrhundert) neben dem Schwörerhaus war ursprünglich ein Wirtschaftsgebäude des Klosters Ottobeuren, in dem sich einst zwei große

Mitte: 440 Jahre jung und dank der Denkmalpflege topfit ist das Schwörerhaus.
Unten: Die sonnige Südhanglage bringt in Immenstaad ansprechende Weine hervor.

Weinpressen (Torkel), Stallungen und Lagerräume befanden, 1998 wurde es von Grund auf saniert und in Eigentumswohnungen umgewandelt. Auch das Bürgerhaus ging aus einem Klosterhof hervor. Es wurde 1716 von dem Mainauer Deutschritterorden erbaut, später diente es als Armenhaus, heute hat darin der Immenstaader Familientreff seine Räumlichkeiten. Von dem vor 400 Jahren erbauten benachbarten Rathaus blieb allerdings nur noch der Gewölbekeller übrig – 1982 riss man das Haus ab und baute es mit einem an das historische Vorbild angelehnten, hübschen Staffelgiebel neu auf. Echt dagegen ist das Fachwerk in der Alten Vogtei in der Bachstraße, das ehemalige Bauernhaus von 1732 beherbergt heute einen Gasthof. Ansehnliche Schlösser gibt es in Immenstaad auch. Das Schloss Helmsdorf am Jachthafen kann besichtigt werden, es ist heute ein Freizeitzentrum mit Campingplatz und großem Biergarten.

Heimeliges Kippenhausen

Das eingemeindete Dorf nordwestlich von Immenstaad liegt vom Bodensee bereits zu weit weg, um noch erfolgreich Wein anbauen zu können, deshalb setzt man auf Obstkulturen, vornehmlich auf Äpfel und Birnen. Um die spätgotische Pfarrkirche Mariä Himmelfahrt scharen sich etliche sehenswerte Fachwerkhäuser, etwa das Haus Montfort, unter dessen riesigem Walmdach ein Heimatmuseum Platz gefunden hat. Neben einem bunten Sammelsurium an Exponaten, angefangen von Fastnachtskostümen bis Turmuhren, widmet sich die Ausstellung der bäuerlichen Wohnkultur und altem Handwerk, auch gibt es eine alte Eisenwarenhandlung. Eines der schönsten Fachwerkhäuser im Ort ist das Puppenhaus in der Kirchbergerstraße; das frühere Puppenmuseum hat mittlerweile einer Galerie Platz gemacht, geblieben ist das trendige Café.

SEHENSWÜRDIGKEITEN

Heimatmuseum im Haus Montfort. Ostern–Ende Sept. Sa, So 12–14, 18–20 Uhr, Montfortstr. 13, 88090 Immenstaad-Kippenhausen, Eintritt frei

ESSEN UND TRINKEN

Seehof. Das beste Haus am Platz überzeugt nicht nur durch seine Lage am Jachthafen, sondern auch mit Feinschmeckerküche und ausgesuchten Weinen. Tgl. 12–14, 18–22 Uhr, Am Jachthafen, 88090 Immenstaad, Tel. +49 75 45/93 60, www.seehof-hotel.de

ÜBERNACHTEN

Strandhaus Eberle. Die beiden sehr persönlich geführten Häuser mit insgesamt 20 Zimmern stehen nebeneinander am Seeufer, eine Liegewiese grenzt ans Wasser. Inhaber Klaus Eberle ist weithin für seine gebrannten Destillate bekannt. Seestr. West 13–15, 88090 Immenstaad, Tel. +49 75 45/94 29 50, www.strandhaus-eberle.de

AKTIVITÄTEN

Aquastaad. Eine Kombination aus Hallen- und Strandbad mit Liegewiese. Mai–Sept. tgl. 8.30–19 Uhr, im Winter kürzer, Strandbadstr. 1, 88090 Immenstaad, Tel. +49 75 45/90 13 13, www.aquastaad.de

INFORMATION

Tourist-Information. Mai–Sept. Mo–Fr 9–12.30, 13.30–18 Uhr (Juli, Aug. auch Sa 9.30–12.30 Uhr), sonst Mo–Fr 9–12 Uhr, Di auch 14–17 Uhr, Dr.-Zimmermann-Str. 1, 88090 Immenstaad, Tel. +49 754 52 01/37 00, www.immenstaad-tourismus.de

25 Friedrichshafen
Zeppelin-, Kultur- und Messestadt in einem

Ganz klar, nach Konstanz ist die Zeppelinstadt die unbestrittene Nummer zwei am deutschen Seeufer, als Industriestandort und Messestadt und auch mit seinen interessanten Luftfahrtmuseen hat Friedrichshafen die Nase ganz vorn. Schnelle Katamarane bringen während der Saison täglich Tausende von Tagesgästen in die Stadt, ein vielfältiges Programm an Events und Konzerten macht die Hafenstadt auch zu einer bedeutenden Kulturbühne.

Aufstieg und Fall

Die mit 59 000 Einwohnern zweitgrößte Stadt am Bodensee hat im Zweiten Weltkrieg arg gelitten. Wenig tröstlich ist, dass auch vor dem Krieg das Stadtbild der relativ jungen Stadt nichts wirklich Herausragendes zu bieten hatte. Das hielt das württembergische Königshaus allerdings nicht davon ab, zur Sommerfrische in die Bodenseestadt zu kommen. 1811 legte König Friedrich I. von Württemberg die ehemalige Freie Reichsstadt Buchhorn und das Klosterdorf Hofen zusammen und gab der Stadt den Namen Friedrichshafen. Damals wie heute genoss man vom Seeufer das großartige Alpenpanorama. Im Gefolge des Königs ließen sich viele Ministerialbeamte nieder, 1824 machte das erste Dampfschiff an der Mole fest, und bald gab es eine feste Fährverbindung mit Romanshorn auf der Schweizer Seeseite. Für weiteren Auftrieb sorgte ab 1847 die direkte Zugverbindung mit Stuttgart. Richtig Fahrt auf nahm die Stadtentwicklung nach dem ersten Zeppelinflug im Jahr 1900, als sich außer den Zeppelinwerken

Mitte: Wahrzeichen der Zeppelinstadt sind die barocken Zwillingstürme der Schlosskirche.
Unten: Ein Zeppelinrundflug über Friedrichshafen gehört sicherlich zu den aufregendsten Ferienerlebnissen.

Vom Zeppelin-Museum zur Schlosskirche

Ⓐ Zeppelin-Museum – Das Luftfahrtmuseum im umgebauten ehemaligen Hafenbahnhof direkt am Seeufer macht mit der bewegten Geschichte der »fliegenden Zigarren« bekannt, zugleich bietet es mit Werken von Otto Dix, Max Ackermann, Anton Maulbertsch u. a. einen guten Einstieg in die süddeutsche Malerei (s. S. 158).

Ⓑ Medienhaus K 42 – Der riesige Glaspalast ist das dominierende Gebäude an der Uferpromenade, neben der Stadtbibliothek kann man hier auch in einem großen Buchkaufhaus stöbern.

Ⓒ Moleturm – Die Besteigung des Aussichtsturms erlaubt großartige Aussichten auf Stadt, Land und See, doch ein bisschen schwindelfrei sollte man dabei schon sein.

Ⓓ Adenauerplatz – Zentrum der modernen Innenstadt ist das Rathaus, der Buchhornbrunnen davor ein originelles Fotomotiv. Freitags findet auf dem Platz ein Wochenmarkt statt, samstags im Sommerhalbjahr zusätzlich der südländisch geprägte Schlemmermarkt.

Ⓔ Klangschiff – Die Installation an der Uferpromenade steht jeden Sommer im Mittelpunkt einer Performance mit Musik und Artistik.

Ⓕ Stadtgarten – Blickfang in der Gartenanlage entlang der Uferpromenade sind das Zeppelin-Denkmal und ein Musikpavillon, der unter anderem Bühne für den Friedrichshafener Harmonika-Club ist.

Ⓖ Schulmuseum – In den anschaulich gestalteten Klassenräumen fühlt man sich in eine andere Zeit zurückversetzt (Friedrichstr. 14, 88045 Friedrichshafen, April–Okt. tgl. 10–17 Uhr, im Winter Di–So 14–17 Uhr), Tel. +49 75 41/3 26 22, www.schulmuseum-fn.de

Ⓗ Schlosskirche – Die barocken Zwiebeltürme am Westende der Uferpromenade sind das Wahrzeichen der Zeppelinstadt (Ostern–Ende Okt. tgl. 9–18 Uhr, Mi ab 14.30 Uhr, Fr ab 11 Uhr).

Ⓘ Dornier-Museum – Die für Luftfahrtfreunde zweite große Attraktion der Stadt liegt an der Ausfallstraße nach Ravensburg (B 30) unmittelbar am Flughafen (s. S. 160).

FELDERS IM K 42

Einfach gut!

Durch die verglaste Fensterfront des im Medienhaus untergebrachten Lokals hat man im Hafen immer die an- und ablegenden Katamarane im Blick. Die große Karte offeriert neben schwäbischen Klassikern wie Zwiebelrostbraten und Käsespätzle auch mediterrane und asiatische Spezialitäten. Auch Vegetarier finden immer etwas Passendes, selbst für Veganer sind einige Gerichte ausgewiesen. Wochentags wird zudem ein preiswerter Mittagstisch für unter zehn Euro angeboten, morgens gibt es ein gutes Frühstücksangebot, und abends ist an der langen Bar in dem raffiniert ausgeleuchteten Gastraum meist bis Mitternacht noch etwas los.

Felders Restaurant im K 42.
Tgl. ab 9.30 Uhr bis Mitternacht, Karlstr. 42, 88045 Friedrichshafen, Tel. +49 75 41/39 19 55, www.felders-restaurant.de

auch andere große Industriebetriebe ansiedelten. Viele davon waren Rüstungsfabriken, und wenn es keine waren, wurden sie während des Zweiten Weltkriegs dazu gemacht. Zwischen 1943 und dem Februar 1945 flogen die Alliierten insgesamt elf Luftangriffe auf Friedrichshafen, dabei wurden etwa zwei Drittel der Stadt zerstört.

Neuanfang

Doch die »Häfler«, wie die Friedrichshafener sich selbst nennen, gaben nicht klein bei. Sie bauten ihre Stadt wieder neu auf, wenn auch vieles davon angesichts der gebotenen Eile und der begrenzten Mittel sich heute als Zweckarchitektur zeigt. Jedenfalls ist Friedrichshafen wieder der größte Industriestandort am See und zugleich auch ein bedeutender Messeplatz. Der Bodensee Airport mit internationalen Verbindungen ans Mittelmeer und auf die Kanaren, der Bodenseehafen mit Katamaranfähren nach Konstanz und Romanshorn sowie der ICE-Bahnhof machen die Stadt zudem zum wichtigsten Verkehrsknotenpunkt am See.

An der Uferpromenade

Man mag über die an manchen Ecken nach wie vor nüchterne Nachkriegsarchitektur denken, was man will, die Uferpromenade von Friedrichshafen ist erstklassig. Vom Zeppelin-Museum im alten Hafenbahnhof drängt sich ein Bummel geradezu auf. Wie ein breiter Boulevard zieht sie sich auf einer Länge von etwa anderthalb Kilometern bis fast zur Schlosskirche am westlichen Stadtrand. Gleich neben dem Zeppelin-Museum ist das 2007 eröffnete Medienhaus K 42 nicht zu übersehen, ein riesiger gläserner Kubus, in dem unter anderem die Stadtbibliothek, das Buchkaufhaus RavensBuch und ein exklusives Hotel Platz gefunden

haben. K 42 steht dabei für die Adresse Karlstraße 42. Einen architektonischen Kontrast zu dem Glaskasten setzt ein angebauter kleiner Veranstaltungssaal, der sogenannte Kiesel, der sich mit Konzerten, Lesungen und als Theaterbühne einen Namen gemacht hat.

Moleturm und Klangschiff

Eigentlich hat man von der Promenade schon eine wunderbare Aussicht auf das Schweizer Ufer und die majestätische Silhouette der Alpen dahinter. Noch einen Tick besser wird das Ganze von dem 22 Meter hohen Stahlgerüst des Moleturms an der Hafeneinfahrt, der das Panorama vor allem um den Ausblick auf die Stadt erweitert.
Zwischen Gondel- und Jachthafen macht das Klangschiff (1994) des Breisacher Bildhauers Helmut Lutz auf sich aufmerksam. Es ist eine skurrile Installation aus zusammengeschweißten, teils beweglichen alten Schiffsteilen und Fantasiefiguren, die neben Kunst zugleich Botschafter des Friedens sein will. Nach einer langen Reise entlang der Donau bis nach Sarajevo, dem Städtepartner von Friedsrichshafen, ist das begehbare, 40 Meter

Oben: Zur rechten Zeit am richtigen Ort genießt man in Friedrichshafen ein zauberhaftes Alpenpanorama.
Unten: Kleine Pause auf der Promenade, im Hintergrund der Moleturm

RINGHOTEL KRONE

Das von Obstwiesen eingefasste Wellnesshotel im Ortsteil Schnetzenhausen wird von Urlaubern und Geschäftsleuten gleichermaßen geschätzt, die für Tagungen oder Messegespräche eine ideale Infrastruktur nur wenige Kilometer von Friedrichshafen entfernt vorfinden. Familie Rueß hat in den letzten Jahren das Haus ständig ausgebaut und es vom einfachen Landgasthof zum Viersternehotel Superior mit 135 Zimmern erweitert. Für Harmonie im Spa-Bereich sorgt Feng Shui, schwitzen kann man in der Sauna und dem Fitnessraum, entspannen im Wintergarten und das Hallenbad weiß man besonders außerhalb der Badesaison zu schätzen. Daneben gibt es auch ein Freibad mit Liegewiese.

Ringhotel Krone Schnetzenhausen. Untere Mühlbachstr. 1, 88045 Friedrichshafen-Schnetzenhausen, Tel. +49 75 41/40 80, www.ringhotel-krone.de

Einfach gut!

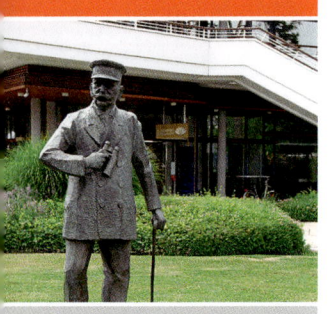

Graf von Zeppelin ist im Stadtbild von Friedrichshafen präsent.

lange Monstrum seit 2001 fest an der Promenade installiert. Das Klangschiff, es trägt übrigens den Namen *Im Augenblick*, steht sinnbildlich für ein geeintes und friedliches Europa.

Alles Zeppelin

Friedrichshafen hat nicht nur ein Zeppelin-Museum, eine Zeppelin-Werft und seit 2003 eine Zeppelin-Universität, an der mittlerweile rund 1100 Studenten eingeschrieben sind. In der Nachbarschaft des Stadtbahnhofs steht ein Zeppelin-Brunnen und im Stadtgarten erinnert ein Denkmal in Form einer 13 Meter hohen Bronzesäule an den Luftfahrtpionier. Bis auf ein kleines Porträt des Grafen fiel die Arbeit des einheimischen Bildhauers Toni Schneider-Manzell allerdings recht schmucklos aus. Richtig geklotzt wurde dagegen beim Graf-Zeppelin-Haus, mit dem sich die Messestadt mit Veranstaltungs- und Konferenzsälen für bis zu 1500 Personen ein repräsentatives Forum für Kongresse und Events geschaffen hat. Für Tagesgäste gut zu wissen: Die dortige Tiefgarage verfügt über 450 Stellplätze.

Und ein Zeppelindorf gibt es auch. Nördlich des Stadtzentrums entstand zwischen 1914 und 1919 auf der grünen Wiese eine Arbeitersiedlung der Zeppelinwerke. Dem Architekten Paul Bonatz (1877–1956), der auch den jüngst heiß diskutierten alten Stuttgarter Hauptbahnhof entwarf, gelang trotz schwieriger Kriegsjahre eine mustergültige Siedlung mit 76 eingeschossigen Reihenhäusern. Zu jedem davon gehörte ein kleines Gartengrundstück, auf dem etwas Gemüse angebaut und Kleintiere gehalten werden konnten, dazu gab es einen Gasthof, eine Metzgerei und eine Bäckerei. Am König-Wilhelm-Platz zeigt ein 2013 eröffnetes Schauhaus, wie Arbeiterfamilien vor Hundert Jahren darin lebten.

Lust auf Schule?

Neben den beiden attraktiven Luftfahrtmuseen zu Zeppelinen und Dornier-Flug-
zeugen (s. S. 158) wird vielfach übersehen,
dass noch ein weiteres Museum den Besuch lohnt.
In einer Gründerzeitvilla, ein paar Schritte nördlich
des Graf-Zeppelin-Hauses, werden drei historische
Klassenzimmer vorgestellt, darunter eine vorindus-
trielle Dorfschule um 1850, als es noch keine Zeug-
nisse gab und nur im Winter unterrichtet wurde.
Fast schon rührend muten alte Schulutensilien wie
ABC-Fibeln, Schiefertafeln, Griffel und Ranzen an.
Richtig lebendig geht es in den Räumlichkeiten zu,
wenn eine Schulklasse zu Besuch ist, und davon
kommen im Jahr rund 400.

Schlosskirche

Auf einer Halbinsel am westlichen Stadtrand
strecken sich weithin sichtbar die 55 Meter hohen
Zwillingstürme der Schlosskirche in den Himmel,
mit ihren Zwiebelkuppeln sind sie das barocke
Wahrzeichen von Friedrichshafen. 1701 nach
einem Entwurf des Vorarlberger Baumeisters
Christian Thumb (1645–1726) gebaut und mit
Stuckarbeiten der Wessobrunner Schule ausgestattet, gehört die Schlosskirche zu den wenigen
historischen Gebäuden, die nach dem Zweiten
Weltkrieg wieder aufgebaut wurden. Das zugehörige Schloss ging aus den Konventsgebäuden eines
schon im Mittelalter gegründeten ehemaligen
Benediktinerklosters hervor, auch hierzu lieferte
mit Michael Beer ein Vorarlberger die Pläne. Nach
der Säkularisierung wurde das Stift von Wilhelm I.
von Württemberg zu einer repräsentativen Dreiflügelanlage umgebaut und diente bis 1918 als
Sommersitz der königlichen Familie. Bis heute ist
es im privaten Besitz des Hauses Württemberg
und nicht zu besichtigen, zumindest kann man
einen Blick in den Schlosspark werfen.

Einfach gut!

ERHOLUNGSORT AILINGEN

Sofern man nicht in der
Stadt wohnen möchte
und trotzdem nahe dran
sein will, bietet sich vier Kilometer
nördlich von Friedrichshafen das
eingemeindete Ailingen an. In dem
ländlich geprägten Erholungsort
gibt es eine große Auswahl an Ferienwohnungen und auf Landgäste
eingestellte Bauernhöfe. Als Al-
ternative zu den Strandbädern am
See wartet im Sommer ein Wel-
lenbad mit Wasserkanonen, Rie-
senrutsche und Kleinkindbecken.
Ailingen gehört zu den vom Land
Baden-Württemberg als familienfreundlich ausgezeichneten Ferienorten. Kinder- und Jugendräder
sowie Kinderanhänger können vor
Ort ausgeliehen werden.

**Staatlich anerkannter Erholungs-
ort Ailingen.** Gastgeberverzeichnis
über die Tourist-Information,
Hauptstr. 2, 88049 Friedrichshafen-Ailingen, Tel. +49 75 41/
50 72 22, www.ailingen.de

Prächtige Stuckaturen in der
Schlosskirche

Infos und Adressen

ESSEN UND TRINKEN

Al Porto. Trendige Lounge an der Seepromenade mit mediterranem Antipasti-Teller und guter Auswahl an italienischen Weinen. Tgl. 9–24 Uhr, Seestr. 1, 88045 Friedrichshafen, Tel. +49 75 41/4 00 99 33, www.winebar-alporto.de

Café im Rathaus. Hier bekommt man bereits ab 9 Uhr morgens einen Cappuccino und ein Frühstück, mittags kommt dann eine große Auswahl an mediterran inspirierten Gerichten und Pizzen auf den Tisch. Tgl. 9–23.30 Uhr, Sa, So 9–1 Uhr, Adenauerplatz 1, 88045 Friedrichshafen, Tel. +49 75 41/3 81 77 66, www.cafe-im-rathaus.com

Eiscafé Italia. An der Uferpromenade hat man zwischen mehreren Eiscafés die Wahl, schön sitzt es sich auf der Dachterrasse des Italia, in dem es außer Eiscreme und einem guten Cappuccino auch Crêpes und heiße Waffeln gibt.

Das Café im Rathaus mit mediterraner Küche

Tgl. ab 9 Uhr, Seestr. 10, 88045 Friedrichshafen, Tel. +49 75 41/2 44 51

Restaurant Maier. Als Mitglied von »Schmeck den Süden« und »Slow Food« wird besonderer Wert auf regionale Produkte gelegt, und entsprechend der geografischen Lage finden schwäbische, badische und bayerische Küche zusammen. Gut und preiswert ist von Montag bis Donnerstag zwischen 12 und 14 Uhr das kleine Mittagsmenü. Das Hotelrestaurant mit seiner gemütlichen holzgetäfelten Gaststube liegt an der B 31 im Ortsteil Fischbach. Mo–Do, Sa, So 12–14.30, 17.30–22 Uhr, Fr nur abends, Poststr. 1–3, 88048 Friedrichshafen-Fischbach, Tel. +49 75 41/40 40, www.hotel-maier.de

ÜBERNACHTEN

Ferienhof Amann. Der kleine Hof hat drei sehr geräumige Ferienwohnungen mit Platz für bis zu acht Personen und ist ganz auf Familienferien eingestellt. Für Kinder gibt es unter anderem eine Spielscheune, eine Traktor-Reifen-Schaukel und Ponyreiten. Vor der Haustür liegen Streuobstwiesen und eine Pferdekoppel. Hinterhof 1/1, 88048 Friedrichshafen-Ettenkirch, Tel. +49 75 46/92 98 10, www.ferienhof-amann.de

Hotel City Krone. Die zentrale Lage in der Fußgängerzone garantiert kurze Wege; zu den Extras des Nichtraucherhotels gehört die aussichtsreiche Dachterrasse. Schanzstr. 7, 88045 Friedrichshafen, Tel. +49 75 41/70 50, www.hotel-city-krone.de

Hotel Gerbe. Das Landhotel im Ortsteil Ailingen war früher ein Wirtschaftshof des Klosters Kreuzlingen, heute ist es ein gepflegtes Viersternehaus. Im Sommer genießt man unter alten Kastanien die Atmosphäre des Gartenlokals. Hirschblatter Str. 14, 88048 Friedrichshafen-Ailingen, Tel. +49 75 41/50 90, www.hotel-gerbe.de

Traube am See. Modernes Viersternehaus im Ortsteil Fischbach; mit großer Wellnessabteilung. Hallenbad und Sauna. Meersburger Str. 11, 88048 Friedrichshafen-Fischbach, Tel. +49 75 41/95 80, www.traubeamsee.de

AUSGEHEN

Kulturhaus Caserne. Multifunktionaler Kulturtreff in einer umgebauten Bundeswehrkaserne im Gewerbegebiet Fallenbrunnen; mit Disco, Off-Kino, Theater und Restaurant. Fallenbrunnen 17, 88045 Friedrichshafen, www.caserne.de

EINKAUFEN

Bodensee-Center. Großes Einkaufszentrum auf dem alten Messegelände, mit Super-, Bau- und Elektronikfachmarkt, Boutiquen und Kinozentrum. Mo–Sa 9–20 Uhr, Meistershofener Str. 14, 88046 Friedrichshafen, www.bodensee-center.de

AKTIVITÄTEN

Segelschule Friedrichshafen. Hier kann man das Bodenseeschifferpatent machen, Segelboote leihen oder einen Tagestörn buchen. Vogelsangstr. 4, 88046 Friedrichshafen, Tel. +49 75 41/9 71 38 41, www.segelschule-friedrichshafen-de

SCHIFF

Fähre Romanshorn. Die Auto- und Passagierfähre verkehrt von April–Okt., die Fahrzeit dauert gut 40 Minuten und erspart rund 70 Straßenkilometer. www.bsb.de/bodensee-faehre.html

Katamaran. Ganzjährig stündliche Verbindung nach Konstanz, Fahrzeit knapp eine Stunde (Fahrradmitnahme möglich). www.bodensee-katamaran.de

INFORMATION

Tourist-Information. Mai, Juni, Sept. Mo–Fr 9–12, 13–18 Uhr, Sa 9–13 Uhr, Juli, Aug. Mo–Fr 9–18 Uhr, Sa 9–13 Uhr, Okt.–April Mo–Do 9–12, 14–16 Uhr, Fr 9–12 Uhr, Bahnhofplatz 2, 88045 Friedrichshafen, Tel. +49 75 41/3 00 10, www.friedrichshafen.info

Traumhafter Swimmingpool im Hotel Traube am See

VOM DAMPFSCHIFF
zum Solarboot

Das historische Stadtbild von Konstanz lässt sich auch vom Wasser aus genießen.

Interessant, was sich außer Schwimmern und Surfern, Tretbooten und Kanus sonst noch so alles auf dem See bewegt! Die Bodenseeschiff-fahrt befördert im Jahr rund vier Millionen Passagiere über das Wasser. Manche davon sind Pendler, doch die allermeisten sind Ausflügler. Auch ohne Auto ist man damit am Bodensee außerordentlich mobil, selbst Abstecher auf den Hochrhein sind möglich.

Natürlich war man nicht schon immer aus purem Vergnügen auf dem Wasser unterwegs. Seit dem späten Mittelalter schipperten Lastensegler mehr als ein halbes Jahrtausend lang Baustoffe, Getreide, Salz, Wein und was man sonst noch so alles brauchte von einem Seeufer zum anderen. Eine besondere Rolle spielte dabei die Lädine (alemannisch: Lädi = Last). Das Aus für den historischen Lastensegler kam schließlich mit dem Eisenbahnzeitalter. Schade eigentlich! Immerhin gibt es mit der Lädine St. Jodok ein nach Originalvorlagen nachgebautes Segelschiff. Mit Platz für bis zu 45 Personen sticht es in der Saison ab Immenstaad regelmäßig in See und lädt dabei zu einem Weißwurstfrühstück an Bord ein (www.laedine-st-jodok.de).

Die Weiße Flotte

Der öffentliche Schiffsverkehr liegt heute in der Hand der Weißen Flotte. Saisonstart für die Kursschiffe ist die Flottensternfahrt im April. Mehr als 30 Motorschiffe verbinden dann nach Fahrplan bis in den Oktober hinein praktisch alle größeren Seeorte miteinander, auch länderübergreifend. Ausflugsschiffe laden darüber hinaus zu romantischen Sonnenuntergangsfahrten oder einfach nur zum Spaghettiessen ein. Nostalgisch nimmt sich eine Fahrt auf dem historischen Schaufelraddampfer aus. Der letzte

seiner Art ist die 1913 vom Stapel gelaufene 56 Meter lange »Hohentwiel«. Auf einer beschaulichen Ausfahrt kann man entspannt bei maximal 16 Knoten über den See schippern. Wem dies zu langsam ist, nimmt einen schnellen Katamaran, der im Stundentakt Friedrichshafen mit Konstanz verbindet. Nur 15 Minuten dauert die Überfahrt mit der Fähre von Konstanz nach Meersburg, diese ist selbst die ganze Nacht unterwegs.

Der große Star unter den Bodenseeschiffen ist die »MS Sonnenkönigin«, eine in der (mittlerweile bankrotten) Bodan-Werft Kressbronn gebaute schwimmende Eventplattform, die ab ihrem Heimathafen Bregenz zu Brunchfahrten, Oktoberfestpartys und zum Konstanzer Seenachtsfest in See sticht. Mit Platz für 1000 Passagiere ist sie derzeit das größte auf deutschen Binnengewässern eingesetzte Schiff. Ein paar Nummern kleiner, dafür nachhaltig, sind fast lautlos übers Wasser gleitende Solarschiffe, wie sie beispielsweise auf dem Untersee zwischen Gaienhofen und Steckborn oder von der Insel Reichenau nach Mannenbach verkehren. Gesegelt wird natürlich auch, an schönen Sommerwochenenden tummeln sich Tausende von Booten auf dem Wasser. Ein Event für Skipper sind die Lindauer Segeltage, dabei machen sich im Massenstart etwa 300 Jachten auf den Weg nach Konstanz. Auch die Zuschauer am Ufer haben ihre Freude an dem Spektakel.

26 Die Luftfahrtmuseen
Könige der Lüfte: Graf Zeppelin und Claude Dornier

Der Traum vom Fliegen wurde in Friedrichshafen besonders intensiv geträumt und dank der Luftfahrtpioniere Graf Ferdinand von Zeppelin und Claude Dornier auch erfolgreich in die Tat umgesetzt. Zwei große Museen machen mit dem Lebenswerk der beiden Persönlichkeiten bekannt und führen auf eindrucksvolle Weise durch Hundert Jahre Luft- und Raumfahrtgeschichte.

»Man muss nur wollen und daran glauben, dann wird es gelingen«, so das Lebensmotto von Graf von Zeppelin (1838–1917), das in großen Lettern auf dem ihm gewidmeten Denkmal im Stadtgarten von Friedrichshafen steht. Auch die Macher des 1996 eröffneten Zeppelin-Museums glaubten an den Erfolg ihrer Idee, mit seither rund fünf Millionen Besuchern entwickelte sich die Ausstellung zu einer der größten Attraktionen der Bodenseeregion. Den Rahmen bildet der umgebaute frühere Hafenbahnhof, in dem einst der Eisenbahnfährverkehr zur Schweizer Seeseite abgewickelt wurde. 1933 im Bauhausstil errichtet, steht das Gebäude in prominenter Lage am Ufer und ist für die vielen mit dem Katamaran ankommenden Ausflügler Blickfang und architektonisches Wahrzeichen zugleich.

Selbst im Treppenaufgang des Zeppelin-Museums sind die »fliegenden Zigarren« allgegenwärtig.

Technik und Kunst

Außergewöhnlich ist auch das Museumskonzept. Über die permanente Ausstellung hinaus versteht sich das Museum als Kompetenzzentrum der deutschen Luftschifffahrt. Während die beiden unteren

Die Luftfahrtmuseen

Ebenen der Technik und Geschichte der Zeppelin-Luftfahrt gewidmet sind, wird im zweiten Obergeschoss Kunst aus dem Bodenseeraum ausgestellt, darunter etliche Bilder von Otto Dix. Doch die meisten Besucher fasziniert in erster Linie die Historie der »fliegenden Zigarren« und der tragische Unfall von Lakehurst am 6. Mai 1937, als die 246 Meter lange »LZ 129 Hindenburg« kurz vor der Landung in Flammen aufging und 36 Menschen ums Leben kamen – die Katastrophe bedeutete das vorläufige Aus der Zeppelin-Luftfahrt. Im Museum wird der »Hindenburg« viel Platz eingeräumt, die Attraktion ist ein rekonstruiertes, 33 Meter langes begehbares Teilstück, das Einblicke in die Kabinen ermöglicht.

Vom Ballon zum Luftschiff

Natürlich wird auch mit der Biografie des Grafen Zeppelin bekannt gemacht. Der gebürtige Konstanzer brachte es beim Militär bis zum Generalleutnant. Als Militärbeobachter im amerikanischen Sezessionskrieg lernte er 1863 das Ballonfliegen kennen und war fasziniert, wie die »Nordstaatler« vom Ballon aus die Stellungen der »Südstaatler« ausspionierten. Auch hatte er selbst die Möglichkeit, eine Fahrt mit einem Fesselballon zu unternehmen, es sollte für ihn zu einem Schlüsselerlebnis werden. Nach seiner unfreiwilligen vorzeitigen Pensionierung im Alter von 52 Jahren, er hatte Kritik am preußischen Außenministerium geübt, widmete sich der Graf intensiv der Konstruktion von lenkbaren Luftschiffen. Am 2. Juli 1900 war es dann so weit, beim Jungfernflug verfolgten 12 000 Schaulustige vom Bodenseeufer aus, wie von einer schwimmenden Montagehalle in der Bucht von Manzell der erste Zeppelin abhob. Nach schon 18 Minuten musste der »LZ 1« aufgrund eines technischen Defekts zwar notwassern, doch die Begeisterung für den Zeppelin war

Nicht verpassen

MIT DEM ZEPPELIN FLIEGEN

Der moderne Zeppelin NT, wie er seit 1997 wieder gebaut wird, unterscheidet sich in der Technik grundlegend von den vor Hundert Jahren von Graf Zeppelin konstruierten Flugschiffen. Von der Zeppelin-Reederei werden verschiedene Rundflüge angeboten, angefangen von einem 30-minütigen Kurzflug über Friedrichshafen bis hin zu zweistündigen Flügen nach Konstanz und zum Rheinfall Schaffhausen. Die Flughöhe von lediglich 300 Metern erlaubt dabei einzigartige Ausblicke auf See und Landschaft. Wer sich über die Luftschiffe informieren möchte, kann auf einer 45-minütigen Werftbesichtigung den 110 Meter langen Zeppelin-Hangar anschauen.

Deutsche Zeppelin-Reederei. Werftbesichtigung April–Okt. Di–Fr 16 Uhr, Anmeldung unter Tel. +49 75 41/5 90 00, Messestr. 132, 88046 Friedrichshafen, www.zeppelin-nt.de, Infos zu Zeppelinflügen unter www.zeppelinflug.de

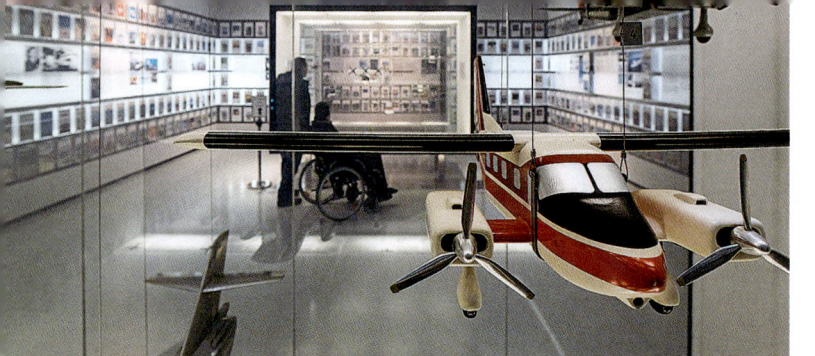

nicht mehr aufzuhalten. 1908 wurden in Friedrichshafen die Zeppelinwerke gegründet, zehn Jahre später beschäftige die Firma bereits 4000 Mitarbeiter. Ihre Blütezeit hatten die Zeppeline mit dem »LZ 127«, in dem zwischen 1928 und 1937 mehr als 30 000 Passagiere nach Amerika flogen.

Flugboote und Senkrechtstarter

Am Bodensee Airport wird seit 2009 im postmodern gestalteten Dornier-Museum vorgestellt, was Claude Dornier (1884–1969) zur Luft- und Raumfahrtgeschichte beigetragen hat. Und das ist eine ganze Menge. Unter der heute zur Airbus-Gruppe gehörenden Marke Dornier wurden unter anderem Flugboote und Senkrechtstarter entwickelt. Dornier begann seine Karriere in den Zeppelinwerken und gehörte bald zu den engsten Mitarbeitern des Grafen, bis er sich schließlich selbstständig machte. Im Hangar und Außenbereich des sowohl architektonisch als auch didaktisch hervorragend gestalteten Museums werden ein gutes Dutzend Originalflugzeuge ausgestellt, darunter ein von der Lufthansa »Silberfuchs« getauftes Propellerflugzeug und der Nachbau der »Dornier Wal«, mit dem der Polarforscher Roald Amundsen im Jahr 1925 zum Nordpol aufbrach. Auf der Restaurantterrasse können sich Kinder in einer ausgeschlachteten Leichtmaschine vom Typ »DO 27« vergnügen.

Oben: Das Zeppelin-Museum gibt einen Überblick über die Luftfahrtgeschichte.
Unten: Das Highlight im Zeppelin-Museum ist ein Nachbau der »Hindenburg«.

Infos und Adressen

ESSEN UND TRINKEN

DO-X. In dem nach einem Flugschiff von Dornier benannten Lokal wird wochentags von 11.30–14 Uhr ein Business-Lunch angeboten. Tgl. 9–17 Uhr, Nov.–April Di–So 10–17 Uhr, im Dornier-Museum, Claude-Dornier-Platz 1, 88046 Friedrichshafen, Tel. +49 75 41/ 4 87 36 26, www.dorniermuseum.de

Restaurant im Zeppelin-Museum. Das Lokal hat einen separaten Eingang, man braucht also keinen Eintritt fürs Museum zu bezahlen. Angeboten wird neben schwäbischen Klassikern ein preiswerter Mittagstisch; witzig sind die auf der Außenterrasse angebrachten Messing-klingeln, mit denen früher der Kellner gerufen werden konnte. Warme Küche tgl. 11.30–15.30, 17.30–21.30 Uhr, So 11.30–15.30 Uhr, Nov.– April Mo Ruhetag, Seestr. 22, 88045 Friedrichshafen, Tel. +49 75 41/9 53 00 88, www.zeppelinmuseum-restaurant.de

Zeppelin Hangar. Das trendige Lokal befindet sich im Check-in-Gebäude der Zeppelin-Werft, vom Außenbereich hat man den Startplatz im Auge. In Lounge-Atmosphäre wird internationale Küche zu leicht gehobenen Preisen offeriert, angefangen von der kleinen Vesper bis zum mehrgängigen Zeppelin-Menü. Mo, Di, So 10–18 Uhr, Mi–Sa 10–21 Uhr, Allmannsweiler-str. 132, 88046 Friedrichshafen, Tel. +49 75 41/ 7 00 58 68, www.zeppelin-hangar-fn.de

EINKAUFEN

Museumsshop im Zeppelin-Museum. In dem Laden in der Eingangshalle gibt es neben historischen Postkarten auch Zeppelin-Weine und ein Zeppelin-Malbuch, der Clou sind allerdings die Zeppelin-Christbaumkugeln.

INFORMATION

Dornier-Museum. Mai–Okt. tgl. 9–17 Uhr, Nov.–April Di–So 10–17 Uhr, Claude-Dornier-Platz 1, 88046 Friedrichshafen, Tel. +49 75 41/ 4 87 36 00, www.dorniermuseum.de

Zeppelin-Museum. Mai–Okt. tgl. 9–17 Uhr, Nov.–April Di–So 10–17 Uhr, Seestr. 22, 88045 Friedrichshafen, Tel. +49 75 41/3 80 10, www.zeppelin-museum.de

Am Eingang des Dornier-Museums begrüßt der Senkrechtstarter »DO 31« die Besucher.

27 Ravensburg
Oberschwäbische Stadt der Tore und Türme

Im Schussental, eine halbe Autostunde vom Bodensee entfernt, weiß Ravensburg durch sein gut erhaltenes mittelalterliches Stadtbild zu gefallen, das im Laufe seiner tausendjährigen Geschichte weitgehend von Bränden und Kriegen verschont blieb. In sehenswerten Museen wird nicht nur die Historie der alten Reichsstadt auf-gerollt, es gibt seit Kurzem auch eine hervorragende Kunstsammlung.

Wirtschaftsgeschichte

Mit der Großen Kreisstadt (49 000 Einw.) sind große Namen verbunden. Kaiser Barbarossa (1122–1190) wählte die Ravensburg, sie heißt heute Veitsburg, als Verwaltungszentrum für seine schwäbischen Besitzungen. Rudolf von Habsburg machte 1276 den aufstrebenden Marktflecken zur Freien Reichs-stadt, und unter der Kaufmannsfamilie Humpis stieg ab 1380 die Gemeinde zu einem bedeutenden Handelsplatz im süddeutschen Raum auf. Ähnlich der Fugger-Dynastie in Augsburg waren die Hum-pis über Jahrhunderte hinweg die tonangebende Ravensburger Familie. Von der Geschichte erzählt das 2009 eröffnete Humpis-Quartier, das in einem viel beachteten Museumskonzept exemplarisch neben dem Fernhändler Hans Humpis (um 1789) auch mit den Biografien von Gerbern, Lederhand-werkern und einem Gastwirt bekannt macht.

Kinder, Kinder ...

Die neuere Wirtschaftsgeschichte wird bestimmt von dem Verlag Ravensburger, der seit 125 Jahren

Oben: Den schönsten Blick auf das Frauentor und die Ravens-burger Altstadt hat man vom Blaserturm aus.
S. 163: Der Marienplatz in Ra-vensburg mit dem Grünen Turm

Stadtspaziergang vom Marienplatz zur Veitsburg

A Blaserturm – Der Späh- und Feuerwachtausguck war bis 1911 mit einem Turmwächter besetzt. 212 Stufen führen zu einer Plattform hinauf, von der man über die Dächer der Altstadt bis zum Bodensee schaut. Zu Füßen liegt mit dem Marienplatz einer der schönsten Plätze Oberschwabens (Turmbesteigung April–Okt. tgl. 11–16 Uhr).

B Lederhaus – Renaissancemalerei schmückt das spätmittelalterliche Marktgebäude der Schuhmacher, Sattler und Gerber. Das Seelhaus dahinter, einst eine Herberge für Pilger, gefällt durch seinen barocken Wellengiebel.

C Rathaus – Führungen durch die beiden spätgotischen Ratssäle organisiert die Tourist-Information.

D Museum Humpis-Quartier – Das didaktisch hervorragend aufbereitete mittelalterliche Wohnquartier mit sieben ineinander verschachtelten Gebäuden zeigt 1000 Jahre Kulturgeschichte. Auch erfährt man einiges über den schweren Stand der weisen Frauen, sprich der Hexen, die gnadenlos verfolgt und umgebracht wurden. Ein Audioguide kann kostenlos ausgeliehen werden, Führungen jeden Donnerstag um 18 Uhr.

E Museum Ravensburger – In dem Stammsitz des Verlags gegenüber dem Humpis-Quartier zeigt die Firma »mit der blauen Ecke« auf drei Etagen die Welt der Spiele; mit Puzzleraum, Wimmelbüchern und einer Leselounge mit reichlich Gelegenheit zum Schmökern.

F Kunstmuseum – Das neue Kunstmuseum in der Burgstraße ist architektonisch interessant.

G Obertor – Neben dem 42 Meter hohen spätmittelalterlichen Stadttor blieb auch das Torwärterhaus erhalten.

H Mehlsack – Das Wahrzeichen in der Oberstadt kann bestiegen werden (Aug., Sept. Sa, So 11–16 Uhr).

I Veitsburg – Vom Mehlsack führt ein Treppenweg zur ehemaligen Ravensburg hinauf, an deren Stelle seit dem 18. Jahrhundert ein Barockschlösschen steht.

SEEZÜNGLE

Was war doch die von US-Konzernen dominierte Limonadenlandschaft bis vor wenigen Jahren noch langweilig! Die regionale Antwort vom Bodensee ließ zwar lange auf sich warten, doch mit dem Seezüngle ist der Leutkircher Brauerei Härle ein echter Coup geglückt. Die prickelnde Brause in der trendigen Bügelflasche steht mittlerweile in vielen Restaurants und Cafés rund um den See auf der Getränkekarte, und darüber hinaus auch so gut wie in jedem Regal der Bio-Supermärkte. Von den drei Geschmacksrichtungen liegt die angenehm fruchtige Birne ganz klar vor Kirsche und Träuble (Johannisbeere). Hauptzutaten sind oberschwäbische Gerste, Früchte vom Bodensee und für die Süße etwas Rübenzucker, alles wohlgemerkt kontrolliert ökologisch. Das Geheimnis des Erfrischungsgetränks ist ein natürlicher Gärungsprozess, dieser sorgt für das leicht säuerliche Aroma.

Kinderbücher herausgibt und es mit Spielen wie *Fang den Hut*, *Memory* und *Malefiz* zu Europas größtem Spieleverlag gebracht hat. An der Straße nach Friedrichshafen betreibt das Unternehmen zudem einen überaus erfolgreichen Freizeitpark (s. S. 166). Doch nicht ausschließlich wegen des Verlages, der sich in der Marktstraße auch in einem eigenen Museum vorstellt, versteht sich Ravensburg heute als Kinderstadt. Sie hat auch zusammen mit dem Nachbarn Weingarten für Kinder zwischen neun und zwölf Jahren das Projekt Kinder-Uni angestoßen, in der von richtigen Professoren in richtigen Hörsälen in Vorlesungen erörtert wird, wie man etwa ein Flugzeug steuert oder ob Mädchen tatsächlich lieber Spinat und Jungs eher Fleisch mögen. Das rührige Touristenbüro gibt zudem Kinderstadtpläne und Kinderkunstführer heraus und organisiert jeweils am ersten Sonntag im Monat speziell für Kinder Stadtführungen. Gegen Ende der Sommerferien wird beim Spielefest die Altstadt für zwei Tage zur Spielmeile. Und für Eltern nicht ganz unwichtig: In gut einem halben Dutzend Hotels der Stadt können Kinder kostenlos übernachten.

Am Marienplatz

Den besten Überblick über die historische Altstadt erlaubt der Blaserturm am Marienplatz, dem die Wohnquartiere wie ein aufgeschlagenes Buch zu Füßen liegen. Von dem 51 Meter hohen Turm rief früher der Turmwächter (Blaser) zu jeder vollen Stunde die Tageszeit aus, ganz nebenbei hatte er dabei auch das Umland im Blick, um seine Mitbürger eventuell vor unliebsamem Besuch warnen zu können. Der Blaserturm ist einer von 16 erhaltenen Türmen und Toren der alten Stadtbefestigung – mehr Mittelalter gibt es in der Region sonst nirgends. Schmuckstück ist der verkehrsberuhigte

Das Herz von Ravensburg schlägt am Marienplatz.

Marienplatz selbst, der sich mit spätgotischen und barocken Gebäuden wie ein großzügig angelegter Boulevard von Nord nach Süd praktisch durch die ganze Altstadt zieht und an dem etliche Lokale und Cafés auch noch nach Geschäftsschluss für Leben sorgen. Neben dem Blaserturm macht das Rote Rathaus (1386) mit seinem Treppengiebel auf sich aufmerksam, von dem an der Nordseite angebauten Gerichtserker wurden früher Todesurteile verkündet. Bei einer Stadtführung öffnen sich im Rathaus die Türen zu zwei spätgotischen Ratssälen. Im von prächtigen Renaissancefresken gezierten Lederhaus (um 1400) gegenüber hatten die Schuhmacher, Sattler und Gerber ihre Werkstätten und Verkaufsräume, heute kann man darin Geld abheben und Briefmarken kaufen.

Mehlsack und Veitsburg

Die vom Marienplatz abgehende Marktstraße hat jeden Samstag ihren großen Auftritt, wenn an rund Hundert Marktständen alle Köstlichkeiten der Region und auch mediterrane Spezialitäten ausliegen. Im Museumsviertel fügt sich behutsam das neue Kunstmuseum in das Stadtbild ein, in dem die Sammlung Selinka mit Werken des deutschen Expressionismus die Ravensburger Museumsland-

Oben: Am Markttag ist immer viel los in Ravensburg.
Unten: Durch das Obertor hat man einen schönen Blick auf die Ravensburger Marktstraße.

RAVENSBURGER SPIELELAND

Nicht verpassen

Mit einer Fläche von 50 Fußballplätzen ist das Spieleland zwischen Ravensburg und Tettnang der größte Themenpark der Region. Bei den Kids steht vor allem der rasante »Fix & Foxi Raketenblitz« hoch im Kurs. Immer viel los ist auch im Plansch- und Matschparadies, ferner gibt es eine Zauberschule, man kann in einem echten Bagger Baggerführer spielen und in einer Schokowerkstatt (Sponsor Ritter Sport) mitmachen. Betreiber des Freizeitparks ist der Verlag Ravensburger, von dem so manches Spiel, etwa *Memory* und *Das Nilpferd in der Achterbahn* im XXL-Format umgesetzt wurde. An einem Tag sind die rund 60 Attraktionen kaum zu schaffen, die Kids werden nochmals kommen wollen.

Ravensburger Spieleland.
April–Okt. tgl. 10–17 Uhr, Am Hangwald 1, 88074 Meckenbeuren-Liebenau, Tel. +49 75 42/40 00, www.spieleland.de

schaft auf rund 800 Quadratmetern Ausstellungsfläche um ein weiteres Highlight bereichert. Die Künstlergruppe Brücke wird durch Ernst Ludwig Kirchner, Erich Heckel und Otto Mueller vertreten, der Blaue Reiter durch Gabriele Münter und Wassily Kandinsky. Eine der Attraktionen der Sammlung ist das *Spanische Mädchen* (1912) von Alexej von Jawlensky. Der von dem Stuttgarter Büro Lederer + Ragnarsdóttir + Oei entworfene Bau kann auch in architektonischer Hinsicht punkten: Für die Fassade des Passivhauses wurden ausschließlich gebrauchte Ziegelsteine verwendet – 2013 wurde es mit dem Deutschen Architekturpreis ausgezeichnet. Im Aufgang ins Obergeschoss erlauben geschickt eingepasste Panoramafenster tolle Aussichten auf den Mehlsack. In der Oberstadt markiert das Obertor den südlichen Rand der Stadtbefestigung. Bemerkenswert ist der kleine mittelalterliche Erker im Treppengiebel, von dem man einst Pech auf die Angreifer schüttete. Nur ein paar Schritte davon entfernt steht Ravensburgs Wahrzeichen, der Mehlsack (1429). Mit seinen 51 Metern hat der strahlend weiß getünchte Rundturm die gleiche Höhe wie der Blaserturm. Seine Aussichtsplattform war einst mit Kanonen bestückt, um den auf der Veitsburg über der Stadt sitzenden politischen Gegner in Schach zu halten.

Infos und Adressen

SEHENSWÜRDIGKEITEN

Museum Humpis-Quartier. Di–So 11–18 Uhr, Do bis 20 Uhr, Marktstr. 45, 88212 Ravensburg, Tel. +497 51/8 28 20, www.museum-humpis-quartier.de

Museum Ravensburger. April–Sept. Di–So 10–18 Uhr, sonst 11–18 Uhr, Marktstr. 26, 88212 Ravensburg, Tel. +497 51/86 13 77, www.museum-ravensburger.de

Kunstmuseum Ravensburg. Di–So 11–18 Uhr, Do bis 19 Uhr, Burgstr. 9, 88212 Ravensburg, Tel. +497 51/8 28 10, www.kunstmuseum-ravensburg.de

ESSEN UND TRINKEN

Babiole. In lockerer Atmosphäre genießt man mediterrane Snacks. Mo–Sa 9–23.30 Uhr, Marienplatz 23, 88212 Ravensburg, Tel. +497 51/1 80 92 85, www.kleinefeineköstlichkeiten.de

Mit vielen Preisen bedacht – das Museum Humpis-Quartier in der Marktstraße

Das Kunstmuseum macht auch in architektonischer Hinsicht auf sich aufmerksam.

Mohren. Das Lokal in der ehemaligen Schaltzentrale der Fernhandelsfamilie Humpis offeriert moderne Fusionsküche von Antipasti bis Tempura. Mo–Fr 10.30–24 Uhr, Sa 9.30–24 Uhr, Marktstr. 61, 88212 Ravensburg, Tel. +497 51/18 05 43 10, www.mohren-ravensburg.de

ÜBERNACHTEN

Obertor. Solides Dreisternehaus am Altstadtrand. Marktstr. 67, 88212 Ravensburg, Tel. +497 51/3 66 70, www.hotelobertor.de

AUSGEHEN

Zehntscheuer. Seit 30 Jahren die Adresse für Konzerte, Kabarett und Poetry Slam. Grüner-Turm-Str. 30, 88212 Ravensburg, Tel. +497 51/2 19 15, www.zehntscheuer-ravensburg.de

EVENTS

Rutenfest. Viertägiges großes Heimat- und Schülerfest im Juli, mit großem Umzug. www.rutenfest.de

Kinder-Uni. Tel. +497 51/8 27 08, www.kinderuni-ravensburg-weingarten.de

INFORMATION

Tourist-Information. Mo–Fr 9–17.30 Uhr, Sa 10–13 Uhr, Kirchstr. 16, 88212 Ravensburg, Tel. +497 51/8 28 00, www.ravensburg.de

28 Weingarten
Deutschlands größte Barockbasilika

Oberschwaben zwischen dem Bodensee und dem Südrand der Schwäbischen Alb ist mit barocker Pracht gesegnet wie keine zweite Region in Deutschland. Nicht von ungefähr gibt es hier die Oberschwäbische Barockstraße. Eine Perle ist die Basilika in Weingarten, die alljährlich im Mittelpunkt einer bewegenden Reiterprozession steht. Die Besichtigung der Basilika lässt sich gut mit einem Besuch im vier Kilometer entfernten Ravensburg verbinden.

Der »schwäbische Petersdom«

Egal, aus welcher Richtung man sich Weingarten (23 000 Einw.) nähert, immer wird die weithin sichtbar auf einer Anhöhe über dem Tal der Schussen liegende monumentale Basilika St. Martin den Weg weisen. Vom Marktplatz in der Stadtmitte sind es nur wenige Gehminuten zum Martinsberg hinauf. Nördlich der Alpen gibt es keine größere Barockkirche: Das Kirchenschiff ist 102 Meter lang und die Vierungskuppel 66 Meter hoch, damit ist sie dennoch nur halb so groß wie die des Petersdoms in Rom, doch immerhin. Die Basilika steht an der Stelle einer hochromanischen Kirche, die 1715 kurzerhand abgerissen wurde, um einem größeren Neubau Platz zu machen. Mit dem Bau der nach italienischem Vorbild gestalteten Doppelturmfassade wurde 1715 begonnen, schon neun Jahre später konnte das Gotteshaus durch den Konstanzer Fürstbischof Johann Franz Schenk von Stauffenberg geweiht werden. Im hellen Innenraum schweift der Blick sofort zu den von dem Münchner Künstler Cosmas Damian Asam

Mitte: Mit die größte in Europa – die Basilika St. Martin in Weingarten
Unten: Im Kreuzgang der ehemaligen Benediktinerabtei

(1686–1739) gemalten Deckenfresken. Dieser war zusammen mit seinem jüngeren Bruder Egid Quirin einer der wichtigsten Maler und Stuckateure seiner Zeit. In leuchtenden Farben werden Szenen aus dem Neuen Testament und der Weingartener Klostergeschichte dargestellt. Sehenswerte Fresken befinden sich zudem in der Welfengruft im nördlichen Querschiff.

Reliquie, Chorgestühl und Orgel

Wertvollster Schatz ist die im prachtvollen Hauptaltar aufbewahrte Heilig-Blut-Reliquie, die im Jahr 1094 durch eine Schenkung der welfischen Herzogin Judith von Flandern nach Weingarten kam und seither im Mittelpunkt des religiösen Lebens steht. Herausragend ist auch der Figurenschmuck an dem von Joseph Anton Feuchtmayer geschaffenen Chorgestühl (1720) aus Nussbaumholz, der hier einmal mehr unter Beweis stellte, dass er neben der Bildhauerei auch hervorragend mit Holz umgehen konnte. Für musikalischen Hochgenuss sorgt das Klangbild der monumentalen Hauptorgel auf der Westempore, mit 63 Registern und 6890 Pfeifen gehört sie zu den größten und besten Orgeln Deutschlands. Man kann auf ihr nicht nur wunderbar geistliche Orgelmusik spielen, sondern auch Pauken und ein Glockenspiel erklingen lassen oder den Ruf des Kuckucks und den Gesang der Nachtigall nachahmen. Baumeister war der oberschwäbische Orgelbauer Joseph Gabler (1700–1771). Wegen eines Klosterbrandes und anderer Hindernisse – er soll erfolglos versucht haben, die menschliche Stimme nachzuahmen – benötigte Gabler volle 13 Jahre, bis schließlich 1750 das Meisterwerk vollendet war. Anschauen allein reicht nicht aus, am besten kann man sich von dem Klangspektrum der Orgel während einem der sommerlichen Orgelkonzerte überzeugen lassen.

Infos und Adressen

SEHENSWÜRDIGKEITEN

Basilika St. Martin. Die Basilika ist außerhalb der Gottesdienste täglich von 8 bis 18 Uhr offen.

ESSEN UND TRINKEN

Bären. Gutbürgerlicher Traditionsgasthof neben dem Rathaus, der außer schwäbischen Spezialitäten (Maultaschen) auch eine abwechslungsreiche internationale Karte anbietet. Di–So 12–14, 18–22 Uhr, Kirchstr. 3, 88250 Weingarten, Tel. +4975 1/56 12 00, www.baeren-weingarten.de

EVENTS

Internationale Orgelkonzerte. Auf der Gabler-Orgel an sechs Sonntagen im August und September. www.basilikamusik-weingarten.de

INFORMATION

Amt für Kultur und Tourismus. Mai–Sept. Mo 9–13 Uhr, Di–Fr 9–17 Uhr, Sa 10–12 Uhr, Okt.–April Mo 10–13 Uhr, Di, Do Fr 10–16 Uhr, Mi 9–16 Uhr, Sa 10–12.30 Uhr, Münsterplatz 1, 66250 Weingarten, Tel. +49761/405232, www.weingarten-online.de

Am Blutfreitag wird in der Basilika ein Pontifikalamt gefeiert.

29 Tettnang
Alte Residenz- und Hopfenstadt im Hinterland des Sees

Die neun Kilometer vom Bodensee entfernte ehemalige Residenzstadt lohnt in zweifacher Hinsicht den Besuch. Zum einen wartet sie mit einem der prunkvollsten Barockschlösser in der Seeregion auf. Zum anderen steht die Stadt ganz im Zeichen des Hopfens, vor allem, wenn im Sommer die Ernte des Tettnanger Aromahopfens eingefahren wird, der mit seiner geschmacksprägenden Note vielen Bieren von Welt das gewisse Etwas gibt.

Drei feudale Schlösser

In Tettnang residierten vom 12. Jahrhundert bis 1780 die Grafen von Montfort, eine der ältesten Adelsfamilien Oberschwabens, neben dem Hause Habsburg prägten sie wesentlich die Politik und Kultur in der Bodenseeregion. Aus ihrer mehr als 500-jährigen Geschichte blieben der Stadt drei Schlösser erhalten. Im Torschloss (1578), einem stattlichen Renaissancebau mit Staffelgiebel, hat heute das Städtische Museum Platz gefunden, und das Alte Schloss (1667) mitten in der schmucken Altstadt dient als Rathaus. Das Prunkstück der Tettnanger Schlösserlandschaft ist jedoch das Neue Schloss, ein zwischen 1712 und 1728 errichteter Barockbau. Treppenhaus, Korridore und Hof sind im Sommerhalbjahr frei zugänglich, die üppig ausgestatteten Prunkräume können geführt besichtigt werden. Ein Rundgang durch die mit wunderbaren Stuckarbeiten ausgestattete Beletage im ersten Obergeschoss gibt einen Eindruck von dem von den Grafen gepflegten luxuriösen Lebensstil, die sich allerdings nicht zuletzt durch die immen-

Mitte: Das Neue Schloss von Tettnang fiel einen Tick zu groß aus – die immens hohen Kosten trieben die Grafen von Montfort in den Ruin.
Unten: Vom Hopfenmuseum aus kann man auf einem Steg durch den Hopfengarten spazieren.

sen Baukosten der neuen Residenz bis zum finanziellen Ruin verschuldeten und 1780 die Grafschaft an Österreich verkaufen mussten. Preziosen sind etwa ein vergoldeter Konsoltisch im Tafelzimmer, in dem auch zwei von Angelika Kauffmann (1741–1807) gemalte Porträts die Wand schmücken, sowie ein mit Intarsien verziertes Kinderbett (um 1750) im Zweiten Grünen Zimmer. Das Schloss war 2012 Drehort für den Fernsehfilm *Der Minister*, der die Plagiatsaffäre um Ex-Verteidigungsminister Karl-Theodor zu Guttenberg zum Thema hatte.

Tettnanger Aromahopfen

Heute dreht sich in Tettnang fast alles um den Hopfen, er ist die Sonderkultur schlechthin und seine Qualität genießt Weltruf. Rund um die Stadt bauen mehr als 150 Betriebe auf etwa 1200 Hektar den Aromahopfen an. Erntezeit ist von Ende August bis Mitte September, so malerisch wie früher, als man die Dolden noch von Hand pflückte, geht es dabei allerdings nicht mehr zu. Riesige Pflückmaschinen picken die Dolden von den bis zu acht Meter hohen Reben. Der begehrte natürliche Geschmacksverstärker wandert vor allem in Premium-Biere, mehr als zwei Drittel der Ernte gehen ins Ausland, größter Abnehmer sind amerikanische Brauereien. Der Tettnanger Hopfen gibt dem Bier eine angenehm bittere Note.

Auf dem Hopfenpfad wandern

Ausgangspunkt des vier Kilometer langen Themenwegs ist der Brauereigasthof Krone am Bärenplatz in Tettnangs Altstadt, Ziel das Hopfenmuseum im Ortsteil Siggenweiler. Man wandert oder radelt durch ausgedehnte Hopfengärten und staunt, wie die Kletterpflanzen sich an den haushohen Drahtgestellen hinaufranken. Auf Schautafeln

Einfach gut!

SPARGELHOF GEIGER

In dem Tettnanger Familienbetrieb an der Ortsausfahrt in Richtung Moos wird im Hofladen von Mitte April bis Mitte Juni grüner und weißer Spargel verkauft. Im Hofcafé kann man einen Teller Spargelsuppe probieren, und an den Wochenenden kommt man zum Jazz-Frühschoppen zusammen. Im Angebot sind diverse Obstler aus der eigenen Brennerei, etwa Himbeergeist und Kirschwasser, eine echte Rarität ist der Spargelschnaps. Nach vorheriger Anmeldung ist es möglich, mit dem Bauer auf das Feld zu gehen, um zuzuschauen, wie der Spargel gestochen wird. Die Familie Geiger ist mit ihren Produkten auf verschiedenen Wochenmärkten vertreten, u. a. in Friedrichshafen, Überlingen und Wangen.

Spargelhof Geiger. Moosstr. 26, 88069 Tettnang, Tel. +49 75 42/ 82 42, www.tt-spargel.de

Bei Tettnang lohnt ein Abstecher zur Burg Gießen.

Oben: Für den Weihnachtsmarkt gibt das Neue Schloss eine prächtige Kulisse ab.
Unten: Die adlige Prunksucht im Neuen Schloss spiegelt sich in dem nach dem Weingott benannten Bacchussaal wider.

wird über Anbau und Ernte informiert, und ganz nebenbei genießt man auch einen wunderbaren Weitblick auf den Bodensee. Im Hopfenmuseum, es ist in drei historischen Gebäuden untergebracht, erfährt man dann einiges über die Geschichte des Bieres und dass der darin enthaltene Hopfen zur Familie der Hanfgewächse gehört. Wer außerhalb der Hopfenernte unterwegs ist, kann die maschinelle Ernte auf einer Videoleinwand verfolgen. Der Museumsladen hält neben Hopfentee, Hopfenlikör und 40-prozentigem Hopfenbitter auch so manch ausgefallenes Mitbringsel bereit, etwa eine Biermarmelade! Alle zwei Jahre, immer in den ungeraden, findet im August der Hopfenwandertag statt, an dem von einem Bierstand zum anderen gewandert wird. In vier aufgebauten »Bierdörfern« stellen rund zwei Dutzend Brauereien ihre Bierspezialitäten aus, die natürlich alle mit Tettnanger Hopfen gebraut werden. Hoch her geht es immer im internationalen Bierdorf, in dem neben der Schwarzwälder Kultbrauerei Rothaus (»Tannenzäpfle«) auch amerikanische Großbrauereien wie Anheuser Busch (»Budweiser«) und die Boston Beer Company (»Samuel Adams«) vertreten sind. Zum Bier probiert man lokale Spezialitäten, Livebands sorgen für Stimmung.

Infos und Adressen

SEHENSWÜRDIGKEITEN

Hopfengut Nr. 20 (Hopfenmuseum). Mitte April–Okt. Di–So 10.30–17 Uhr, Hopfengut 20, 88069 Tettnang, Tel. +49 75 42/95 22 06, www.hopfengut.de

Neues Schloss. Führungen April–Okt. tgl. Do–Di 11–18 Uhr, Montfortplatz 1, 88069 Tettnang, www.schloss-tettnang.de

ESSEN UND TRINKEN

Bieggers Hopfenstube. Uriger Landgasthof mit schwäbischer Küche, selbst gemachtem Most und Hofladen. Mi ab 15 Uhr, Do–So ab 12 Uhr, Mo, Di Ruhetag, Schwarzenbach 11, 88074 Meckenbeuren, Tel. +49 75 42/49 85, www.hopfenstube-biegger.de

Brauereigasthof Schöre. Hof und Brauerei werden seit mehr als Hundert Jahren von der Familie Bentele bewirtschaftet. In dem Lokal mit Biergarten wird Ochsenfleisch aus eigener Aufzucht geboten. Di–Fr 16.30–22 Uhr, Sa, So 11–14 Uhr, Dietmannsweiler 2, 88069 Tettnang, Tel. +49 75 28/23 17, www.schoere.de

EINKAUFEN

Vaude. Fabrikverkauf von allem, was mit Outdoor-Ausrüstung zu tun hat; mit angeschlossenem Bio-Imbiss. Mo–Fr 10–19.30 Uhr, Sa 10–18 Uhr, Siggenweiler Str. 25, 88069 Tettnang-Obereisenbach, Tel. +49 75 42/9 31 40 00, www.vaude.com

INFORMATION

Tourist-Information. Mai–Sept. Mo–Fr 9–18 Uhr, Sa 10–12 Uhr, Okt.–April Mo–Fr 9–13, 14–17 Uhr, Montfortstr. 41, 88069 Tettnang, Tel. +49 75 42/51 05 00, www.tettnang.de

Nach der Ernte übt sich im Hopfenmuseum der Nachwuchs im Hopfenpflücken.

30 Langenargen
Alte Nebenresidenz mit »maurischem« Schloss

Langenargen ist ein schmucker Erholungsort mit einem kleinen historischen Ortskern, einer reizenden Uferpromenade und weitläufigen Obstplantagen im Hinterland. Die lang gestreckte ehemalige Nebenresidenz der Grafen von Montfort liegt zwischen den Flussmündungen der Schussen im Nordwesten und der Argen im Südwesten. Architektonisches Highlight ist das Schloss, Kunstliebhaber werden im Alten Pfarrhof fündig.

Schloss Montfort

Der Stil passt nicht ganz in die Bodenseelandschaft, doch vielleicht ist das maurisch anmutende Schloss Montfort gerade deswegen eines der bekanntesten Wahrzeichen am Bodensee. Von der Uferpromenade aus ist das pittoresk auf eine Halbinsel platzierte Gebäude jedenfalls ein origineller Blickfang. Und von dem begehbaren Turm schaut man schön auf das Städtchen Langenargen hinab und natürlich auf den See. Für die Dichterin Annette von Droste-Hülshoff, die öfter in Langenargen war, war Montfort eine »herrliche Ruine« und »die schönste, die ich gesehen habe«. Die ehemalige Burg der Grafen von Montfort lag einst auf einer kleinen Insel und wurde erst durch Aufschüttungen mit dem Festland verbunden. 1780 fiel sie nach dem Bankrott der Grafen an Österreich, doch die Habsburger kümmerten sich nicht um das alte Gemäuer und ließen es verfallen. Als dann Langenargen zu Württemberg kam, ließ König Wilhelm I. von Württemberg 1861 die Ruine kurzerhand einebnen und auf dem Grund eine »Villa« erbauen, die zunächst

Mitte: Der alte Münzhof wird heute als Kulturzentrum genutzt.
Unten: Das Eriskircher Ried ist von menschlichen Eingriffen weitgehend unberührt geblieben.

Das ehemalige Wasserschloss Langenargen

als Sommersitz der königlichen Familie diente. Ob das Schloss nun tatsächlich maurisch geprägt ist, sei dahingestellt, doch durch das auffällige Streifendekor, das offensichtlich von der wenige Jahre zuvor gebauten Stuttgarter Wilhelma abgeschaut wurde, gewinnt der viereckige Backsteinbau eine orientalische Note. 1873 verkauften die Württemberger das Schloss an Prinzessin Luise von Preußen. Der adligen Dame gefiel es am Bodensee so gut, dass sie bis zu ihrem Tod 1901 jeden Sommer in Langenargen verbrachte. Heute gehört das Schloss der Gemeinde Langenargen. Der Veranstaltungssaal ist Bühne für Sommerkonzerte, von der Schlossterrasse genießt man bei Kaffee und Kuchen das Seepanorama. In den Räumlichkeiten des Schlosses wird die private Gemäldesammlung des Bildhauers Günther Grzimek (1807–1980) ausgestellt.

Rund um den Marktplatz

Mittelpunkt der Kleinstadt ist der lang gestreckte Marktplatz, an dem sich Rathaus, Pfarrkirche, Münzhof und Spital zu einem ansprechenden Ortsbild zusammenfügen. Vor dem Rathaus findet jeden Donnerstagvormittag der Wochenmarkt statt, ansonsten ist zumindest außerhalb der

Geheimtipp

ERISKIRCHER RIED

Das Ried mit Auwäldern aus Silberweiden und Schwarzpappeln ist schon seit 1939 als Naturschutzgebiet ausgewiesen. Mit ein Grund dafür war die Sibirische Schwertlilie *Iris sibirica*, die zur Blütezeit Mitte Mai bis Anfang Juni Pflanzenliebhaber in Scharen anlockt. Ausgangspunkt für Wanderungen ist der alte Bahnhof von Eriskirch, von dem aus ein Naturschutzzentrum geführte Touren anbietet. Dabei können je nach Jahreszeit Orchideen, Teufelsabbiss und fleischfressende Pflanzen entdeckt werden. In den Flachwasserzonen ist natürlich auch die Vogelwelt mit zahlreichen Arten vertreten, neben Eisvögeln und Zwergrohrdommeln sind hier auch Sumpfrohrsänger zu Hause.

Naturschutzzentrum Eriskirch. April–Okt. Di–Do 14–17 Uhr, Fr–So 10–13, 14–17 Uhr, sonst eingeschränkte Öffnungszeiten, Bahnhofstr. 24, 88097 Eriskirch, Tel. +49 75 41/8 18 88, www.naz-eriskirch.de

WELLNESSHOTEL SCHWEDI

Einfach gut!

In dem Dreisternehotel der Familie Göppinger darf man sich fast wie in einem Viersternehaus fühlen. Es liegt sehr ruhig am nördlichen Ortsrand an der Schussenmündung. Auf der Liegewiese vor dem Haus kann man sich eine Sonnenliege direkt ans Wasser stellen und das Seepanorama genießen. Die saisonal ausgerichtete Hotelküche gehört zu den besten im Ort, der Klassiker ist der Schwedi-Fischteller mit dreierlei Fisch vom See und in zerlassener Butter geschwenkten Salzkartoffeln. Zu dem 2014 neu eröffneten Spa gehören ein glasüberdachtes Hallenbad und eine Finnische Sauna, an Anwendungen können etwa Kräuterstempel-Massage und Fußreflexonentherapie gebucht werden.

Hotel-Restaurant Schwedi.
Schwedi 1, 88085 Langenargen,
Tel. +49 75 43/93 49 50,
www.hotel-schwedi.de

Die Kabelhängebrücke ist Radlern und Fußgängern vorbehalten.

sommerlichen Hauptsaison weniger los, sodass man die angenehme Atmosphäre genießen kann. Die Pfarrkirche St. Martin kann zwar nicht ganz mit so prunkvollen Stuckaturen und Fresken wie etwa in Birnau aufwarten, sie ist dennoch ein ansprechendes Beispiel des oberschwäbischen Barock. In der angebauten Marienkapelle sind die aus feinem Lindenholz gearbeiteten 15 Rosenkranzmedaillons (17. Jh.) interessant, sie zeigen Szenen aus dem Leben Christi. Bei genauer Betrachtung fällt auf, dass sie von verschiedenen Künstlern geschaffen wurden, einige davon werden der Werkstatt von Hans Zürn zugeschrieben.

Pfarrhof und Münzstätte

Gegenüber der Kirche zeigt im ehemaligen Pfarrhof das Museum Langenargen Bilder von Hans Purrmann (1880–1966), dessen Werk im Dritten Reich als »entartet« geächtet wurde. Eines der Highlights der Sammlung ist seine farbenfrohe *Landungsbrücke in Langenargen* (1918). Auch der in Langenargen gebürtige Barockmaler Franz Anton Maulbertsch (1737–1812) sowie der Kressbronner Freskenmaler Andreas Brugger (1737–1812) sind mit mehreren Werken vertreten. Der Münzhof auf der anderen Seite des Marktplatzes blickt auf fast 400 Jahre wechselhafte Geschichte zurück. Von den Grafen von Montfort 1621 als Münzstätte errichtet und durch die Schweden im Dreißigjährigen Krieg zerstört, wieder aufgebaut und durch Blitzeinschlag erneut in Schutt und Asche gelegt, geht das heutige Erscheinungsbild auf das Jahr 1735 zurück. In dem Gebäude hat außer der Stadtbücherei auch ein Kulturzentrum Platz gefunden, das Bühne für Konzerte, Theater und Kleinkunst ist. Zauberhafte Sonnenuntergänge garantiert die Terrasse des Kavalierhauses (1866) am Schlosspark.

Marina und Kabelhängebrücke

Von der Altstadt führt ein angenehmer Spaziergang auf der Uferpromenade zum Jachthafen an
der Mündung der Argen. Der erste Saisonhöhe-
punkt auf dem See ist an Pfingsten das *Match
Race Germany*, wenn in Langenargen die Weltelite
der Segler zusammenkommt und sich auf dem
Wasser ein Hauch von America Cup breitmacht.
Von der Uferpromenade aus verfolgen Tausende
Zuschauer die Rennen. Hinter der Marina kommt
man auf dem Argensteg ans Ostufer des Flusses
und gelangt von dort ein Stück weiter landeinwärts zur Kabelhängebrücke von 1898, deren
Konstruktionspläne zwei Jahre später während
der Weltausstellung in Paris für großes Aufsehen
sorgten. Nach Ansicht von Fachleuten diente das
Meisterstück schwäbischer Ingenieurskunst als
ein Vorbild für die 40 Jahre später erbaute Golden Gate Bridge in San Francisco, jene ist zwar
bedeutend länger, doch nach dem gleichen Kon-
struktionsprinzip erbaut. Die Argenbrücke bringt
es immerhin auf eine Spannweite von 72 Metern,
ihre Kabelstränge sind 130 Meter lang. Die Hängebrücke ersetzte die alte überdachte Holzbrücke
und war ein wichtiges Verbindungsstück auf der
damaligen Staatsstraße von Friedrichshafen nach
Lindau. 1977 wurde schließlich 25 Meter daneben
eine neue Straßenbrücke gebaut, seither ist die
Kabelbrücke für den motorisierten Verkehr gesperrt und ausschließlich Radlern und Fußgängern
vorbehalten.

Ländliches Oberdorf

Von der Brücke kann der Argen weiter flussaufwärts in den Ortsteil Oberdorf gefolgt werden.
Weitläufige Obstplantagen und Streuobstwiesen
prägen dort das Landschaftsbild. Im Ort stehen
einige stattliche zweigeschossige Landhäuser,
eines der auffälligsten ist der Gasthof Adler mit

Oben: Der Hafen von Langen-
argen ist in das Liniennetz der
Weißen Flotte eingebunden.
Unten: Kunst im öffentlichen
Raum – der Langenargener
Büttel vor dem Hospital zum
Heiligen Geist

177

seinem großen Vollwalmdach und einer zu dem Rundbogenportal hinaufführenden Freitreppe. Der Adler ist nur eine von mehreren rustikalen Einkehrmöglichkeiten im Ort, auch der Dorfbachwirt und der Dorfkrug ziehen mit ihrer authentischen Atmosphäre viele Feriengäste an.

Kleine Fische

Nicht wenige Besucher sind über den enormen Fischreichtum im Bodensee erstaunt und fragen sich zu Recht, ob da wirklich alles mit rechten Dingen zugeht. Einen wesentlichen Beitrag für die allerorten auf der Speisekarte stehenden Blaufelchen, Gangfische und Seeforellen leistet die Fischbrutanstalt in Langenargen. Mehr als 50 Millionen Fische wachsen in dem staatlichen Brutbetrieb heran und werden dann in den Bodensee und seine Zuflüsse ausgesetzt. Besonderes Augenmerk gilt vom Aussterben bedrohten Arten. Der Leiter Eckhard Dossow fasst die Aufgabe seines Teams salopp zusammen: »Wir helfen dem lieben Gott etwas nach.« Bis die Fische dann wieder im Netz der Fischer landen, vergehen je nach Art vier bis acht Jahre. Regelmäßige Öffnungszeiten gibt es leider nicht, doch mindestens einmal im Jahr kann man am Tag der offenen Tür auf einer Führung die komplizierte Arbeit der Brutstation kennenlernen, über Termine informiert das Touristenbüro.

Oben: Im Revier von Langenargen findet jedes Jahr an Pfingsten eine internationale Segelregatta statt.
Unten: Neben der Pfarrkirche St. Martin sind in einer Marienkapelle interessante Rosenkranzmedaillons zu sehen.

Infos und Adressen

SEHENSWÜRDIGKEITEN

Museum Langenargen. Kunstmuseum im alten Pfarrhof. Mitte April–Mitte Okt. Di–So 11–17 Uhr, Marktplatz 20, 88085 Langenargen, www.museum-langenargen.de

Schloss Montfort. Turmbesteigung April–Okt. tgl. 10–12, 13–17 Uhr, Untere Seestr. 3, 88085 Langenargen

Der Landgasthof Adler ist für seine grundsolide schwäbische Küche bekannt.

ESSEN UND TRINKEN

Adler. Typischer Landgasthof mit schwäbischer Küche, klassisch ist der Zwiebelrostbraten mit Bratkartoffeln, speziell die Krautkrapfen und sauren Kutteln. Fr–Mi ab 16.30 Uhr, Adlerstr. 3, 88085 Langenargen-Oberdorf, Tel. +4975 43/28 07, www.adler-oberdorf.de

Dorfbachwirt. In der einfachen Vesperstube mit überdachter Außenterrasse werden schwäbische Spezialitäten aufgetischt, Most und Schnäpse kommen aus eigener Herstellung. Di–So ab 16 Uhr, Adlerstr. 7, 88085 Langenargen-Oberdorf, Tel. +4975 43/22 16, www.der-dorfbachwirt.de

Schuppen 13. Beliebter Italiener mit netter Terrasse am Jachthafen. Di–So 12–21.30 Uhr, Argenweg 60, 88085 Langenargen, Tel. +4975 43/15 77

ÜBERNACHTEN

Gasthof Dorfkrug. Familiär geführtes Haus im Ortsteil Oberdorf mit elf freundlich eingerichteten Zimmern. Im Lokal ist der schwäbische Sauerbraten mit hausgemachten Spätzle die Spezialität. Mi–Sa 17–21, So 11.30–13.30, 17–21 Uhr, Dorfstr. 9, 88085 Langenargen-Oberdorf, Tel. +4975 43/31 90, www.gasthofdorfkrug.de

EVENT

Langenargener Schlosskonzerte. Musik von Klassik bis Jazz im Schloss Montfort, von Anfang Juni bis Ende August jeweils am Freitagabend. www.langenargener-schlosskonzerte.de

INFORMATION

Tourist-Information. April–Sept. Mo–Fr 9–12, 14–16 Uhr (im Sommer bis 18 Uhr), sonst Mo–Fr 9–12 Uhr, Obere Seestr. 2/1, 88085 Langenargen, Tel. +4975 43/9 33 30 92, www.langenargen.de

Schloss Langenargen kann auch während eines Zeppelinflugs bestaunt werden.

31 Kressbronn
Wo der See am breitesten ist

Kressbronn liegt auf halbem Weg zwischen Friedrichshafen und Lindau in der südwestlichen Ecke von Baden-Württemberg. 14 Kilometer ist der Bodensee hier breit, bei Föhn scheint dennoch das gegenüberliegende Seeufer zum Greifen nahe, dahinter baut sich die Silhouette des Alpsteinmassivs auf. Der auf Familien eingestellte Ferienort ist vor allem für das Strandbad und seine große Marina bekannt.

Urlaub für die ganze Familie

Im baden-württembergischen Landeswettbewerb »Familienferien« wurde Kressbronn zusammen mit den im Zweckverband Schwäbischer Bodensee organisierten Nachbarorten Langenargen, Eriskirch und Tettnang als familienfreundlich ausgezeichnet. So gibt es vielseitige Wassersportangebote, von Tretbootfahren bis zu Schnuppertauchen oder Segelkursen, speziell für Kinder. Für die ganz Kleinen wird Kasperletheater gespielt, die Größeren können Ponyreiten, in einem Kletterpark ihre Geschicklichkeit ausprobieren oder mit einem GPS-Gerät auf Schatzsuche gehen. Ein Riesenspaß ist das im Ortsteil Nitzenweiler alljährlich von Mitte Juli bis zur Maisernte im September geöffnete Maislabyrinth. Nachdem man wieder herausgefunden hat, wartet als kleine Belohnung ein Maiskörnerbad. Immer gut kommt das von der örtlichen Feuerwehr in Langenargen organisierte Wett-Weitspritzen an. Bei Regenwetter können die Kinder sich in einem »Spielehäusle« die Zeit vertreiben. Es gibt besonders viele Ferienwohnungen, im Hinterland zwischen Obstplantagen und Erdbeerfeldern auch etliche auf Gäste eingestellte Obstbauernhöfe.

Mitte: Der Jachthafen Ultramarin in Kressbronn ist das größte Wassersportzentrum am Bodensee.
Unten: Mammutbäume und Ginkgos gehören zum Baumbestand im Schlösslepark.

Schlösslepark

Südlich des kleinen Ortszentrums mit
der schmucklosen Pfarrkirche Maria Hilfe
(1937) ist der Schlösslepark für Einheimische und Gäste eine beliebte Freizeitoase. In dem
für den Park namensgebenden Schloss (1829) werden in einer Dauerausstellung historische Schiffs-
modelle gezeigt, in der wenige Schritte entfernten
Lände, einem umgebauten Pferdestall, stellt eine
Galerie zeitgenössische Kunst aus. Der Park selbst
macht durch seinen alten Baumbestand auf sich
aufmerksam, während eines Spaziergangs entdeckt man u.a. Mammutbäume, Ginkgos, Hima-
layazedern und Scheinzypressen.

Degersee und Schleinsee

Obschon es Kressbronn an einer ausgebauten Seepromenade fehlt, hat der Ort dennoch Tuchfühlung
mit dem Wasser. Einige Häuser jenseits der Bodan-
straße genießen die privilegierte Lage unmittelbar
am Seeufer. Natürlich gibt es ein Strandbad, das
künstlich beheizt schon in der Vorsaison zum Baden
einlädt. Wenn das Bodenseewasser im Frühsommer
noch nicht die gewünschte Badetemperatur hat,
gilt der Degersee ein paar Kilometer nordöstlich
von Kressbronn als Geheimtipp. Er ist lange nicht
so tief, wärmt sich von daher schneller auf und ist
meist drei bis vier Grad wärmer als der Bodensee.
Überhaupt hält das hügelige Hinterland einige
Entdeckungen bereit, im benachbarten Schleinsee blühen im Sommer weiße See- und gelbe
Teichrosen.

Jachthafen Ultramarin

Die Argen fungiert als natürliche Grenzen zwischen
den Gemeinden Kressbronn und Langenargen.
Östlich der Flussmündung liegt der Jachthafen Ultramarin, der fast alles bietet, was mit Schiff und

Geheimtipp

HOFANLAGE MILZ
Im Kressbronner
Ortsteil Retterschen
steht ein einmaliges
bäuerliches Ensemble,
dessen Gründung bis in die Zeit
der Karolinger vor 1200 Jahren
zurückverfolgt werden kann, als
der Besitz dem Kloster St. Gallen
unterstand. Die erhaltenen vier
Gebäude stammen allerdings aus
dem 18. und 19. Jahrhundert,
am ältesten ist die 1717 erbaute
Scheune. 2001 erwarb die Gemeinde Kressbronn die Hofanlage,
seither wird sie zusammen mit
einem gemeinnützigen Verein
restauriert, wobei sorgfältig auf
die traditionelle dörfliche Bauform
zurückgegriffen wird. So manches
Detail erschließt sich erst auf den
zweiten Blick, etwa die mit Biber-
schwanzziegeln gedeckten Dächer

Hofanlage Milz. Der Hof kann nur
im Rahmen einer Führung besichtigt werden, diese findet von Anfang Juni bis Ende Aug. jeden Di
um 17 Uhr statt (Anmeldung über
die Tourist-Information Kressbronn, Tel. +49 75 43/9 66 50).

Das Hinterland Kressbronns mit
seiner sattgrünen Hügellandschaft

Wasser zu tun hat. Man kann hier segeln und tauchen lernen, den Motorbootsschein machen, Boote chartern oder einen Segeltörn buchen. Auf dem heute 200 000 Quadratmeter großen Areal wurde vor gut Hundert Jahren Kies abgebaut, wobei sich ein Baggersee bildete, an dessen Ufern nach dem Zweiten Weltkrieg die ersten Bootsanleger für Sportboote entstanden. Ab den 1980er-Jahren wurden die Hafenanlagen Zug um Zug erweitert. Mit 1500 Liegeplätzen ist Ultramarin zusammen mit dem auf der westlichen Argenseite gelegenen Jachthafen von Langenargen das größte Wassersportzentrum am Bodensee. Zur Infrastruktur gehören neben Segelmacherei und Seetankstelle ein vornehmlich von Skippern gebuchtes Dreisternehotel mit 45 Zimmern und ein Restaurant, das wie der Bug eines Schiffes aussieht. Dazu gibt es einen sehr gut sortierten Fachmarkt für Wassersportartikel, in dem sich von der Badehose bis zu Anker und Navigationssystem alles findet, was man in und auf dem Wasser braucht. Weniger erfolgreich endete die fast hundertjährige Firmengeschichte der Kressbronner Bodan-Werft, in der bis 2011 Fähren und Fahrgastschiffe für die Bodenseeschifffahrt vom Stapel liefen.

Oben: Die Geschicke der Gemeinde Kressbronn werden im Rathaus gelenkt.
Unten: Pünktlich zum 1. Mai steht ein Maibaum neben der Pfarrkirche St. Martin.

Infos und Adressen

ESSEN UND TRINKEN

Max und Moritz. In das »Event-Lokal« mit Biergarten und Auftritten von Livebands kommt man nicht zuletzt wegen der Aussicht auf den See. Die Hausbrauerei hält naturtrübes Bier bereit, in originelle Flaschen abgefüllt kann man es auch mitnehmen. Im Sommer tgl. ab 11 Uhr bis spätabends, im Winter eingeschränkte Öffnungszeiten, Weinbichl 6, 88079 Kressbronn-Berg, Tel. +49 75 43/65 08, www.maxmoritz-bier.de

Seegarten. Der Pavillon des Café-Restaurants mit Aussichtsterrasse liegt reizvoll ein paar Schritte oberhalb des Landungsstegs, es gibt Eiscreme, Pizzen und gefüllte Teigtaschen. Ein Extralob gebührt dem freundlichen Service. Tgl. 9–23 Uhr, Seestr. 53, 88079 Kressbronn, Tel. +49 75 43/9 52 95 27

Es muss nicht immer Fisch sein.

ÜBERNACHTEN

Hofgut Schleinsee. Die Ferienwohnungen in dem ehemaligen Gesindehaus des Hofs mögen nicht unbedingt typisch ländlich sein, doch das Drumherum mit Kuhstall, Pferden, Ponys und angebotenen Kutschfahrten und nicht zuletzt die reizvolle Lage nahe beim Schleinsee schon. Dazu gibt es ein nettes Hofcafé, das Fernsehen war auch schon da. Schleinsee 3, 88079 Kressbronn, Tel. +49 75 43/64 67, www.schleinsee.de

Schnaidter Hof. Die zwei Häuser mit insgesamt 13 Apartments inklusive Kochmöglichkeit liegen in der Nähe des Campingplatzes und des Jachthafens direkt am Bodenseeradweg. Im Restaurant nebenan kann man gut essen. Zur Anlage gehören auch ein Grill-, Spiel- und Minigolfplatz sowie ein Beachvolleyballfeld. Schnaidt 1, 88079 Kressbronn, Tel. +49 75 43/9 62 40, www.schnaidterhof.de

INFORMATION

Tourist-Information. Mai–Sept Mo–Fr 8–18 Uhr, Sa, So 10–12 Uhr, Okt.–April Mo–Fr 8–12, 14–17 Uhr, Im Bahnhof, 88079 Kressbronn, Tel. +49 75 43/9 66 50, www.kressbronn.de

Ein Stück ab vom See, doch trotzdem gut sitzt man bei Max und Moritz.

32 Wasserburg
Bayerisches Bilderbuchidyll

Von Friedrichshafen kommend verlässt man gleich hinter Kressbronn das »Ländle« und wird vom Freistaat Bayern begrüßt. Das bayerische Bodenseeufer ist zwar gerade mal 19 Kilometer lang, doch mit Wasserburg und Lindau kann es gleich mit zwei zauberhaften Orten aufwarten. Wasserburg lebt heute überwiegend vom Tourismus, außer einigen kleineren Hotels gibt es vor allem viele Ferienwohnungen.

Der Luftkurort glänzt mit einem ausgesprochen malerisch auf einer Halbinsel platzierten Ortskern, die in früherer Zeit einmal eine Insel war, auf der sich die Besitzer ab dem frühen Mittelalter die Klinke in die Hand gaben. Eine kleine einfache Holzkirche gab es dort wohl schon um 784. Die Grafen von Montfort erbauten auf dem Eiland im 14. Jahrhundert ein Wasserschloss, das sie 200 Jahre später an die Augsburger Kaufmannsdynastie der Fugger verkauften. Diese waren es auch, die um 1720 den schmalen Wasserarm zwischen Insel und Festland aufschütten ließen, angeblich wollten die sparsamen Schwaben die Ausgaben für die Erneuerung der maroden Zugbrücke sparen. Nach kurzer Zugehörigkeit zu Österreich wurde Wasserburg schließlich 1803 dem Freistaat Bayern zugeschlagen.

St. Georg und Malhaus

Viel bestauntes Wahrzeichen von Wasserburg ist nicht das relativ schlichte, dennoch ansehnliche Schloss (heute ein Hotel), sondern der barocke Zwiebelturm der Pfarrkirche St. Georg, die ihr heutiges Gesicht nach einem Brand von 1655 und

Fotogenes Wahrzeichen von Wasserburg ist der Zwiebelturm der Pfarrkirche.

umfangreichen Umbauarbeiten im 19. Jahrhundert erhielt. Das schmucke Ensemble wird durch das von einem Staffelgiebel gezierte Pfarrhaus daneben und dem sogenannten Malhaus, dem ehemaligen Amtsgericht, vervollständigt. In den Jahren 1656 bis 1664 fanden darin die berüchtigten Wasserburger Hexenprozesse statt. Unter der Herrschaft der Fugger sind allein für diesen Zeitraum 25 Todesurteile belegt, die Opfer wurden auf dem Scheiterhaufen im benachbarten Hege verbrannt. Die meisten von ihnen waren nicht wie sonst üblich Frauen, sondern Männer, auch ein neunjähriger Junge war darunter.

Zwei berühmte Söhne

Heute informiert im Malhaus ein Museum über die Fischerei am Bodensee. Im Obergeschoss widmet sich eine Dauerstellung dem Schriftsteller Martin Walser. Der »Dichterfürst vom Bodensee« ist Wasserburgs berühmtester Sohn, er wurde im Jahr 1927 in der Bahnhofsgaststätte geboren und verbrachte hier seine Kindheit und Jugend, bis er später nach Nussbach am Überlinger See übersiedelte. Seine Kindheitserinnerungen in Wasserburg hat Walser in dem 1998 erschienenen, autobiografisch geprägten Roman *Ein springender Brunnen* festgehalten. Im selben Jahr wurde ihm in der Frankfurter Paulskirche der Friedenspreis des Deutschen Buchhandels verliehen, die in seiner Dankesrede erwähnte »Instrumentalisierung des Holocaust« löste im Nachhinein kontroverse Diskussionen aus. Außer Walser gibt es noch einen zweiten eng mit Wasserburg verbundenen Literaten. Dessen Name Horst Wolfram Geißler (1893–1983) mag vielleicht nicht ganz so bekannt sein, wohl aber sein Roman *Der liebe Fridolin*. Geißler liegt auf dem Friedhof neben der Pfarrkirche begraben, das Grab befindet sich gleich links vom Eingang.

Infos und Adressen

SEHENSWÜRDIGKEITEN
Museum im Malhaus. Di–Fr, So 10.30–12.30 Uhr, Mi, Sa, So auch 14.30–17 Uhr, Nov.–April geschlossen, Halbinsel 77, 88142 Wasserburg, Tel. +49 83 82/ 75 04 57, www.museum-malhaus-wasserburg-bodensee.de

ESSEN UND TRINKEN
Zur Kapelle. Das schmucke Fachwerkhaus mit Biergarten ist für Wildentenspezialitäten bekannt. Mai–Sept. tgl. 11.30–22 Uhr, Okt.–April Fr–Mi 11.30–14, 18–21 Uhr, Kapellenplatz 3, 88149 Nonnenhof, Tel. +49 83 82/82 74, www.witzigmann-kapelle.de

ÜBERNACHTEN
Hotel zum lieben Augustin. Zum Haupthaus und drei Gästehäusern in guter Seelage gehören Wellnessbereich, ein Restaurant und ein Biergarten unmittelbar am Wasser. Halbinselstr. 70, 88142 Wasserburg, Tel. +49 83 82/98 00, www.hotel-lieber-augustin.de

AKTIVITÄTEN
Aquamarin. Familienfreundliches Freibad mit Wärmehalle, beheizten Außenbecken und Liegewiese. Anfang Mai–Anfang Sept., Reutenerstr. 12, 88142 Wasserburg, www.aquamarin-wasserburg.de

INFORMATION
Tourist-Information. März–Sept. Mo–Do 8–12, 14–16.30 Uhr, Fr 8–12 Uhr (im Sommer auch Sa 9–12 Uhr), Okt.–Feb. Mo–Fr 8–12 Uhr, Lindenplatz 1, 88142 Wasserburg, Tel. +49 83 82/88 74 74, www.wasserburg-bodensee.de

33 Lindau – die Insel
Einmalige Lage, heimelige Altstadt

Lindau betont schon in der geografischen Angabe den feinen Unterschied zu anderen Orten. Während etwa Konstanz oder Bregenz »am« Bodensee liegen, liegt Lindau »im« Bodensee. Sofern man sich der Insel mit dem Schiff nähert, erinnert an der Hafeneinfahrt sogleich ein Löwe daran, dass man im Freistaat Bayern angekommen ist. Die einzigartige Lage und das historische Stadtbild machen Lindau zu einer der schönsten Städte Deutschlands.

Vom Damenstift zum bayerischen Löwen

Mitte: An der Hafeneinfahrt von Lindau grüßen Bayerischer Löwe und Leuchtturm.
Unten: Vom Zeppelin aus zeigt sich der Bodensee wie eine aufgeschlagene Landkarte, am Fuß der majestätischen Alpenkette die Insel Lindau.

Lindaus Geschichte beginnt mit einem vor mehr als 1000 Jahren gegründeten Chorfrauenstift. Wann genau die ersten adligen Frauen auf die Insel kamen, ist nicht belegt, in einer St. Galler Urkunde wird das Stift erstmals 882 erwähnt. Zu jener Zeit bestand die heute 1300 Meter lange und 660 Meter breite Insel noch aus drei kleineren Inselchen, die erst durch Aufschüttungen miteinander verbunden wurden. Nachdem man den Markt von Aeschach 1079 auf die Insel verlegte, entwickelte sich der Ort schnell zu einem wichtigen Handelsplatz. Lindau stieg zur Freien Reichsstadt auf, die intensive Geschäftsbeziehungen mit Mailand unterhielt. Ab 1445 war mit dem »Mailänder Boten« gar ein planmäßiger Brief-, Geld- und Warenverkehr über die Alpen unterwegs. Nach wechselhafter Geschichte unter verschiedenen Herrschaften wurde Lindau 1805 schließlich bayerisch, das Königreich gewann dadurch einen

Altstadtbummel durch Lindau

Ⓐ Neuer Leuchtturm – Bahnhof und Hafen sind Dreh- und Angelpunkt der Inselstadt, auf zwei Molen kann man zum Neuen Leuchtturm und dem Bayerischen Löwen spazieren.

Ⓑ Mangturm – Der Alte Leuchtturm am Hafenplatz war im Mittelalter Teil der Stadtbefestigung.

Ⓒ Marktplatz – Samstags und mittwochs (nur im Sommer) findet hier der Wochenmarkt statt.

Ⓓ Haus zum Cavazzen – In dem stolzen Bürgerhaus zeigt das Stadtmuseum neben Exponaten zur Stadtgeschichte auch eine beachtenswerte Sammlung an historischen Musikgeräten und Druckgrafiken.

Ⓔ Münster – Die Ostseite des Marktes wird vom Münster und der benachbarten Stephanskirche eingenommen.

Ⓕ Stadtpark – Der alte Baumbestand mit Ginkgobäumen, Korallenstrauch und jungen Dattel-palmen wird von der Chelles-Allee zweigeteilt. Östlich der Allee setzt der runde Neubau der Spielbank einen Gegenpol zur Altstadt.

Ⓖ Maximilianstraße – Lindaus Einkaufsmeile trägt den Namen des ersten bayerischen Königs, vor dem Jahr 1815 hieß die gepflasterte Straße einfach nur Hauptstraße. Zu den prächtigsten Häusern gehört das historische Gasthaus zum Sünfzen.

Ⓗ Altes Rathaus – In dem ehemaligen Amtshaus befand sich früher eine Markthalle, heute ist hinter der hübsch bemalten Fassade die ehemalige Reichsstädtische Bibliothek untergebracht. Zum Bestand gehört eine Bibelübersetzung von Martin Luther von 1534 (April–Okt. Di–So 14–17.30 Uhr).

Ⓘ Peterskirche – Die Attraktion in der ältesten Inselkirche sind die Hans Holbein d. Ä. zugeschriebenen Wandmalereien. Der benachbarte runde Diebsturm war einst das Stadtgefängnis.

Lindau ist einer der wichtigsten Häfen für Fahrgastschiffe.

Zugang zum See. Heute ist Lindau mit rund 25 000 Einwohnern die viertgrößte Stadt am deutschen Bodenseeufer, doch nur 2700 davon wohnen auf der Insel, der »Rest« lebt in neun Stadtteilen auf dem Festland. Zwei Verkehrswege, ein 550 Meter langer Bahndamm und eine 136 Meter lange Straßenbrücke verbinden das Festland mit der Insel.

Hafen und Seepromenade

Lindaus Hafen am Südufer der Insel ist außerordentlich schmuck. Seine Anlage verdankt er Maximilian II., der das ursprünglich viel kleinere Hafenbecken in der zweiten Hälfte des 19. Jahrhunderts zum maritimen Aushängeschild des Königreichs Bayern ausbauen ließ. Als Baumaterial für die beiden weit ins Wasser reichenden Molen diente die unnütz gewordene mittelalterliche Stadtmauer. Blickfang ist der aus einem acht Tonnen schweren Marmorblock gehauene Bayerische Löwe am Ende der Westmole. An seinem Sockel weisen römische Zahlen auf das Eröffnungsjahr des Hafens, 1856, hin. Mit der Einweihung wurde auch der Neue Lindauer Leuchtturm auf der gegenüberliegenden Mole in Betrieb genommen. Bis heute gebührt ihm die Ehre, der südlichste Leuchtturm Deutschlands zu sein, und daran dürfte sich wohl auch zukünftig nichts mehr ändern. Er gibt nicht nur ein fotogenes Motiv ab: Von der Aussichtsplattform in 33 Metern Höhe hat man zugleich den ultimativen Ausblick auf Hafen, See und Altstadt – 139 Stufen, die sich lohnen. Zuvor wies der 800 Jahre alte Mangturm den Schiffen den Weg. Heute steht der von einem hübschen Spitzhelm aus glasierten Ziegeln abgeschlossene Turm mitten auf der großzügigen Seepromenade. Mit ihren einladenden Terrassenlokalen ist die Flaniermeile ein Stück Mittelmeer am Bodensee.

Lindaus Wohnzimmer

Der Marktplatz war schon immer der Mittelpunkt der Freien Reichsstadt. Sein heutiges barockes Gesicht erhielt der vom Neptunbrunnen gezierte Platz allerdings erst nach dem Stadtbrand von 1728. Einträchtig stehen die beiden Hauptkirchen Lindaus genau nebeneinander: Die Katholiken versammeln sich im Münster Unserer Lieben Frau zum Gottesdienst, die Protestanten gehen in die reformierte Stephanskirche. Kunstgeschichtlich interessanter ist das Münster. Die ehemalige Stiftskirche des Frauenklosters steht an der Stelle eines romanischen Vorgängerbaus. Nach dem Brand wurde diese nach einem Entwurf des Deutschordensarchitekten Johann Caspar Bagnato wieder aufgebaut und kann mit Stuckarbeiten in feinstem Rokokostil aus der Werkstatt der Wessobrunner Schule aufwarten. Gegenüber den beiden Kirchen gilt das Haus zum Cavazzen als einer der schönsten barocken Profanbauten am See. Der Name des Hauses geht auf eine aus der Lombardei eingewanderte Familie zurück, was einmal mehr die engen Kontakte der Stadt mit dem südlichen Nachbarn dokumentiert. Mediterran mutet auch der kleine Innenhof mit dem Melusinenbrunnen an, um den das Museumscafé Il Cavazzo seine Tische aufgestellt hat. Seit 1930 breitet sich hin-

Oben: Auf der Promenade vor dem Mangturm warten einladende Terrassenlokale auf Besuch.
Unten: Die nach Süden gewandte Stufengiebelfassade des Alten Rathauses wird von detailreichen Fresken geschmückt.

WO DIE PUPPEN TANZEN

Geheimtipp

Marionettentheater,
das hört sich an, als ob
es mehr etwas für Kinder
wäre. Kindervorstellungen, etwa
Hänsel und Gretel, gibt es zwar
auch, doch mit seinen abendfül-
lenden Vorstellungen richtet sich
die Lindauer Marionettenoper
vornehmlich an Erwachsene. Auf
dem Programm stehen klassische
Operninszenierungen wie Mozarts
Zauberflöte oder Rossinis *Barbier
von Sevilla*. Der Kopf des im Jahr
2000 gegründeten Projektes ist
Bernhard Leismüller, der die
aufwendigen Kostüme für sein auf
etwa 400 Figuren angewachsenes
»Ensemble« selbst entwirft. Ein
Orchester gibt es allerdings nicht –
die Marionetten bewegen sich zur
Musik vom CD-Spieler. Spielstätte
ist der Chorraum einer umgebauten Franziskanerkirche.

Lindauer Marionettenoper.
Fischergasse 37, Im Stadttheater, Tel. +49 83 82/94 24 46,
www.marionettenoper.de

ter der bis unter das Mansardendach
aufwendig bemalten Fassade auf drei
Etagen das Lindauer Stadtmuseum aus.
Neben Exponaten zur reichen Stadtgeschichte werden Möbel aus verschiedenen
Stilepochen gezeigt, interessant ist auch ein etwa
fünf Meter breites Monumentalgemälde von
1579, das eine detailgetreue Ansicht der Freien
Reichsstadt zeigt. Das Haus ist außerdem im Besitz
einer Sammlung von Drehorgeln und Musikauto-
maten, die allerdings nur im Rahmen einer Führung zu besichtigen sind. Das Haus zum Cavazzen
machte sich mit wechselnden Sonderausstellungen hochkarätiger Kunst einen Namen. In den
Räumlichkeiten hingen bereits Werke von Picasso,
Chagall und Miró, 2014 zog eine Schau zum Werk
von Henri Matisse mehr als 50 000 Besucher an.

Durch die Maximilianstraße zum Rathaus

Vom Markt erreicht man über die Cramergasse
die autofreie Maximilianstraße. Mit barocken
Fassaden und Laubengängen ist sie die unbestrittene Flanier- und Einkaufsmeile. Zwischen den
stolzen Bürgerhäusern ragt das Haus zum Sünfzen
heraus, das schon vor 700 Jahren den wohlhabenden Patriziern der Stadt als Trinkstube diente.

In der Grub, der nördlichen Parallelstraße, befinden sich weitere ansehnliche historische Häuser, in denen sich Restaurants und Kneipen eingerichtet haben. Auf dem Bismarckplatz südlich der Maximilianstraße lagen bis ins ausgehende Mittelalter hinein noch Weinberge. Im Jahr 1422 riss man die letzten Rebstöcke aus dem Boden und begann mit der Errichtung des Alten Rathauses, in dessen gotischem Ratssaal noch im selben Jahrhundert ein Reichstag des Heiligen Römischen Reiches abgehalten wurde. Eine überdachte Freitreppe führt zu einem Erker hinauf, von dem früher Verordnungen bekannt gegeben wurden. Mit der zum Reichsplatz gewandten Südfassade hat das Rathaus übrigens eine zweite Schaufront. Dort sprudelt auch der Lindaviabrunnen (1884), er ist der Schutzpatronin der Insel gewidmet. Wo es ein Altes Rathaus gibt, hat es natürlich auch ein Neues Rathaus, es steht direkt neben dem alten. Ein akustisches Zeichen setzen dort täglich um viertel vor zwölf die hoch am Volutengiebel angebrachten 24 Bronzeglocken.

Peterskirche und Diebsturm

Am Schrannenplatz ist man schließlich im ältesten Quartier der Stadt angekommen, hier wohnten in früherer Zeit die Fischer. So ist nicht verwunderlich, dass die dortige Peterskirche ihrem Schutzpatron geweiht wurde. Die vor 1000 Jahren erbaute Kirche gehört zu den ältesten im Bodenseeraum, berühmt ist sie vor allem durch die sogenannte Lindauer Passion an der Nordwand des Langhauses, einem zwölfteiligen Freskenzyklus, der Hans Holbein dem Älteren (1465–1524) zugeschrieben wird; dessen Urheberschaft ist allerdings in Fachkreisen umstritten. Hinter der Peterskirche steht verträumt der Diebsturm, der die Stadt einst nach Westen absicherte.

Einfach gut!

FEINE WELLNESS-OASE

Das Hotel Helvetia (mit vielen Schweizer Stammgästen) besticht durch seine zentrale Lage unmittelbar am Hafen. Viel gelobt werden die gute Küche und vor allem die innovativ gestaltete Wellnessoase. Der Clou auf der Dachterrasse ist ein auf angenehme Badetemperatur erwärmter Außenpool, von dem man entspannt über die Dächer Lindaus auf den See schauen kann. Auch die Sauna in der sechsten Etage garantiert großartige Sonnenuntergänge. Ganz in Türkis präsentieren sich die Mosaikwände des balinesisch inspirierten Dampfbades, während der Innenpool im japanischen Stil gehalten ist. Zusätzliches Plus: Gäste können einen Jachtausflug buchen oder auf einem Boot nächtigen, in Zusammenarbeit mit der Bodensee-Jachtschule werden auch Segelkurse angeboten.

Hotel Helvetia. Seepromenade, 88131 Lindau, Tel. +49 83 82/ 91 30, www.hotel-helvetia.com

Das Alte Rathaus beherbergt die Reichsstädtische Bibliothek.

Infos und Adressen

SEHENSWÜRDIGKEITEN

Stadtmuseum Lindau. April–Aug. tgl. 10–18 Uhr, Sept.–Okt. Di–Fr, So 11–17 Uhr, Sa 14–17 Uhr, Marktplatz 6 (im Haus zum Cavazzen), 88131 Lindau, Tel. +49 83 82/94 40 73

ESSEN UND TRINKEN

Café Konditorei Vogler. Hier gibt es leckere süße Teilchen, Torten und handgeschöpfte Schokolade, mittags wird ein Business-Lunch mit wechselnder Wochenkarte angeboten. Mo, Di, Do–Sa 10.30–18 Uhr, Hintere Metzgergasse 14, 88131 Lindau, Tel. +49 83 82/94 44 20, www.cafe-vogler.de

Den Lindauer Pilzkiosk gibt es schon seit 1952.

Die Fischerin. Das kleine Familienlokal wird mittlerweile in der dritten Generation geführt; man kann hier gemütlich ein Glas Wein trinken, dazu Käsesalat, Antipasti oder andere Kleinigkeiten probieren. Mi–So ab 17 Uhr, Ludwigstr. 50, 88131 Lindau, Tel. +49 83 82/54 28, www.fischerin.com

Gasthaus zum Sünfzen. Das Traditionslokal wurde vom Bayerischen Hotel- und Gaststättenverband mehrfach für seine typisch bayerische Küche ausgezeichnet. Tgl. 11–23 Uhr, Maximilianstr. 1, 88131 Lindau, Tel. +49 83 82/58 65, www.suenfzen.de

Wissingers im Schlechterbräu. Das Traditionsgasthaus steht für deftige schwäbisch-bayerische Küche (Ochsenbäckle, Bierkutscherbraten); nach hinten hinaus gibt es einen von Kastanien beschatteten Biergarten. Mi–Mo 11.30–14, 17.30–24 Uhr, In der Grub 28, 88131 Lindau, Tel. +49 83 82/5 04 27 42, www.wissingers.de

Weinhaus Frey. Mit Holztäfelung, Wandmalereien, Bleiglasfenstern und dem Tisch im kleinen Erker gehört die Weinstube sicherlich zu den gemütlichsten Gaststuben der Stadt. Das Lokal liegt im ersten Stock eines 400 Jahre alten Bürgerhauses, im Sommer wird auf der Terrasse direkt auf Lindaus Flaniermeile serviert. Geboten werden schwäbisch-bayerische Spezialitäten, dazu trinkt man einen Müller-Thurgau vom See. Di–So 11.30–14, 17.30–23 Uhr, Maximilianstr. 15, 88131 Lindau, Tel. +49 83 82/9 47 96 76

ÜBERNACHTEN

Alte Post. Familiär geführtes Haus mit lediglich zehn Zimmern. Im zugehörigen Lokal gibt es auch etliche österreichische Spezialitäten. Räder können in einer Fahrradgarage abgestellt werden. Fischergasse 3, 88131 Lindau, Tel. +49 83 82/9 34 60, www.alte-post-lindau.de

Landhotel Martinsmühle. Die umgebaute einstige Mühle liegt 7 km außerhalb von Lindau völlig ab vom Schuss mitten auf dem Land. Familie Kirnbauer garantiert persönliche Betreuung, die Vesperstube (nur für Gäste) hält preiswerte Hausmannskost bereit. Schnaps und Strom kommen aus eigener Herstellung. 88131 Bechtersweiler 25, 88131 Lindau, Tel. +49 83 82/58 49, www.landhotel-martinsmuehle.de

Ratsstuben. Gut geführtes Haus mit 19 Zimmern in einer Fußgängerstraße, nur wenige Schritte von der Seepromenade entfernt. Mankos: kein Aufzug und kein Parkplatz in der

Nähe, dennoch ausgesprochen beliebt und mit gutem Frühstück. Ludwigstr. 7, 88131 Lindau, Tel. +49 83 82/66 26, www.ratsstuben.li

AUSGEHEN

Bayerische Spielbank. In dem zylinderförmigen Rundbau kann man mit Blick auf den See überflüssiges Geld loswerden. Chelles-Allee 1, 88131 Lindau, Tel. +49 83 82/2 77 40, www.spielbank-bayern.de

Vaudeville. Szene-Club auf dem Festland mit Off-Kino und Livebands von Pop bis Punk. Von Behring-Str. 6–8, 88131 Lindau, Tel. +49 83 82/97 71 16, www.vaudeville.de

EINKAUFEN

Einrichtungslounge. In den stilvollen Schauräumen des Einrichtungshauses werden nicht nur Möbel ausgestellt. Man ist auf Komplettlösungen spezialisiert, die von Teppichen und Tapeten bis hin zu Beleuchtung und passender Kunst reichen – am liebsten würde man hier gleich einziehen. Den Rahmen bildet die noble Jugendstilvilla Rosenhof. Mo–Fr 9–12.30, 14–18 Uhr, Sa nach Vereinbarung, Friedrichshafener Str. 57, 88131 Lindau, Tel. +49 83 82/2 74 80 31, www.dieeinrichtungslounge.com

Die Spielbank außerhalb der Altstadt sorgt für einen architektonischen Kontrast.

Hüte & mehr. Darf es mal ein Borsalino oder ein Stetson sein? Die Hutauswahl ist riesig, daneben gibt es Dirndl und Lederhosen, auch in Kindergrößen. Mitte März–Mitte Okt. Mo–Fr 9.30–18 Uhr, Sa 9.30–16 Uhr, Mitte Okt.–Mitte März Mo, Di, Do, Fr 9.30–12.30, 14–18 Uhr, Sa 9.30–16 Uhr, Maximilianstr. 21 a, 88131 Lindau, Tel. +49 83 82/2 43 23, www.hutecke.de

STRANDBÄDER

Parkstrand Lindenhof. Öffentliche Liegewiese mit freiem Seezugang

Strandbad Eichwald. Mit rund 25 000 m² Liegewiese und 600 m langem Naturstrand eines der größten Seebäder. Extras sind ein 50-Meter-Sportbecken und eine große Wasserrutschbahn. Mitte Mai–Mitte Sept., Eichwaldstr. 16–20, 88131 Lindau

INFORMATION

Tourist-Information. April–Mitte Okt. Mo–Sa 10–18 Uhr, So 10–13 Uhr, sonst Mo–Fr 10–12, 14–17 Uhr, Alfred-Nobel-Platz 1 (gegenüber dem Hauptbahnhof), 88131 Lindau, Tel. +49 83 82/26 00 30, www.lindau-tourismus.de

ANFAHRT

Mit der Bahn. Die bequemste Art der Anreise, der Hauptbahnhof liegt am Südufer der Insel.

Mit dem Schiff. Im Sommerhalbjahr wird der Lindauer Hafen von vielen Kursschiffen angesteuert, u. a. ab Friedrichshafen und Bregenz.

Mit dem Auto. Der größte Teil der Insel ist Fußgängerzone. Parkplätze sind extrem knapp, am besten parkt man auf dem Festland am Parkplatz Blauwiese (P 1) an der Reutinerstraße oder am Parkplatz Karl-Bever-Platz (P 3) kurz vor der Seebrücke und spaziert über diese in die Altstadt auf der Insel. Außerhalb der Hochsaison bietet sich der Parkplatz Inselhalle am Nordufer der Insel an.

34 Aeschach und Schachen
Weit mehr als nur Vororte der Insel

Während die Insel Lindau in der Hochsaison voll in der Hand von Feriengästen und Tagesausflüglern ist und man an der Seepromenade kaum einen freien Stuhl bekommt, werden die Stadtteile auf dem Festland relativ wenig besucht. Das war nicht immer so, im vorletzten Jahrhundert war Schachen eine mondäne Sommerfrische. Auf einem Spaziergang entlang des Seeufers lassen sich etliche stilvolle Villen aus jener Zeit entdecken.

Bayerische Riviera

Der Lindauer Ortsteil Schachen war schon im 15. Jahrhundert wegen seiner eisen- und schwefelhaltigen Quellen bekannt. Zum Kurort wurde Schachen jedoch erst nach dem Anschluss der Stadt an das Königreich Bayern. Als Erster entdeckte Prinzregent Luitpold die angenehmen Seiten des Bodensees, der Bruder von König Maximilian II. machte 1848 die Villa Amsee zum Sommersitz. In seinem Gefolge weilte bald das halbe bayerische Königshaus in Schachen. Im Sog des Hochadels ließen auch wohlhabende Kaufleute und Fabrikanten Villen und repräsentative Alterssitze am Seeufer errichten. Tourismus im heutigen Sinne kam mit dem Ausbau des Hotels Bad Schachen. Der ursprünglich kleine Hotelbetrieb wurde 1910 von dem Jugendstilarchitekten Hermann Billing ausgebaut und in den 1920er-Jahren durch Max Littmann, bekannt unter anderem durch den Bau des Münchner Hofbräuhauses, erweitert.

Mitte: Im Lindenhofpark im Bad Schachen gibt es alte Villen zu entdecken ...
Unten: ... am Seeufer kann man sich dort unter schattigen Linden eine Auszeit nehmen.

Für die damalige Zeit war das Hotel ein Haus ganz neuen Stils: Es befand sich außerhalb der Stadt in einer Parklandschaft, hatte einen eigenen Bootsanleger und mit dem Parkstrandbad eines der schönsten Bäder am See.

Gärten und Seevillen

Auch wenn fast alle der rund 30 Seevillen für Besucher verschlossen sind, lohnt auf dem Gartenkulturpfad dennoch ein Spaziergang. Dieser beginnt am Europaplatz vor der Seebrücke, dort gibt es Parkplätze und eine Bushaltestelle. Erste Station am Aeschacher Uferweg ist der von Franz Sündermann 1886 angelegte botanische Alpengarten, in dem wochentags zu den Öffnungszeiten der dortigen Spezialgärtnerei mit der Silberwurz *Dryas suendermannii* auch eine eigene Züchtung des Botanikers bewundert werden kann. Nach den Bahngleisen macht das auf 90 Holzpfählen ins Wasser gebaute Aeschacher Bad (1911) auf sich aufmerksam. Ab hier folgt eine Villa auf die andere, jede individuell, mal im neoklassizistischen Stil, mal von der italienischen Renaissance beeinflusst. Schließlich werden das Hotel Bad Schachen, das Parkstrandbad und westlich davon der Lindenhofpark erreicht.

Einfach gut!

GRANDHOTEL DER ALTEN SCHULE

Wie sagt man so schön? Die Lage macht es! Das trifft bei dem exklusiv am Seeufer thronenden Vier-Sterne-Superior-Hotel Bad Schachen den Nagel auf den Kopf. Reizend ist die Sicht auf die vorgelagerte Insel und die Vorarlberger Alpen, als architektonisches Kleinod glänzt das 1924 im Hotelpark von Max Littmann entworfene Strandbad. Als wäre die Zeit im Haus stehen geblieben, trifft man sich sonntags zwischen 14 und 17.30 Uhr nach englischem Vorbild zum *High Tea*, bei Pianomusik werden dabei lauwarmes Teegebäck und Roastbeef-Häppchen gereicht (externe Gäste sind nach Anmeldung willkommen). Einziges Zugeständnis an die Moderne ist der ganzjährig geöffnete Spa-Bereich, der ebenfalls auswärtigen Gästen offen steht, das Hotel selbst hat von April–Okt. geöffnet.

Hotel Bad Schachen. Bad Schachen 1, 88131 Lindau, Tel. +49 83 82/29 80, www.badschachen.de

195

Lindenhofpark

1840 kaufte der Tuchhändler und Privatbankier Friedrich Gruber (1805–1850) am Schachener Seeufer 40 kleinere Bauern- und Winzerhäuser samt zugehöriger Weingärten auf und ließ darauf von dem bekannten Gartenarchitekten Max Weyhe den unmittelbar ans Ufer angrenzenden Lindenhofpark anlegen. Etwas oberhalb des Ufers baute Gruber mit der Villa Lindenhof einen exklusiven Sommersitz. Doch es war ihm nicht vergönnt, das Haus für längere Zeit zu nutzen, er starb bereits relativ jung an den Folgen eines Blutsturzes. Park und Villa gingen 1956 in das Eigentum der Stadt Lindau über, seither ist der Lindenhofpark ein beliebtes Naherholungsgebiet. In der im Stil eines englischen Landschaftsgartens konzipierten Grünanlage kann man durch eine prächtige Lindenallee flanieren, zum alten Baumbestand gehören auch Mammut- und Ginkgobäume.

Friedensräume

Von den Villen am See ist die Villa Lindenhof die einzige, die auch von innen besichtigt werden kann. Das sorgfältig restaurierte Anwesen ist ein Ort des Friedens. Zunächst als Friedensmuseum eröffnet, ist das Projekt heute mehr als nur ein Museum und hat der Ausstellung den Namen *Friedensräume* gegeben. Trägerverein ist die katholische Friedensbewegung Pax Christi, die auf verschiedene Weise versucht, sich mit dem Thema Frieden auseinanderzusetzen. Es ist ein Ort der Besinnung, für den man etwas Zeit mitbringen sollte. Vorgestellt werden Porträts von Menschen, die aktiv für den Frieden eingetreten sind, darunter ganz unterschiedliche Personen wie etwa Sophie Scholl, Astrid Lindgren und Nelson Mandela. Krieg spielt nur am Rande eine Rolle, man will kein Antikriegsmuseum sein, sondern das Thema auf positive Weise erfahrbar machen.

Oben: Im vorletzten Jahrhundert ließen sich im Lindenhofpark Adlige und betuchte Kaufleute nieder. **Unten:** Ein Raum für den Frieden im Friedensmuseum

Infos und Adressen

SEHENSWÜRDIGKEITEN

Friedensräume. Mitte April–Mitte Okt. Di–Sa 10–17 Uhr, So 14–17 Uhr, in der Villa Lindenhof, Lindenhofweg 25, 88131 Lindau, Tel. +49 83 82/2 45 94, www.friedens-raeume.de

ESSEN UND TRINKEN

Adler. Der Landgasthof im 6 km nördlich von Lindau gelegenen Ortsteil Oberreitnau befindet sich in einem 400 Jahre alten Fachwerkhaus, geboten wird schwäbische Küche zu erschwinglichen Preisen, im Sommer auch im begrünten Biergarten. Fr–Mi 12–14.30, 16.30–22 Uhr, Bodenseestr. 16, 88131 Lindau-Oberreitnau, Tel. +49 83 82/52 68, www.adler-lindau.de

Schachener Hof. Das Familienhotel ist für seine gute Küche weithin bekannt, in der gekonnt auch über den schwäbischen Tellerrand hinausgeschaut wird. Schon der kleine Gruß aus der Küche macht Lust auf mehr. Im Sommer sitzt man im Garten unter Kastanienbäumen. Do–Mo Café ab 15 Uhr, warme Küche ab 18 Uhr, Schachener Str. 76, 88131 Lindau, Tel. +49 83 82/31 16, www.schachenerhof-lindau.de

Villino. Das noble Haus gehört zur renommierten Hotelvereinigung Relais & Châteaux, das Abendlokal zu den besten Adressen am deutschen Seeufer. In elegantem Rahmen wird italienisch-asiatische Gourmetküche (ein Michelin-Stern) bis hin zum 7-Gänge-Menü aufgetischt. Reservierung erforderlich. Tgl. ab 18 Uhr, Mittebuch 6, 88131 Lindau-Bodholz, Tel. +49 83 82/9 34 50, www.villino.de

ÜBERNACHTEN

Montfort-Schlössle. Der Ausblick von der 4 km von Lindau entfernten Streitelsfinger Anhöhe ist eine Wucht, doch auch sonst kann man es in dem ruhigen Landhotel mit seinem Biergarten gut aushalten. Streitelsfinger Str. 38, 88131 Lindau-Streitelsfingen, Tel. +49 83 82/7 28 11, www.montfort-schloessle.de

Das Nobelhotel Bad Schachen besticht durch seine einzigartige Lage.

35 Wangen
Entdeckungen im württembergischen Allgäu

Vom Bodensee aus wird nach einer halben Fahrstunde das noch zum Württembergischen gehörende Westallgäu erreicht. Hauptort der von eiszeitlichen Gletschern modellierten hügeligen Drumlinlandschaft ist die Große Kreisstadt Wangen. Mit ihrer historischen Altstadt kann sie eines der reizvollsten Städtebilder der Region vorweisen. Ein herausragendes Naturerlebnis garantiert die Wanderung zum Eistobel.

Historische Altstadt

Die Kreisstadt (27 000 Einw.) verdankt ihr Entstehen der verkehrsgünstigen Lage an der Kreuzung zweier wichtiger Fernhandelswege. Im ausgehenden Mittelalter bescherten der Handel mit Leinen und die Herstellung von Sensen den Einwohnern einen gewissen Wohlstand, was sich bei einem Bummel durch die komplett unter Denkmalschutz gestellte Altstadt leicht nachvollziehen lässt. Und dies obschon die Stadt nach mehreren schweren Bränden wiederholt aufgebaut werden musste. Ein guter Ausgangspunkt für einen Spaziergang durch den anerkannten Luftkurort ist der Marktplatz, an dem das Rathaus mit seinem barocken Volutengiebel (1721) ein erstes architektonisches Ausrufezeichen setzt. Sichtbar von der italienischen Renaissance beeinflusst, zeigt sich das Hinderofenhaus am nördlichen Rand des Platzes, hinter dem Wangens Prachtmeile, die Herrenstraße, beginnt. Von stolzen Bürgerhäusern und historischen Gasthäusern gesäumt führt diese zum ausgesprochen hübschen Frauentor. Mit seiner bemalten, viergeschossigen Fassade ist der von einer Kupferhaube

Ein plätschernder Brunnen und üppiger Blumenschmuck geben der autofreien Herrenstraße vor dem schmucken Frauentor das gewisse Etwas.

abgeschlossene Torturm Wangens Wahrzeichen. Etliche kleine Geschäfte machen die Herrenstraße zugleich zur Einkaufsstraße. Heimatkundliches wird in der 500 Jahre alten Eselsmühle beim Peterstorplatz ausgestellt. Das dortige Städtische Museum vereint unter einem Dach gleich mehrere Museen, neben einem Käsereimuseum auch eine Sammlung mechanischer Musikinstrumente und eine historische Badestube aus dem 16. Jahrhundert. Der ruhige Saumarkt am anderen Ende der Altstadt wird von einer in Bronze gegossenen Schweinefamilie bevölkert. Auch samstags, wenn ein kleiner Wochenmarkt mit Bio-Produkten aus der Region stattfindet, geht es hier recht beschaulich zu.

Ziele in der Umgebung

Wie vielerorts am Bodensee scheinen bei entsprechender Wetterlage auch von Wangen aus die Alpen zum Greifen nahe. Einer der schönsten Aussichtspunkte der Region ist der Christkönigsberg. Von dem eingemeindeten Wangener Ortsteil Karsee führt ein anderthalb Kilometer langer Wanderweg auf den 687 Meter hohen Berg hinauf, die dort aufgestellte Christussäule ist zugleich ein Wallfahrtsort. Ein landschaftliches Highlight der Extraklasse verspricht ein Ausflug zum Eistobel im Argental südlich von Isny. Man erreicht die vom Schmelzwasser der Alpen ausgewaschene Schlucht auf der Landstraße zwischen Maierhofen und Grünenbad. Vom Infopavillon an der Argentobelbrücke schlängelt sich ein gesicherter Steg flussaufwärts tief in die wildromantische Klamm hinein, man kommt an steil aufragenden Felswänden, rauschenden Kaskaden, tiefen Strudellöchern und im Winter wie verzaubert aussehenden erstarrten Wasserfällen vorbei. In der kalten Jahreszeit wird der Weg allerdings nicht gewartet – Vorsicht, bei Schnee und Eis ist die Wanderung nicht ungefährlich!

SEHENSWÜRDIGKEITEN

Städtische Museen. April–Okt. Di–So 14–17 Uhr, Eselsberg 1, 88239 Wangen

ESSEN UND TRINKEN

Da Franco. Klassische italienische Küche mit Pizza und Pasta. Di–Sa 11–14.30, 18–23 Uhr, Am Saumarkt 1, 88239 Wangen, Tel. +49 75 22/91 34 33, www.da-franco-wangen.de

Fidelisbäck. Die Traditionsbäckerei mit Bistrobetrieb ist tagsüber meist brechend voll; berühmt ist der warme Leberkäse, der zusammen mit einem Laugenhörnchen verzehrt wird. Mo–Fr 8–22 Uhr, Sa 8–14 Uhr, Paradiesstr. 3, 88239 Wangen, Tel. +49 75 22/79 59 31, www.fidelisbaeck.de

ÜBERNACHTEN

Berghotel Jägerhof. Sehr angenehmes Vier-Sterne-Superior-Hotel in aussichtsreicher und ruhiger Alleinlage mit Hallenbad, Sauna, Wellness und direkt vor der Haustür beginnenden Wanderwegen und Langlaufloipen. Jägerhof 1, 88316 Isny, Tel. +49 75 62/7 70, www.berghotel-jaegerhof.de

INFORMATION

Gästeamt. Mo–Fr 9–17 Uhr, Juni–Sept. auch Sa 9–12 Uhr, Bindstr. 10, 88239 Wangen, Tel. +49 75 22/7 42 11, www.wangen.de

ÖSTERREICH UND LIECHTENSTEIN

36 Bregenz
Kulturhauptstadt am österreichischen Seeufer

See und Berge liegen in Bregenz nah beieinander – vom Stadtgebiet kommt man mit der Pfänderbahn binnen sechs Minuten auf 1000 Meter hinauf und kann von dort die vielleicht schönste Aussicht auf den Bodensee genießen. Der Hafen fungiert als wichtige Drehscheibe der Bodenseeschifffahrt, die internationalen Bregenzer Festspiele und das renommierte Kunsthaus machen die Landeshauptstadt Vorarlbergs zur Kulturmetropole am See.

Der erste Eindruck der 28 000 Einwohner zählenden Landeshauptstadt im Vierländereck mag vielleicht etwas enttäuschen. Gegen die Lage in der weit geschwungenen Bucht am Fuß des Pfänders ist nichts zu sagen. Doch die Innenstadt grenzt nicht unmittelbar ans Seeufer, sondern ist durch Bahngleise und die nicht gerade verkehrsarme Seestraße vom Wasser getrennt. Auch der eine oder andere Zweckbau passt nicht so recht zu den Vorstellungen von einer romantischen Bodenseestadt. So manche Bausünde aus der Vergangenheit versucht man neuerdings rückgängig zu machen, etwa mit den jüngst abgeschlossenen Verschönerungsmaßnahmen am Hafen. Von der aussichtsreichen Mole kann man auf der Seepromenade wunderbar am Fischersteg vorbei zum Gondelhafen spazieren oder einfach auf den sowohl von den Einheimischen als auch den Gästen begeistert angenommenen Sunset-Stufen mit einem Bier in der Hand den Sonnenuntergang genießen. Mehr als versöhnlich stimmt dann ein Gang durch die mittelalterlich geprägte Oberstadt, in der das Leben geradezu beschaulich vor sich hinplätschert.

Vorangehende Doppelseite:
Der Marktplatz von Dornbirn
Mitte: Der Ehreguta-Platz in der Oberstadt gehört zu den stillen Ecken von Bregenz.
Unten: Die Sunset-Stufen an der Hafenmole sind meist schon lange vor Sonnenuntergang belegt.

Von der Bregenzer Seepromenade in die Oberstadt

Ⓐ Hafen – Hier machen die Kursschiffe der Weißen Flotte fest.

Ⓑ Mole – Von den Sunset-Stufen hat man einen wunderbaren Ausblick auf die Bucht.

Ⓒ Festspielhaus – Das A & O des Bregenzer Kulturbetriebs. Den Platz der Wiener Philharmoniker ziert der sieben Meter hohe polierte Bronzeabguss *Ready Maid* von Gottfried Bechtold.

Ⓓ Seebühne – Auf der aufgeschütteten Insel wird jeden Sommer eine Oper aufgeführt.

Ⓔ Vorarlberg Museum – Zu den wertvollsten Exponaten gehört eine keltische Reliefplatte mit der Pferdegöttin Epona.

Ⓕ Kunsthaus – Der gläserne Kubus setzt am Kornmarkt ein postmodernes Ausrufezeichen,

abends rückt ein raffiniertes Beleuchtungskonzept den Bau ins rechte Licht.

Ⓖ Seekapelle – Die ans Rathaus angelehnte Kapelle (1445) birgt einen sehenswerten Renaissancealtar (1615).

Ⓗ Untertor – Der Torbau (13. Jh.) markiert mit seinem Fallgitter den Eingang in die Oberstadt.

Ⓘ Martinsturm – Barockes Wahrzeichen ist die überdimensionierte Zwiebelkuppel.

Ⓙ Ehreguta-Platz – In der Oberstadt war das Deuring-Schlössle Teil der Stadtbefestigung.

Ⓚ Pfarrkirche St. Gallus – Die Kirche zeigt sich ganz im Stil des Vorarlberger Barock.

Ⓛ Kirchstraße – An Nummer 29 steht mit nur 57 cm Breite das schmalste Haus Europas.

Geheimtipp

Platz der Wiener Symphoniker

Der Platz am Gondelhafen wird vom 1980 erbauten und schon keine 20 Jahre später generalüberholten und um Werkstatt-bühne und Seestudio erweiterten Festspielhaus dominiert. An dem Sichtbetonbau sticht vor allem der neue, 110 Meter lange Bürotrakt in Form eines quadratischen Tunnels ins Auge. Dem Veranstaltungskomplex ist die Seebühne vorgelagert, auf der jeden Sommer die Bregenzer Festspiele ein internationales Publikum anziehen. Sie ist zugleich auch Bühne für Open-Air-Konzerte.

Ultramoderner Kunsttempel

Gegenüber vom Hafen ist das von dem Schweizer Peter Zumthor entworfene Kunsthaus (KUB) eine architektonische Attraktion. Der auf das Wesentliche reduzierte Kubus mit einer Außenhülle aus geätztem Glas hat sich in der internationalen Kunstszene sofort nach der Eröffnung 1997 einen Namen gemacht. Das Haus widmet sich ganz aktuellen Trends, in den multifunktionalen Aktionsräumen wird Kunst oft nur für das Kunsthaus gemacht. So flutete etwa der Däne Olafur Eliasson das erste Obergeschoss mit Wasser und ließ darauf Entengrütze schwimmen, Besucher konnten sich auf einer Hängebrücke durch den in eine Nebelwolke gehüllten Raum tasten. Und die Wiener Künstlergruppe Gelatin veranstaltete in ihrer Ausstellung *Chinese Synthese Leberkäse* eine Schlammschlacht, die man so woanders nicht zu sehen bekam. Im KUB Sammlungsschaufenster werden Werke aus dem eigenen Bestand gezeigt, dazu gehören neben rund 300 Architekturmodellen von Peter Zumthor auch Arbeiten des chinesischen Konzeptkünstlers Ai Weiwei. Das Sammlungsschaufenster befindet sich neben dem Kunsthaus im ehemaligen Kaiserlich-Königlichen Postgebäude.

Der Lichttunnel des Künstlers Gerry Ammann

Vorarlberg Museum und Seekirche

In unmittelbarer Nachbarschaft des Kunsthauses liegen das Landestheater und das neue Vorarlberg Museum. Der alte Bau wurde jüngst bis auf wenige unter Obhut der Denkmalpflege geschützte Gebäudeteile abgerissen und mit einem erheblich erweiterten Platzangebot 2013 wiedereröffnet. Der Fundus des Museums ist seit der Gründung 1857 auf rund 160 000 Objekte angewachsen. Die didaktisch auf dem neuesten Stand präsentierte Sammlung spannt den Bogen von der Frühgeschichte bis zur Moderne. Schwerpunkte sind etwa die archäologischen Funde aus dem römischen *Brigantium*, in der umfangreichen Gemäldesammlung sind die Werke von Angelika Kauffmann beachtenswert.

Das Rathaus (1898) in der Unterstadt ist abgesehen von seinem geschweiften Giebel und Zwiebeltürmchen nicht besonders interessant, wohl aber die angebaute Seekapelle. Sie hat ihren Namen nicht von ungefähr, stand sie doch vor 500 Jahren

Nicht verpassen

AUF DEN BREGEN-ZER HAUSBERG
Es gibt viele berühmte Aussichtswarten über dem See, doch mit dem Pfänder kann es keine aufnehmen. Besonders praktisch: Vom Bregenzer Schiffsanleger sind es nur fünf Gehminuten zur Talstation der Kabinenseilbahn. Diese überbrückt in sechs Minuten einen Höhenunterschied von 600 Metern und bietet bereits während der Auffahrt einen Vorgeschmack auf das Panorama. Oben auf 1064 Metern angekommen, liegt nicht nur der Bodensee wie eine aufgeschlagene Landkarte zu Füßen, auch sage und schreibe 240 Alpengipfel sind zu sehen. Daneben gibt es auch einen Alpenwildpark mit Steinböcken, Mufflons und Murmeltieren; ein Berggasthof darf natürlich auch nicht fehlen.

Pfänderbahn. Betriebszeiten tgl. 8–19 Uhr, www.pfaenderbahn.at

noch unmittelbar am Seeufer – seither ist der Seespiegel um mehrere Meter abgesunken. Das vermutlich von Christian Thumb entworfene kleine Gotteshaus wurde 1445 in Erinnerung an den Sieg über die Appenzeller in der Schlacht bei Bregenz errichtet.

Behäbige Oberstadt

Von dem quirligen Viertel rund um Kornmarkt und Leutbühel mit Boutiquen, Bistros und Galerien schafft die Maurachgasse die Verbindung zur Oberstadt. Schon vor 2500 Jahren hinterließ dort der keltische Stamm der Brigantier Siedlungsspuren, die Römer bauten darauf 15 v. Chr. unter Kaiser Augustus die römische Stadt *Brigantium*. Viel Substanz blieb von dem römischen Verwaltungsbezirk mit Tempeln, Forum und Markthallen nicht erhalten, lediglich am evangelischen Friedhof sind ein paar Fragmente der ehemaligen Therme zu sehen. Dennoch ist Bregenz damit die älteste Stadtgründung am Bodensee. Auf die Römer folgten die Alemannen, nach diesen richteten sich im 13. Jahrhundert die Grafen von Montfort in der Oberstadt ein und ließen auf den römischen Befestigungsanlagen eine mittelalterliche Stadtmauer mit Tortürmen errichten, die bis heute überdauert. Von der Seeseite kommend ist seit fast 800 Jahren das Untertor der Zugang zur Altstadt. Sogleich fällt die Ruhe in dem vom Durchgangsverkehr unberührten Viertel auf. Historisches Wahrzeichen von Bregenz und zugleich ein beliebtes Fotomotiv ist der Martinsturm, seine Fenstergalerie erlaubt zugleich feine Ausblicke über die Altstadt zum See hinab und auf den Pfänder. Der wuchtige Viereckturm wurde im 14. Jahrhundert über dem gräflichen Weinkeller der Montforts erbaut. Nach dem Stadtbrand von 1581 entschloss man sich, den Turm in der Höhe aufzustocken, um ihn so als Brandausguck nutzen zu können.

Oben: Vom Leutbühel erreicht man über die Maurachgasse auf einem kurzen Spaziergang das Untertor in der Oberstadt.
Unten: Der Martinsturm ist mit seiner weithin sichtbaren Zwiebelkuppel eines der Wahrzeichen von Bregenz.

Bregenz

Anstelle des ursprünglichen Pyramiden-dachs bekam er eine mit Holzschindeln gedeckte Zwiebelkuppe aufgesetzt. Sie soll eine der größten in ganz Europa sein, zugleich gilt der Turm als erstes Barockbauwerk am Bodensee. In der angelehnten Martinskapelle können im Chor spätmittelalterliche Fresken aus dem 14. Jahrhundert bewundert werden, hervor-ragend erhalten ist etwa die Abendmahlsszene mit Maria Magdalena.

Oberhalb des Martinsturms führt vom Ehreguta-Platz aus eine lauschige Gasse zum Denkmalamt am Amtsplatz, das unter den Nationalsozialisten als Gefangenenhaus herhalten musste. In der südli-chen Oberstadt thront auf einer Anhöhe die 1738 von dem Vorarlberger Franz Anton Beer neu ge-staltete barocke Pfarrkirche St. Gallus. Bemerkens-wert ist das Altarbild: Es zeigt die Anbetung der Hirten, wobei eine der dargestellten Hirtinnen der österreichischen Kaiserin Maria Theresia täuschend ähnlich sieht – diese hatte eine beträchtliche Summe für die Kirchenausstattung gestiftet. Doch vielleicht sind ja das prächtige Chorgestühl und die barocken Putten an der Kanzel interessanter.

Kloster Mehrerau

Am westlichen Stadtrand liegt unweit des Sport-hafens das Kloster Mehrerau. In der Zisterzien-sergründung aus dem 11. Jahrhundert leben bis heute Mönche, sie betreiben ein Privatgymnasium, ein Sanatorium und ziehen im Klostergarten ihr eigenes Gemüse. Der Mehrerau untersteht zudem als Priorat die Wallfahrtskirche Birnau bei Über-lingen (s. S. 114). »Mönche auf Zeit«, die aktiv am Klosterleben teilnehmen wollen, sind willkom-men. Besucher können im Klosterkeller einkehren oder nach vorheriger Anmeldung (Tel. +43 55 74/ 7 14 61) an einer Klosterführung teilnehmen.

Einfach gut!

SEEHOTEL AM KAISERSTRAND

Das einhundert Jahre alte Haus erstrahlt nach jüngst umfangreicher Erweiterung wieder in neuem Glanz, kräftig investiert wurde u. a. in den Wellnessbereich. Der Clou ist das einer historischen Badeanstalt nachempfundene, auf Pfählen ins Wasser gebaute neue Badehaus. Auf dessen Flachdach kann man sich sonnen, drinnen wird am Sonntag ein Brunchbuffet angeboten. Modern ausgestattete Zimmer versprechen guten Vier-Sterne-Standard, nicht alle haben allerdings Seeblick, doch der Aufpreis dafür lohnt sich. Von der hauseigenen Schiffsanlegestelle kommt man schnell nach Bregenz, das wissen vor allem Festspielbe-sucher zu schätzen.

Seehotel am Kaiserstrand. Am Kaiserstrand 1, 6911 Lochau, Tel. +43 55 74/5 81 11, www.seehotel-kaiserstrand.com

Die Pfarrkirche St. Gallus ist ein getreues Abbild des Barock.

207

Österreich und Liechtenstein

Infos und Adressen

SEHENSWÜRDIGKEITEN

Künstlerhaus Palais Thurn & Taxis. Die Jugendstilvilla präsentiert in Wechselausstellungen zeitgenössische Kunst von vornehmlich Vorarlberger Künstlern. Di–Sa 14–18 Uhr, So 11–17 Uhr, Gallusstr. 10a, 6900 Bregenz, Tel. +43 55 74/4 27 51, www.kuenstlerhaus-bregenz.at

Kunsthaus Bregenz. Di–So 10–18 Uhr, Do 10–21 Uhr, Karl-Tizian-Platz, 6900 Bregenz, Tel. +43 55 74/48 59 40, www.kunsthaus-bregenz.at

Das Kunsthaus – minimalistische Architektur von Peter Zumthor

Martinsturm. Mai–Okt. Di–So 10–18 Uhr, Martinsgasse 3b, 6900 Bregenz, Tel. +43 55 74/4 66 32, www.martinsturm.at

Vorarlberg Museum. Di–So 10–18 Uhr, Do 10–20 Uhr (Juli–Aug. auch Mo), Kornmarktplatz 1, 6900 Bregenz, Tel. +43 55 74/4 60 50, www.vorarlbergmuseum.at

ESSEN UND TRINKEN

Kornmesser. Das Traditionslokal gehört zum Münchner Augustinerbräu, von dem natürlich auch das Bier kommt. Geboten wird gutbürgerliche österreichische Küche, wochentags gibt es über Mittag ein preiswertes Tagesmenü, bei schönem Wetter draußen im Biergarten. Di–So 9.30–24 Uhr (in der Festspielzeit auch Mo), Kornmarktstr. 5, 6900 Bregenz, Tel. +43 55 74/5 48 54, www.kornmesser.at

Mangold. Der Gasthof im Norden der Bregenzer Bucht bietet gehobene Küche zu bezahlbaren Preisen. Man sitzt in stilvoll eingerichteten Gaststuben, im Sommer wird auch im Innenhof serviert. Zu den Spezialitäten gehören Kalbfleischgerichte, auch die Weinkarte und die Käseauswahl können sich sehen lassen. Mi–So 11.30–14, 18–22 Uhr, Pfänderstr. 3, 6911 Lochau, Tel. +43 55 74/4 24 31, www.restaurant-mangold.at

Stadtgasthaus. Das Hotelrestaurant im Weissen Kreuz gehört zu den ersten Adressen und überzeugt nicht zuletzt durch den aufmerksamen Service. Mo–Fr 12–14, 18–22 Uhr (in der Festspielzeit auch am Wochenende), Best Western Hotel Weisses Kreuz, Römerstr. 5, 6900 Bregenz, Tel. +43 55 74/4 98 80, www.hotelweisseskreuz.at

Theatercafé. Die Top-Location für Kaffeeliebhaber, in der es natürlich auch einen Kleinen Schwarzen gibt. Auch zum Frühstücken gut, bevorzugt am Sonntagmorgen, wenn drum herum das meiste noch geschlossen hat. Di–So 8–19 Uhr, Kornmarkt 4, 6900 Bregenz, Tel. +43 55 74/4 71 15, www.theatercafe.at

Wirtshaus am See. Das Lokal am Gondelhafen profitiert von seiner tollen Lage und dem großen Außenbereich. Immer eine gute Wahl sind die Käseknöpfle mit Röstzwiebeln. Während der Festspielsaison kann man mithören, was gerade auf der Seebühne um die Ecke gespielt wird. Tgl. 9–24 Uhr, Seepromenade 2, 6900 Bregenz, Tel. +43 55 74/4 22 10, www.wirtshausamsee.at

ÜBERNACHTEN

Hotel Mercure Bregenz City. Das Hotel liegt in unmittelbarer Nachbarschaft zu Festspielhaus und Seebühne. Platz der Wiener Symphoniker 2, 6900 Bregenz, Tel. +43 55 74/46 10 00, www.mercure.com

Hotel Messmer. Zentral gelegenes Viersternehaus gegenüber der Kulturmeile. Kornmarktstr. 16, 6900 Bregenz, Tel. +43 55 74/4 23 56, www.hotel-messmer.at

Hotel Schönblick. Der Name ist Programm, das Viersternehaus an der Nordseite des Pfänders hoch über der Bregenzer Bucht begeistert durch das Seepanorama. Um dieses zu genießen, sollte man nach einem Balkonzimmer mit vollem Seeblick fragen. Das Dorf Eichenberg liegt 15 Autominuten von Bregenz entfernt. Dorf 6, 6911 Eichenberg, Tel. +43 55 74/ 45 96 50, www.schoenblick.at

AUSGEHEN

Cuba. In der angesagten Adresse für Nachtschwärmer legen DJs bis vier Uhr morgens auf, das musikalische Spektrum reicht von Latino bis House und Hip-Hop. Außerdem treten mindestens einmal im Monat Livebands auf, meist bei freiem Eintritt. Bahnhofstr. 8, 6900 Bregenz, Tel. +43 55 74/4 70 52, www.cuba-club.at

Vorarlberger Landestheater. Auf dem Programm stehen neben Klassikern von Kleist bis Lessing auch Musicals und Opern. Konrmarktplatz, 6900 Bregenz, Tel. +43 55 74/4 28 70, www.landestheater.org

EINKAUFEN

Fredi's Käslädele. Das mehrfach prämierte kleine Käsefachgeschäft bietet eine große Auswahl an österreichischen und internationalen Käsesorten, den Wälder Alpkäse aus Rohmilch gibt es von mild bis würzig. Mo–Fr 8.30–12.30, 15–18 Uhr, Sa 8.30–13 Uhr, Deuringstr. 9, 6900 Bregenz, Mobil +43 664/73 51 08 28, www.kaesefredi.eu

Konditorei Götze. Traditionscafé mit wunderbarer Bregenzer Torte und »Original Bregenzer Festspieltrüffel«. Mo–Fr 8–18 Uhr, Kaiserstr. 9, 6900 Bregenz, Tel. +43 55 74/4 45 23, www.conditorei-goetze.com

BÄDER

Mili. In dem 1825 auf 123 Pfählen erbauten ehemaligen Militärbad lernten die Rekruten schwimmen, heute kann sich in dem nostalgischen Sommertreff jedermann auf den Holzplanken sonnen. Reichstr. 66, 6900 Bregenz

Strandbad Bregenz. Mit großer Liegewiese, Breitbahnrutsche, Spielplatz und Beachvolleyballfeld; in der Vorsaison weiß man die beheizten Pools zu schätzen. Strandweg 1 (westlich vom Festspielhaus), 6900 Bregenz

EVENT

Sonnenkönigin. Das Event- und Charterschiff lädt im Sommerhalbjahr zu Seekonzerten, Tanzfahrten und zum Brunch ein. Der futuristisch gestylte 950-Tonner mit Platz für bis zu 1000 Personen ist das derzeit größte Bodenseeschiff. www.sonnenkoenigin.cc

INFORMATION

Bregenz Tourismus. Im Sommer tgl. 9–19 Uhr, sonst Mo–Fr 9–18 Uhr, Rathausstr. 35 a, 6900 Bregenz, Tel. +43 55 74/4 95 90, www.bregenz.travel

Aus Alt mach Neu – das Vorarlberg Museum nach gründlichem Umbau

37 Bregenzer Festspiele
Opulente Inszenierungen von Weltrang

Mit jährlich rund 150 000 Zuschauern sind die Bregenzer Festspiele das wichtigste Kulturevent am Bodensee. Selbst wer für Opern bislang nur wenig übrig hatte, wird von dem immer spektakulär in Szene gesetzten Bühnenbild vor der nicht minder großartigen Kulisse des Sees begeistert sein. Begonnen wird immer wenige Minuten nach Sonnenuntergang, wenn sich auf dem gegenüberliegenden Ufer bereits die Lichter von Lindau zeigen.

Wie alles anfing

Im Nachkriegsjahr 1946 war es für alle Beteiligten einschließlich des Publikums nicht einfach, wieder zum normalen Kulturbetrieb zurückzufinden. Den Schauplatz für die erste Spielzeit bildeten zwei im Gondelhafen verankerte Lastkähne, der eine davon wurde zur Bühne umfunktioniert, der andere diente den Wiener Symphonikern als »Orchestergraben«. Zur Premiere stand Mozarts Singspiel *Bastien und Bastienne* auf dem Programm, das dieser im zarten Alter von zwölf Jahren komponierte. Sozusagen als Zugabe gab es *Die kleine Nachtmusik.* Die Spielzeit wurde sofort ein voller Erfolg und mit Zuschauern aus Österreich, Deutschland, der Schweiz und der damaligen Besatzungsmacht Frankreich zugleich zum internationalen Ereignis – nicht zuletzt trug der außergewöhnliche Spielort auf dem See dazu bei. 1949 schüttete man im Flachwasserbereich vor dem Ufer schließlich eine künstliche Insel auf. Mittlerweile ist die drehbare Bühne auf einem Betonkern installiert, in dem die Garderoben und Technik-

Nach dem Sonnenuntergang richtet sich die Aufmerksamkeit des Publikums ganz auf das Geschehen auf der Seebühne.

räume untergebracht sind. Dazu gehört
auch eine hydraulische Hebebühne, mit
der etwa Mozarts »Königin der Nacht«
in wenigen Sekunden in luftige Höhen gefahren werden kann. Die Bühne selbst entspricht
mit rund 1400 Quadratmetern in etwa der Fläche
von fünf Tennisplätzen, sie ist damit die weltweit
größte Seebühne. Von den auf der Landseite aufgebauten Tribünen können 7000 Zuschauer das
Musiktheater auf dem See verfolgen.

Von »Aida« bis »Zauberflöte«

Die ersten 20 Jahre standen die Festspiele fast
ganz im Zeichen der Operette, gespielt wurde
unter anderem der *Zigeunerbaron* von Johann
Strauss oder Carl Zellers *Vogelhändler*. Ab den
1970er-Jahren traten dann mehr und mehr Opern
und Musicals in den Vordergrund. Spektakulär
in Szene gesetzte Inszenierungen überraschen
das Publikum jeden Sommer aufs Neue. Das
Bühnenbild für die *West Side Story* bestand
aus einstürzenden Wolkenkratzern, zu Giuseppe
Verdis *Maskenball* blätterte der Tod im riesigen
Buch des Lebens, in Giacomo Puccinis *La Bohème*
spielten die Akteure auf dem größten Bistrotisch
der Welt, und die fulminante Kulisse von Mozarts
Zauberflöte glich einem Fantasie-Spektakel, das
auch einer Tolkien-Verfilmung alle Ehre gemacht
hätte. Immer wird das Element Wasser ins Geschehen einbezogen. Meist ist ein kleines Schiff oder
ein anderes schwimmendes Gefährt mit im Spiel,
in der *Zauberflöte* etwa trieben Papageno und
Papagena in einem aufgeschlagenen Riesenei auf
dem Wasser. Für weltweite Beachtung sorgte 2008
eine Szene im James-Bond-Film *Ein Quantum
Trost*, als Agent 007 alias Daniel Craig während
einer *Tosca*-Aufführung vor dem 50 mal 25 Meter
großen Bühnenbild in Form eines Auges den Böse-
wichten nachstellte.

Geheimtipp

KLASSIKFESTIVAL SCHUBERTIADE

Die Konzertreihe
ist zwar ein bis zwei
Nummern kleiner als in
Bregenz, mit mehr als sechzig
Veranstaltungen und rund 40 000
Besuchern pro Spielzeit gehört
das Klassikfestival dennoch zur
festen Größe im Vorarlberger
Kulturkalender. Und entgegen dem
Namen werden neben Werken von
Franz Schubert auch die anderer
Komponisten gespielt. Ergänzend
zu den Kammerkonzerten finden
Lieder- und Klavierabende statt.
Seit der Eröffnung 1973 gab
sich in den beiden Spielstätten
Schwarzenberg (Angelika-Kauff-
mann-Saal) und Hohenems (Mar-
kus-Sittikus-Saal) alles die Ehre,
was in der Kammermusikwelt
Rang und Namen hat.

Schubertiade. Spielzeit Mai
bis September, Programminfo
und Kartenvorverkauf unter
Tel. +43 55 76/7 20 91,
www.schubertiade.at

Wenn es mal regnet

Von einer *Fidelio*-Aufführung dürfte dem Ensemble genauso wie dem Publikum ein aufziehendes Seegewitter in ewiger Erinnerung geblieben sein, als zuckende Blitze und grollender Donner für eine spannungsgeladene Atmosphäre sorgten und die Aufführung wie durch ein Wunder vom Regen verschont blieb. Schlechtes Wetter wünscht sich in Bregenz zur Festspielzeit niemand. Erstaunlicherweise spielt der Wettergott im Schnitt pro Spielzeit lediglich zwei- oder dreimal nicht mit. Leichte Schauer inmitten der Aufführung sind noch kein Grund zum Abbruch, wohl jenen Zuschauern, die dann eine überdachte VIP-Lounge gebucht haben. Für alle Fälle werden die Besucher angehalten, sich mit regenfester Kleidung für den Notfall vorzubereiten, auf Regenschirme sollte verzichtet werden, da diese die Sicht behindern. Muss dennoch mal ins trockene Festspielhaus mit allerdings reduziertem Bühnenaufbau ausgewichen werden, profitieren davon nur Besitzer von Premium-Tickets (Hauskarten). Preiswertere Seekarten werden wahlweise auf einen anderen Termin gelegt oder rückerstattet.

Oben: Die Glasfront des Seefoyers fängt das letzte Sonnenlicht auf.
Unten: Ungewohnte Ausblicke auf das Festspielareal ermöglicht ein Flug mit dem Zeppelin.

Infos und Adressen

SPIELZEIT
Mitte Juli bis Ende August (täglich)

SPIELSTÄTTEN
Neben dem Spiel auf dem See gibt es im Rahmen der Festspiele auch Aufführungen des Vorarlberger Landestheaters, Orchesterkonzerte der Wiener Symphoniker im Festspielhaus sowie modernes Theater auf der Werkstattbühne.

FÜHRUNGEN
Von Anfang Juni bis Ende August kann in einer einstündigen Führung ein Blick hinter die Kulissen des Festspielhauses geworfen werden. Tickets unter Tel. +43 55 74/40 76

ESSEN UND TRINKEN
Buehnedrei. Das Lokal im Festspielhaus offeriert Montag bis Freitag zwischen 11 und 17 Uhr ein wechselndes Mittagsmenü mit österreichischer Küche. Während der Festspiele gibt es nach vorheriger Reservierung vor und nach der Veranstaltung 3- bis 5-Gänge-Menüs oder ein großes Buffet. Platz der Wiener Symphoniker 1, 6900 Bregenz, Tel. +43 55 74/41 38 02 78, www.eventz.cc

Vor der Aufführung wird über den Platz der Wiener Philharmoniker flaniert.

ÜBERNACHTEN
Zimmerreservierung während und außerhalb der Festspielzeit: Bodensee-Vorarlberg Tourismus. Römerstr. 2, 6900 Bregenz, Tel. +43 55 74/43 44 30, www.bodensee-vorarlberg.com

INFORMATION UND KARTEN
Bregenzer Festspiele. Theoretisch gibt es Karten an der Abendkasse, doch die Aufführungen auf der Seebühne sind meist schon Monate im Voraus ausverkauft. Neben normalen Karten wird auch ein teureres Premium-Ticket angeboten. Es beinhaltet neben einem überdachten und gepolsterten Sitz im Lounge-Bereich auch einen reservierten Parkplatz in Fußnähe zum Festspielhaus. Platz der Wiener Symphoniker 1, 6900 Bregenz, Tel. +43 55 74/40 76, www.bregenzerfestspiele.com

ANREISE
Schiff. Zu jeder Aufführung gibt es von Konstanz (via Meersburg und Friedrichshafen), Lindau und Bad Schachen einen Schiffszubringer direkt zur Seebühne, mit dem man nach Ende der Vorstellung auch wieder zurückkommt (www.bsb-online.com).

An der Buehnedrei sorgt ein Olivenbäumchen für mediterranes Flair.

38 Der Bregenzerwald
Reizvolle Vorarlberger Tal-schaft im Hinterland des Sees

Der Name ist genau genommen eigent-lich eine Mogelpackung. Nur etwa ein Viertel der Region zwischen dem Bo-densee und dem Lechquellengebirge ist tatsächlich noch bewaldet. Doch der erst im ausgehenden Mittelalter besiedelte Bregenzerwald hält mit Wiesen, Weiden, eingestreuten Sennereien und Dörfern eine attraktive und abwechslungsreiche Kulturlandschaft bereit. Lebensader der stillen Ferienregion ist das Tal der Bre-genzer Ach.

Durch das Flusstal der Bregenzer Ach

Der Zufluss zum Bodensee entspringt im Lech-quellengebirge auf etwa 2400 Metern. Das zunächst schmale Flüsschen schlängelt sich von dort als grünes Band in unzähligen Windungen durch den Bregenzerwald, bis es schließlich nach 80 Kilometern zwischen Bregenz und Hard in den See mündet. Ausgangspunkt für den lohnenden Tagesausflug ist die zwischen Bregenz und Dorn-birn beginnende Bregenzerwaldstraße (L 200), auf der man größtenteils am Flusslauf entlang bis tief ins Lechquellengebirge vordringen kann. Nach Alberschwende bietet sich ein Abstecher nach Hittisau (1850 Einw.) an, in dessen Ortsbild macht die Vorarlberger Architekturschule mit mehreren Bauten auf sich aufmerksam. Der Hauptgrund, um nach Hittisau zu kommen, ist allerdings vor allem für das weibliche Geschlecht ein Besuch des Frauenmuseums, dem einzigen in Österreich. Dieses

Mitte: Gewitterstimmung über der Dreifaltigkeitskapelle in Schönenbach
Unten: Ganz dem natürlichen Lauf entsprechend zeigt sich die Bregenzer Ach bei Schwar-zenberg.

Der Bregenzerwald

fällt zunächst durch seine ebenfalls gelungene Architektur in Form eines hölzernen Kubus auf, den sich das Museum mit der örtlichen Feuerwehr teilt. In zwei bis drei Sonderausstellungen pro Jahr werden frauenrelevante Themen aufgearbeitet, einer der Schwerpunkte ist etwa die Rolle der Frau in Kunst und Kultur. Begleitende Workshops und Vorträge runden das viel beachtete Museumskonzept ab.

Angelika Kauffmann in Schwarzenberg

Auch die Gemeinde Schwarzenberg (1800 Einw.) liegt etwas abseits der Bregenzerwaldstraße, profitierte im ausgehenden Mittelalter jedoch von der Lage am Handelsweg zwischen dem Bodensee und Italien. Um den Ortskern scharen sich etliche mit Schindeln verkleidete Holzhäuser, die meisten davon gehen auf die Jahre nach 1755 zurück, als ein Dorfbrand den Ortskern samt der Kirche zerstörte. Ein Paradebeispiel für ein altes Wälderhaus ist das Kleberhaus von 1556, in dem das Angelika-Kauffmann-Museum Platz gefunden hat. Die in Graubünden geborene, berühmte Malerin, sie porträtierte unter anderem Goethe und Herder, wohnte nach dem Tod ihrer Mutter 1757 als Sechzehnjährige kurzzeitig im väterlichen Haus in Schwarzenberg. Vater Joseph Johannes, seines Zeichens ein veritabler Kirchenmaler, war gerade mit der Innenausstattung der kurz zuvor abgebrannten Dorfkirche beschäftigt, Tochter Angelika steuerte dazu 13 Apostelbilder bei. Kurz vor ihrem Tode vermachte die später in London und Rom lebende Künstlerin der Kirchengemeinde das Altarbild *Die Krönung Mariens* (1802). In dem der Malerin gewidmeten Museum befinden sich zwei weitere Originale, darunter das Porträt *Lady Henderson* (1771), das die Gemeinde Schwarzenberg beim Londoner Auktionshaus Sotheby's ersteigern konnte.

Einfach gut!

BIOHOTEL SCHWANEN

Einige Zimmer in dem Biohotel sind mit Weißtanne ausgekleidet, alle mit Vollholzmöbeln eingerichtet, die von einem lokalen Handwerksbetrieb hergestellt wurden. Die Sauna hat der bekannte Vorarlberger Architekt Hermann Kaufmann entworfen. Im Schwanen sollte man unbedingt mit Halbpension buchen. Die an Hildegard von Bingen orientierte Küche ist hervorragend, das Vier-Gänge-Menü war den Testern von Gault-Millau 14 Punkte wert. Die Gerichte, ob mit oder ohne Fleisch, sind immer fein mit Kräutern abgeschmeckt, die Produkte überwiegend regional, saisonal und aus ökologischer Landwirtschaft. Über zu wenig Zulauf musste sich das Team um Antonia Moosbrugger eigentlich selten Gedanken machen, seitdem die Küche im Österreichischen Fernsehen ausführlich gewürdigt wurde, schon gar nicht.

Biohotel Schwanen. Kirchdorf 77, 6874 Bizau, Tel. +43 55 14/21 33, www.biohotel-schwanen.com

Die barocke Pfarrkirche von Schwarzenberg

Bezau und Bizau

Nördlich von Egg führt eine reizvolle Nebenstre-cke nach Bezau (2000 Einw.). Der Hauptort des Bregenzerwaldes ist eine beliebte Sommerfrische, obschon die meisten der vielen Hotels, Gästehäuser und Ferienwohnungen im Winter von Skifahrern gebucht werden, die nur wenige Kilometer entfernt im Skigebiet Damüls-Mellau ein hervorragend ausgebautes Pistennetz vorfinden. Im Sommer tuckert vom kleinen Bahnhof das nostalgische Wälderbähnle nach Schwarzenberg. Eine Seilbahn bringt Ausflügler zur Bergstation Baumgarten hinauf, die von dort auf gut ausgeschilderten Wanderwegen das Bergland erkunden können. Vom südlich gelegenen Bizau kann man auf einem Barfußpfad am plätschernden Ulvenbach durch eine Moorlandschaft spazieren oder einen Ausflug zur Dreifaltigkeitskapelle in der Vorsäßsiedlung Schönenbach unternehmen. Bezau ist übrigens der Geburtsort des Baumeisters Peter Thumb, der mit der Wallfahrtskirche Birnau (s. S. 114) und der Welterbe-Stiftsbibliothek in St. Gallen (s. S. 244) zwei der berühmtesten Barockbauten im Boden-seeraum geschaffen hat.

Oben: Das Wälderbähnle sorgt für eine nostalgische Verbindung zwischen Bezau und Schwar-zenberg.
Unten: Die Pfarrkirche in Bizau ging aus einer schon 1472 er-richteten Kapelle hervor.

Infos und Adressen

SEHENSWÜRDIGKEITEN

Angelika-Kauffmann-Museum. Mai–Okt. Di–So 10–17 Uhr, im Winter eingeschränkte Öffnungszeiten, Brand 34, 6867 Schwarzenberg, Tel. +43 66 12/2 64 55, www.vorarlberg museen.at

Frauenmuseum. Mitte April–Okt. Mi 14–17, Do–So 10–17 Uhr, sonst Do 14–17 Uhr, Fr–So 10–12, 14–17 Uhr, Platz 501, 6952 Hittisau, Tel. +43 55 13/62 09 30, www.frauenmuseum.at

ESSEN UND TRINKEN

Adler. Bregenzerwälder Feinschmeckerküche in historischem Wälderhaus. Mi–Sa 11.30–13.45, 18–20.45 Uhr, So 11.30–17 Uhr, 6867 Schwarzenberg, Tel. +43 55 12/29 66, www.adler-schwarzenberg.at

ÜBERNACHTEN

Gams Genießer- & Kuschelhotel. Im dem hochpreisigen, extravaganten Designerhotel in der Ortsmitte von Bezau wohnt man wahlweise im historischen »Blütenschloss« oder danebn im neuen kubischen »Blütenkokon«;

die Suiten haben einen eigenen Whirlpool. Nur für Erwachsene. Platz 44, 6870 Bezau, Tel. +43 55 14/22 20, www.hotel-gams.at

EINKAUFEN

Juppenwerkstatt. In der Trachtenmanufaktur nördlich von Hittisau wird die Bregenzerwälder Tracht, die Juppe, aus schwarzem Leinen genäht und bestickt. Maßanfertigung, die Nachfrage ist groß, die Wartezeit lang. Bei einer Führung kann man die verschiedenen Arbeitsprozesse kennenlernen. Mai–Okt. Di 10–12, Fr 10–12, 14–16 Uhr, Dorf 52, 6943 Riefensberg, Tel. +43 55 13/83 56 15, www.juppenwerkstatt.at

INFORMATION

Bezau Tourismus. Mo–Fr 8.30–12, 13–17 Uhr, Sa 8.30–12 Uhr, Platz 39, 6870 Bezau, Tel. +43 55 14/22 95, www.bezau-bregenzerwald.com

Touristenbüro Hittisau. Mo–Fr 8–12 Uhr, Mo, Di, Do, Fr 14–16 Uhr, Platz 370, 6952 Hittisau, Tel. +43 55 13/62 09 50, www.hittisau.at

Am Dorfplatz von Schwarzenberg stehen noch etliche alte Holzhäuser.

39 Dornbirn
Alte und neue Architektur in Vorarlbergs Boomtown

Dornbirn ist eine relativ junge Stadt, die vor gut Hundert Jahren durch den Zusammenschluss von fünf kleineren Ortschaften entstanden und seither durch Industrieansiedlungen und Messeplatz mit 48 000 Einwohnern zur größten Stadt Vorarlbergs herangewachsen ist. Neben sehenswerten Museen und architektonischen Highlights hält die Region mit der wildromantischen Rappenlochschlucht und dem Panoramalokal auf dem Gipfel des Karren auch herausragende Landschaftserlebnisse bereit.

Rund um den Marktplatz

Mittelpunkt des weit auseinandergezogenen und von Gewerbegebieten und Bürokomplexen durchsetzten Stadtgebietes ist der Marktplatz, an dem die Pfarrkirche St. Martin (1840) mit ihrer klassizistischen Säulenvorhalle zunächst den Eindruck erweckt, man sei im antiken Griechenland gelandet. Erstaunlicherweise passt der frei stehende, 350 Jahre ältere Glockenturm ganz gut dazu. Ganz anders, und für die traditionelle Vorarlberger Bauweise typisch, zeigt sich neben der Kirche das Rote Haus von 1639, über dessen gemauertem Erdgeschoss sich eine Holzfassade mit von reichlich Ornamentschmuck gerahmten Butzenscheibenfenstern anschließt. Es diente schon früh als Gasthaus, das einst auch als Tanzlokal bekannt war. Seinen Namen erhielt das Haus durch den früher üblichen roten Anstrich mit Ochsenblut. Kaum zu glauben ist allerdings, dass dem heutigen Wahrzeichen von Dornbirn in den 1950er-Jahren der Verfall drohte und das Gebäude kurz vor dem

Die Stadtpfarrkirche St. Martin gibt sich mit ihrem Säulenportikus betont altgriechisch.

Abriss stand. Seit der Sanierung ist die Restaurantterrasse davor Dornbirns bester Platz, um regionaltypisch zu essen. Das gefällige Ensemble am Markt wird vom Luger-Haus (1902) komplettiert. Sichtlich vom Jugendstil beeinflusst, zeigt es sich durch den behelmten Fachwerkturm ebenfalls ausgesprochen pittoresk.

Avantgardistische Architektur

Vom Marktplatz aus lädt eine kleine Fußgängerzone zum Bummeln ein. Nur wenige Gehminuten vom Markt entfernt macht in der Mozartstraße das extravagante Designerhotel Martinspark auf sich aufmerksam, der Hingucker ist das spektakulär über dem Hoteleingang platzierte Restaurant. Als Highlight der Architekturszene gilt der 2012 eröffnete Life Cycle Tower in der Färbergasse, etwa anderthalb Kilometer nördlich des Marktplatzes. Der 27 Meter hohe Holz-Hybrid-Büroturm wurde nach einem Entwurf von Hermann Kaufmann aus vorgefertigten Modulen erbaut; er bringt den Baustoff Holz wieder in das urbane Bauen zurück.

Naturschau zum Anfassen

Die Inatura im Stadtgarten will Flora, Fauna und Geologie der Region auf spielerische Art erfahrbar machen. Das interaktive Naturmuseum ist jedoch nicht nur für Kinder interessant. Zu den Attraktionen gehören 3-D-Filme und ein Unterwasserkino, auch kann man eine Zeitreise zu den Dinosauriern unternehmen, einen simulierten Lawinenabgang erleben und ganz nebenbei etwas über die Dornbirne erfahren. Das museumspädagogische Konzept kommt gut an, kein anderes Haus in Vorarlberg kann mit ähnlich hohen Besucherzahlen aufwarten. Die Erlebnisschau befindet sich auf dem ehemaligen Werksgelände der stillgelegten Ma-

Nicht verpassen

DAS RHEINTAL AUS DER VOGELSCHAU

Dornbirns Hausberg, der fast Tausend Meter hohe Karren, ist mit einer Seilbahn erschlossen. Von der Talstation in der Gütlestraße kann man in wenigen Minuten bequem zum Gipfel hinaufschweben. Die Aufstiegshilfe wird auch von vielen Gleitschirmfliegern genutzt. Reizvoll ist die Abendauffahrt, nach der man dann von dem Panoramalokal bei Käseknödel auf Sauerkraut wie aus der Vogelschau auf das Lichtermeer im Rheintal hinabschauen kann. Einfach nur traumhaft! Am Wochenende empfiehlt es sich zu reservieren, wenn möglich gleich einen Tisch direkt an der Panoramaverglasung.

Panoramarestaurant Karren. Tel. +43 55 72/5 47 11, www.karren.at. Die Seilbahn fährt täglich von 10–23 Uhr im 15-Minuten-Takt, im Sommer bis 24 Uhr.

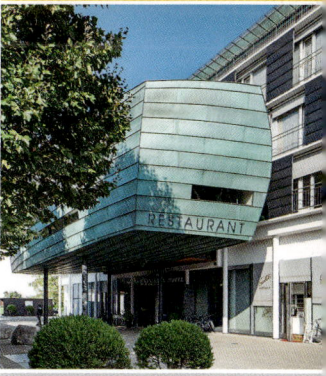

Der Restaurantanbau am Hotel Martinspark ist wirklich originell.

schinenfabrik Rüsch, die zum sogenannten Stadtgarten rückgebaut wurde. Wer sich für aktuelle Strömungen der internationalen Gegenwartskunst interessiert, wird im Kunstraum in der benachbarten ehemaligen Montagehalle fündig.

Rappenlochschlucht

Etwa vier Kilometer südwestlich von Dornbirn befindet sich am Gasthof Gütle der Eingang in die von der Dornbirner Ach aus dem Kalkstein gefräste Rappenlochschlucht. Durch die enge Felsklamm führt ein jeweils ab Mitte April geöffneter, gut ausgebauter Weg in einer halben Stunde zum gestauten Staufensee. Von dort kann man noch weiter bis Alploch und zu einem mehr als 100 Meter hohen Wasserfall wandern – ein Landschaftserlebnis der Superlative! Unweit der Schlucht hat sich auf dem Gelände der Spinnereifabrik Gütle das Rolls-Royce-Museum eingerichtet. Laut Betreiber, der Franz Vonier GmbH, vereint es die weltgrößte Sammlung der Nobelkarossen unter einem Dach. Darunter finden sich etliche Fahrzeuge von Prominenten, angefangen vom spanischen Diktator General Franco bis hin zu John Lennon. Die Luxusschlitten werden in der hauseigenen Werkstatt auf Vordermann gebracht. Für gutes Geld kann man sich eine Spritztour in einem der Fahrzeuge gönnen.

Oben: Der Weg durch die Klamm verläuft über dem Ufer des gestauten Staufensees.
Unten: Exponierte Passagen in der Rappenlochschlucht sind gut gesichert.

Infos und Adressen

SEHENSWÜRDIGKEITEN

Inatura. Tgl. 10–18 Uhr, Jahngasse 9, 6850 Dornbirn, Tel. +43 55 72/23 23 50, www.inatura. at. Nebenan zeigt der von der Stadt Dornbirn getragene Kunstraum Wechselausstellungen zeitgenössischer Kunst. Tgl. 10–18 Uhr, www.kunstraumdornbirn.at

Rolls-Royce-Museum. Di–So 10–18 Uhr (Juli, Aug. auch Mo), Gütle 11a, 6850 Dornbirn, Tel. +43 55 72/5 26 52, www.rolls-royce-museum.at

ESSEN UND TRINKEN

Hotel Martinspark. Das extravagante Designerhotel liegt nur fünf Gehminuten vom Marktplatz entfernt. In dem Haus mit knapp Hundert Zimmern steigen vornehmlich Geschäftsleute und Messebesucher ab. Mozartstr. 2, 6850 Dornbirn, Tel. +43 55 72/37 60, www.viennahouse.com

Rotes Haus. In Dornbirns Wahrzeichen am Marktplatz wird klassische österreichische Küche serviert, wahlweise in einer der sechs über zwei Stockwerke verteilten urigen Gaststuben oder draußen auf der großen Sonnenterrasse. Zu den Spezialitäten gehört Kalbsleber mit Kartoffelrösti, doch es gibt dazu genug Alternativen. Tgl. ab 11.30 Uhr, im Winter Mo geschlossen, Marktplatz 13, 6850 Dornbirn, Tel. +43 55 72/3 15 55, www.roteshaus.at

ÜBERNACHTEN

Four Points by Sheraton. Der postmoderne Glaspalast mit Spa und Fitnesscenter gehört zu den ersten Adressen in Dornbirn, spektakulär ist die Sky-Bar in der 11. Etage. Messestr. 1, Tel. +43 55 72/3 88 80, www.fourpointsdornbirn.com

INFORMATION

Stadtmarketing. Mo–Fr 9–18 Uhr, Sa 9–12 Uhr, Rathausplatz 1a, 6850 Dornbirn, Tel. +43 55 72/2 21 88, www.dornbirn.info

Das Rote Haus am Marktplatz gilt als ein Hort klassischer Vorarlberger Küche.

40 Das Rheindelta
Auenwälder und Feuchtgebiete jenseits des Neuen Rheins

Zusammen mit den Flussmündungen von Dornbirner Ach und Bregenzer Ach hat sich der Rhein am südöstlichen Bodenseeufer eines der größten Süßwasserdeltas Mitteleuropas geschaffen. Durch mitgeführte Geröllmassen bildete sich eine weitläufige Schwemmlandebene, und mit Sandhaken wie Rheinspitz und Rohrspitz auf Kosten der Seefläche auch neues Land. Wanderer und Radler können auf einem Wegenetz die Region entdecken.

Ein Jahrhundertprojekt und die Folgen

Nach der Schneeschmelze in den Alpen sorgte der Rhein in der Vergangenheit regelmäßig für Überschwemmungen, bis 1892 Österreich und die Schweiz in einem Staatsvertrag beschlossen, den Fluss zu zähmen und zu regulieren. Im Laufe des Jahrhundertprojekts wurde mit Durchstichen bei Fußach und Diepoldsau der Fluss begradigt und in ein neues Bett gezwängt, was dazu führte, dass der Rhein rund zehn Kilometer seiner Länge verlor. In den 1960er-Jahren legte man entlang des Neuen Rheins an beiden Ufern einen Polderdamm an, senkte den Wasserspiegel ab, rodete einen großen Teil der Au- und Bruchwälder und gewann dadurch für die Landwirtschaft neues Land.

Amphibische Oasen

Die Regulierung des Rheins veränderte das Ökosystem im Delta allerdings tief greifend, doch

Mitte: Wo noch vor Hundert Jahren eine regelmäßig überflutete Schwemmlandebene war, gibt es heute viel Grün.
Unten: In der Mittelweiherburg wurden früher Stoffe bedruckt.

gleichzeitig wurden Maßnahmen eingeleitet, um zumindest einen Teil der einzigartigen Landschaft zu schützen. Westlich des Neuen Rheins erstreckt sich bis zum Rheinspitz an der Schweizer Grenze das Naturschutzgebiet Rheindelta, ein amphibischer Lebensraum, der mit einer Ausdehnung von 2000 Hektar das größte und bedeutendste Feuchtgebiet am Bodensee ist. Davon liegt etwa ein Drittel auf dem Land, Auwälder und ein breiter Schilfgürtel an den Ufern bilden ein vielfältiges Biotop, in dem rund 600 Pflanzenarten vorkommen. Zu den botanischen Stars gehört das auf der Roten Liste der gefährdeten Arten stehende Bodensee-Vergissmeinnicht. Die Flachwasserzonen und Schlickflächen sind ein wichtiger Futterplatz für die Vögel, mehr als 300 Arten nisten hier oder nutzen das Delta als Zwischenstopp auf dem Flug von Nordeuropa in die südlichen Winterquartiere. Auch der Biber ist nach jahrzehntelanger Abwesenheit wieder ins Delta zurückgekehrt.

Anlaufpunkte im Delta

In der Marktgemeinde Hard hat sich seit der Rheinregulierung die Bevölkerung auf heute 12 500 mehr als verfünffacht. Das Städtchen war lange ein Zentrum der Textilindustrie, wovon noch ein kleines Museum in der sehenswerten Mittelweiherburg, einem ehemaligen Wasserschloss, berichtet. Beschauliche Ecken in dem stark zersiedelten Ort gibt es rund um das Harder Binnenbecken, an dem auch ein Strandbad mit Wasserrutsche und großem FKK-Bereich liegt. Auf der linksrheinischen Seite kann man vom Naturschutzzentrum Rheindeltahaus aus auf dem Hochwasserdamm ein Stück an dem hier 60 bis 70 Meter breiten Rhein in den Bodensee hineinspazieren und dabei faszinierende Einblicke in das Delta gewinnen. Alle Fakten zur Rheinregulierung hält das Museum Rhein-Schauen in Lustenau bereit.

SEHENSWÜRDIGKEITEN

Museum Rhein-Schauen.
Mai–Okt. Do–So 13–17.30 Uhr,
Höchsterstr. 4, 6890 Lustenau,
Tel. +43 55 77/2 05 39,
www.rhein-schauen.at

Textildruckmuseum. April–Okt.
Mi, Sa 17–19 Uhr, So 10–12 Uhr,
Salbachstr., 6971 Hard,
Tel. +43 55 74/69 72 20

ESSEN UND TRINKEN

Fischerstüble. Hier ist man ganz auf Bodenseefisch eingestellt, bei schönem Wetter sitzt man auf der großen Terrasse am Hafen. Bootsbesitzer können direkt am hauseigenen Anleger festmachen. Mitte April–Mitte Sept. tgl. 9–23 Uhr, warme Küche ab 11 Uhr, In der Schanz 30, 6972 Fußach, Tel. +43 55 78/7 57 50, www.fischerstueble.at

SCHIFF

Hohentwiel. Hard ist der Heimathafen des historischen Schaufelraddampfers »Hohentwiel«, auf dem Rundfahrten unternommen werden können (www.hohentwiel.com).

INFORMATION

Rheindeltahaus. In dem Naturschutzzentrum informiert eine Ausstellung über die Veränderungen im Delta. April–Okt. Di–Fr 14–17 Uhr, Sa, So 11–17 Uhr, Im Böschen 25, 6971 Hard, Tel. +43 55 78/7 44 78, www.rheindelta.org

41 Liechtenstein
Abstecher in den sechst-kleinsten Staat der Welt

Woran denkt man beim Namen des Zwerg-staates als Erstes? Genau, an Schwarzgeld, Steueroase und Briefkastenfirmen, von denen es in dem kleinen Fürstentum dop-pelt so viele geben soll wie Einwohner. Verträumtes Alpenidyll darf vor allem in der modernen Hauptstadt Vaduz nicht erwartet werden, doch dafür gibt es jede Menge Kunst, bunte Briefmarken und noble Luxusgeschäfte. Von den Bodensee-städten Bregenz oder Rorschach braucht man keine 50 Autominuten bis in das kleine Land.

»Droben am jungen Rhein lehnet sich Liechten-stein an Alpenhöhen«, mit diesen wenigen Worten wird in der Landeshymne treffend die Lage des Fürstentums charakterisiert. Während die Haupt-stadt Vaduz mit ihren Weinbergen vom milden Rheintalklima profitiert, hat nur wenige Kilometer südlich Liechtensteins höchster Gipfel, der Grau-spitz, mit seinen 2599 Metern schon richtig alpines Format. Eingebettet zwischen Vorarlberg und den Schweizer Kantonen St. Gallen und Graubünden, ist das Fürstentum gerade mal 24 Kilometer lang und 12 Kilometer breit. Stünden keine Berge im Weg, könnte man es mit dem Fahrrad an einem Tag glatt umrunden. Der Zwergstaat (37 000 Einw.) ist seit 1806 ein souveränes Land und seit 1923 durch eine Zollunion mit der Schweiz verbunden, offizi-elle Währung ist der Schweizer Franken. Leider ist das Preisniveau ähnlich hoch wie in der Schweiz, denn genau wie diese gehört die von Fürst Hans Adam II. regierte konstitutionelle Erbmonarchie zu den reichsten Ländern der Welt.

Mitte: Im Regierungsgebäude in Vaduz befand sich bis vor weni-gen Jahren auch das Gefängnis des Kleinstaates.
Unten: Aussichtsreiche Hanglage – im Schloss Vaduz residiert die fürstliche Familie.

Liechtenstein

Das »Städtle«

»Städtle« wird nicht nur die kleine Hauptstadt Vaduz (5200 Einw.) genannt, auch die parallel zur Durchgangsstraße verlaufende, autofreie Flaniermeile heißt so. Sie ist zugleich das Liechtensteiner Aushängeschild für Kunst und Historie. Im Landesmuseum werden in einer Dauerausstellung die Geschichte des Fürstentums, seine Natur und altes Brauchtum vorgestellt. Im historischen Haupthaus befand sich neben dem ehemaligen Wohnsitz des Landesverwesers auch eine schon von Goethe besuchte Taverne. Für Briefmarken ist das nur wenige Schritte entfernte Postmuseum zuständig. Philatelisten aus der ganzen Welt kommen hierher, um die berühmten, teils von Künstlern entworfenen Postwertzeichen des Fürstentums zu bestaunen. Im Liechtenstein Center zwischen Post- und Landesmuseum kann man sich anhand von Filmaufnahmen ein erstes Bild vom Fürstentum machen und sich gegen Gebühr auch einen Liechtenstein-Stempel in den Pass geben lassen. Einen modernen Kontrast zum Landesmuseum setzt das aus rund einer Million Klinkersteinen erbaute Landtagsgebäude (2008) am Peter-Kaiser-Platz.

Black Box und Weißer Würfel

Mitten im »Städtle« springt ein schwarzer Kubus ins Auge – das staatliche Kunstmuseum. Zeitgenössische Architektur geht hier mit moderner Gegenwartskunst einher. Hinter dem schwarz eingefärbten Zement öffnen sich strahlend weiße Räume, in denen vornehmlich Skulpturen, Installationen und Objekte gezeigt werden. Teil des Museums ist eine Sammlung von Konzeptkunst und Arbeiten des amerikanischen Post-Minimalismus. Vor der Nordfassade des Kubus liegt zentnerschwer in Bronze gegossen Fernando Boteros *Ruhende Frau*. Neben der »Black Box« steht der 2015

Fernando Boteros in Bronze gegossene *Ruhende Frau*

WALSERDORF TRIESENBERG

Der Ort hoch über dem Rheintal wurde im 13. Jahrhundert von aus dem Wallis eingewanderten Walsern besiedelt, was erklärt, warum in der Region noch heute der alemannische Dialekt gesprochen wird. Am Dorfplatz gibt in einer alten Maiensässhütte ein kleines Museum Einblicke in die Wohnkultur der Walser. Ergänzend kann von dem am Museum beginnenden, gut ausgeschilderten Walser Sagenweg zum auf 1260 Metern hoch gelegenen Berggasthof Masescha gewandert werden.

Walsermuseum. Mo–Fr 7.45–12, 13–17.45 Uhr, Sa 8–11 Uhr, Schlossstr. 5, 9497 Triesenberg, Tel. +423 262/19 26

Walser Sagenweg. Bis Masescha ist eine Gehzeit von etwa zweieinhalb Stunden einzuplanen, von dem Berggasthof fährt mehrmals täglich ein Bus wieder nach Triesenberg zurück.

eröffnete »Weiße Würfel«, in dem die Hilti Art Foundation Werke der Klassischen Moderne und Konkreten Kunst präsentiert. In dem Museumscafé gibt es übrigens nicht nur Cappuccino und Kuchen, sondern auch Sushi und Sake.

Außerhalb von Vaduz

Liechtensteins Wahrzeichen, das Schloss Vaduz, ist nicht zugänglich, in der Festung – 120 Meter hoch über der Stadt – residiert die fürstliche Familie. Von der Hauptstadt lohnt ein Abstecher nach Schellenberg, das von den elf Gemeinden des Zwergstaates vielleicht am ehesten noch dörflichen Charakter hat. In einem 400 Jahre alten Holzhaus kann man sich im Bäuerlichen Wohnmuseum einen Einblick in die Wohnkultur von anno dazumal verschaffen. Von dem auch als Wintersportplatz bekannten Malbun verkehrt im Sommer eine Vierersesselbahn zum Ausflugslokal Sareis (2014 m), von dort öffnet sich der Blick auf die Schweizer und Österreichischen Alpen. Für Bergwanderer geht es ab der Bergstation erst richtig los: Auf dem Fürstin-Gina-Weg kann auf einem spektakulären Gratweg zum Gipfelkreuz auf dem Augstenberg (2359 m) gewandert werden.

Oben: In Schellenberg zeigt das Fürstentum sein alpines Gesicht.
Unten: Von Malbun kann man mit einer Sesselbahn zum Berglokal Sareis hinaufschweben.

Infos und Adressen

SEHENSWÜRDIGKEITEN

Bäuerliches Wohnmuseum. April–Okt. jeweils am ersten und letzten Sonntag im Monat 14–17 Uhr, Dorf 62, 9488 Schellenberg, Tel. +423 239/68 20, www.wohnmuseum.li, Eintritt frei

Kunstmuseum. Di–So 10–17 Uhr, Do 10–20 Uhr, Städle 32, 9490 Vaduz, Tel. +423 235/03 00, www.kunstmuseum.li

Liechtensteinisches Landesmuseum. Di–So 10–17 Uhr, Mi 10–20 Uhr, Städle 43, Tel. +423 239/68 30, www.landesmuseum.li

ESSEN UND TRINKEN

Börsencafé Vaduz. Im Innenhof der Liechtensteinischen Landesbank kann man bereits in aller Früh ein Bircher-Müsli zu sich nehmen. Mo–Fr 7.30–17 Uhr, Städle 44, 9490 Vaduz, Tel. +423 233/16 61, www.boersencafe.li

Architektonische Kontraste – über der ultramodernen Black Box wacht das fürstliche Schloss.

Von der Fürstlichen Hofkellerei öffnet sich ein zauberhaftes Alpenpanorama.

ÜBERNACHTEN

Gorfion. Mitten in einem Naturschutzgebiet ist man mit Kinderbetreuung, Spielzimmer, Spielplatz und Kindermenüs ganz auf junge Familien eingestellt. Stubistr. 8, 9497 Malbun-Triesenberg, Tel. +423 265/90 00, www.gorfion.li

Parkhotel Sonnenhof. Das noble Viersternehaus ist Mitglied der Hotelgruppe Relais & Châteaux. Es hat einen großen Park, ein Sternerestaurant und ein orientalisches Spa mit Hallenbad. Mareestr. 29, 9490 Vaduz, Tel. +423 239/02 02, www.sonnenhof.li

EINKAUFEN

Fürstliche Hofkellerei. In der Weinhandlung werden Weine der Reblage Herawingert angeboten; Kellerführung und Weinprobe auf Anfrage. Mo–Fr 8–12, 13.30–18 Uhr, Sa 9–13 Uhr, Feldstr. 4, 9490 Vaduz, Tel. +423 232/10 18, www.hofkellerei.li

INFORMATION

Liechtenstein Center. Tgl. 9–17 Uhr, Städle 39, 9490 Vaduz, Tel. +423 239/63 63, www.tourismus.li

Torkel. Das Feinschmeckerlokal im fürstlichen Weinberg ist mit einer riesigen Weinpresse inmitten des Gastraums zugleich eine Sehenswürdigkeit. Di–Fr 11.30–13.30, 18.30–21 Uhr, Sa 18.30–21 Uhr, Hintergass 9, 9490 Vaduz, Tel. +423 232/44 10, www.torkel.li

SCHWEIZER SEESEITE

42 Rorschach
Entdeckungen in der süd-lichsten Bodenseebucht

Die zum Kanton St. Gallen gehörende Stadt liegt in einer weit geschwungenen Bucht am südlichsten Ufer des Bodensees. Neben dem historischen Kornhaus und einer nostalgischen Badeanstalt wartet die Hafenstadt auch mit moderner Kunst auf. Rorschach ist zudem Ausgangspunkt für einen Ausflug nach Heiden – vom Hafen zuckelt eine Zahnradbahn in die 400 Meter über dem Seespiegel gelegene Sommerfrische hinauf.

Rorschach ging aus einer alemannischen Siedlung hervor und stieg nach der Verleihung des Marktrechts im Jahr 947 als Hafen für das Kloster St. Gallen bald zum wichtigsten Handelsplatz am südlichen Bodenseeufer auf. Reizvoll gestaltet sich ein Bummel durch die Mariabergstraße, in der sich etliche noble Patrizierhäuser vom Ende des 18. Jahrhunderts aneinanderreihen. Am Ende der Straße thront inmitten von Grünanlagen das monumentale spätgotische Kloster Mariaberg, das allerdings nie ein Kloster war. In dem spätgotischen Bau ist heute die Pädagogische Hochschule des Kantons St. Gallen untergebracht. Der Kreuzgang kann zu den üblichen Unterrichtszeiten, der Kapitelsaal, heute der Musiksaal, mit sehenswert ausgemaltem Netzgewölbe, im Rahmen einer Führung besichtigt werden.

Museum und Kunst

Das wuchtige Kornhaus an der Uferfront neben dem Hafen ist nicht zu übersehen. Rorschachs Wahrzeichen wurde 1749 im Auftrag der St. Galler

Vorangehende Doppelseite: Festumzug in St. Gallen
Mitte: Wenn es Nacht wird in Rorschach …
Unten: Eine Top-Adresse für Kunst der klassischen Moderne ist das Forum Würth, der Glaspalast liegt an der Seepromenade.

Äbte von dem Barockbaumeister Johann Caspar Bagnato erbaut. An der Fassade erinnern stuckierte Ähren und Füllhörner an den einstigen Zweck des fünfgeschossigen Gebäudes. Nach längerer Schließung hat sich darin ein Museum eingerichtet, das naturkundliche und lokalpolitische Themen interaktiv vorstellt. Neuestes kulturelles Highlight ist das Forum Würth am Seeufer westlich des Hafens. In dem von den Zürcher Architekten Annette Gigon und Mike Guyer entworfenen Glaspalast werden aus der renommierten Sammlung Würth hochkarätige Wechselausstellungen von der klassischen Moderne bis zur Gegenwartskunst gezeigt. Auf der angrenzenden Seewiese setzt sich die Kunst als Skulpturengarten fort.

Vergängliche Kunst

Jeden August treffen sich am Rorschacher Seeufer internationale Profiteams zum Sandskulpturenfestival – als Baustoff werden rund 250 Tonnen Sand in mehreren Lkw-Ladungen herbeigeschafft. Dieser wird zunächst in Holzverschalungen zu Rohlingen gepresst und gestampft, um dann von den Künstlern mit Schaufel, Kelle und Pinsel geformt zu werden. Dabei werden richtige Wettkämpfe ausgetragen. Beim Speed-Carving etwa

Nicht verpassen

HUNDERTWASSER-HAUS

»Jede moderne Architektur, bei der das Lineal oder der Zirkel eine Rolle gespielt hat, ist zu verwerfen.« Getreu dem Motto Hundertwassers entstand in Staad die Markthalle Altenrhein. Der Wiener Architekt liebte es abwechslungsreich, kein Fenster hat gerade Formen, jede Tür ist anders. Er hatte ein Faible für vergoldete Zwiebeltürme, man meint, ein Märchenschloss vor sich zu haben, bei dem die Anstreicher kräftig in den Tuschkasten langten. Ein Hingucker ist eine Wand mit 180 ins Mauerwerk eingebauten farbigen Flaschen, die je nach einfallendem Licht eine besondere Atmosphäre schaffen. Hundertwassers Markthalle gehört zu seinem Spätwerk, der Bau wurde erst 2001, kurz nach seinem Tod, beendet.

Markthalle Altenrhein. Mai–Okt. tgl. 10–17.30 Uhr, Nov.–April Sa, So 13–17.30 Uhr, Knotternstr. 2, 9422 Staad, www.markthalle-altenrhein.ch

haben die Zwei-Personen-Teams 30 Minuten Zeit, um einen Sandblock nach einem vorher festgelegten Motto zu formen. Das Ergebnis wird dann von einer Jury bewertet, den Gewinnern winken ganz ordentliche Preisgelder. Das Ganze ist für alle Beteiligten immer ein großes Spektakel, die Zuschauer strömen zu Tausenden herbei und lassen es sich in der »Fanlounge« bei Snacks und Prosecco gut gehen.

Badehütte auf Stelzen

Rorschachs Schmuckstück ist die auf Stelzen in den See gebaute historische Badeanstalt aus dem Jahr 1924. Schilder erinnern an die Zeit, als Männer (Seebuben) und Frauen (Seemaitli) noch getrennt ihren Badefreuden nachgehen mussten. Badehütten dieser Art gab es vor Hundert Jahren in vielen Orten rund um den See, doch nur jene von Bregenz, Lindau und Rorschach überdauerten. Im Sommer sind die Liegeplätze auf den Holzbohlen der »Badi« meist voll belegt, gegen das nostalgische Flair kommt selbst das Strandbad westlich des Hafens nicht an.

Oben: Nostalgisches Badevergnügen garantiert die Rorschacher »Badihütte«.
Unten: Frühlingserwachen im Hinterland des Schweizer Ufers

Ausflug ins Biedermeier

Einfach gut !

Schon seit dem Jahr 1875 zuckeln vom Rorschacher Hafenbahnhof die roten Waggons der Zahnradbahn im Schneckentempo in den sechs Kilometer südlich gelegenen Kurort Heiden in den Vorbergen der Appenzeller Alpen hinauf. In einer halben Stunde werden 400 Höhenmeter überwunden, und je höher man kommt, desto reizvoller wird die Aussicht. Heidens folgenschwerster Tag war der 7. September 1838, als ein verheerender Dorfbrand 129 Häuser, darunter auch die Kirche, vollständig vernichtete. Schon zwei Jahre später war das Dorf wieder komplett aufgebaut und wurde durch die geschlossene Bauweise schnell als das Biedermeierdorf der Schweiz bekannt.

Wenige Jahre nach dem Neuanfang entwickelte sich die Sommerfrische zu einem internationalen Kurort. Die Molkekur kam in Mode und zog die noble Gesellschaft und gekrönte Häupter aus ganz Europa an. So manches im Dorf ist seither ein wenig in die Jahre gekommen, der Besucher hat das Gefühl, dass man hier vom Glanz vergangener Zeiten lebt. Doch das Ortsbild wirkt nach wie vor wie aus einem Guss und zieht in der Saison viele Ausflügler an, die neben dem Seepanorama auch das gute Wanderwegenetz zu schätzen wissen. Die beste Aussicht genießt man vom Turm der klassizistischen Kirche. Ein viel besuchtes Wanderziel ist im benachbarten Grub der »Fünfländerblick«. Der Begriff ist seit dem 19. Jahrhundert gebräuchlich, als man die Schweiz, Vorarlberg, den Freistaat Bayern und die beiden Königreiche Baden und Württemberg vor sich erkennen konnte. Nach heutiger Zählweise sind es »nur« noch drei Länder, was den Reiz der 910 Meter hohen Aussichtswarte jedoch nicht schmälert. Forsche Wanderer können von dort auf einem markierten Weg in knapp zwei Stunden wieder nach Rorschach absteigen.

BIO-HOTEL SCHLOSS WARTEGG

Das Schlosshotel in Rorschacherberg östlich von Rorschach ist nicht nur Mitglied im Club der Swiss Historic Hotels, es ist zugleich ein zertifiziertes Bio-Hotel, in dessen Küche ausschließlich Bio-Produkte verarbeitet werden und in dem auch bei der Ausstattung der modernen und eleganten Zimmer weitgehend auf Naturmaterialien zurückgegriffen wurde. Vieles an Gemüse, Kräutern und Beeren kommt aus dem eigenen Schlossgarten. Wunderschön ist der um 1860 im englischen Stil angelegte, weitläufige Park mit altem Baumbestand. Auch Kultur und Kunst kommen nicht zu kurz, im Musiksaal finden regelmäßig Kammermusikkonzerte statt, daneben stehen auch Theater und Varieté auf dem Programm.

Schloss Wartegg. Von Blarer Weg, 9404 Rorschacherberg, Tel. +41 71/ 8 58 62 62, www.wartegg.ch

Witzige Rundfahrt

Wer eine prall gefüllte Tagestour unternehmen möchte, kann mit öffentlichen Verkehrsmitteln auf einer wirklich tollen Rundtour die interessantesten Punkte der Region entdecken und sich zwischen einer Schifffahrt und der Fahrt mit zwei Bergbahnen auf einer Wanderung die Füße vertreten. Los geht es im Hafen von Rorschach, von dem von Mai bis September regelmäßig Kursschiffe nach Rheineck am Alten Rhein an der Staatsgrenze zu Österreich verkehren. Angesichts des umfangreichen Programms besteigt man am besten schon das Frühschiff, das um 9.30 Uhr abfährt. Die Schifffahrt entlang des südlichen Ufers des Obersees gestaltet sich ausgesprochen kurzweilig, gestreift wird dabei auch das Naturschutzgebiet Rheindelta (s. S. 222).

In Rheineck wird dann vom Schiff in eine nostalgische Bergbahn umgestiegen und bei schönem Wetter im offenen Wagen hinauf nach Walzenhausen gefahren. Von der dortigen Bergstation geht es auf dem ausgeschilderten Witzwanderweg in einem leichten Auf und Ab hinüber nach Heiden. An dem weithin bekannten Höhenweg stehen 80 Witztafeln und laden zum Verweilen und Schmunzeln ein. Auch wenn man dem mitunter skurrilen Humor der Appenzeller nicht immer folgen kann, lohnen sich die zweieinhalb Stunden allein schon wegen der hinreißenden Aussichten auf das Rheindelta, die Bregenzer Bucht und den Säntis. Unterwegs gibt es zudem mehrere Gartenlokale, in denen man eine Rast einlegen kann. Die Wanderung kann übrigens auch ausgelassen werden – von Walzenhausen gibt es eine sehr gute Postbusanbindung nach Heiden. Nach einem Dorfspaziergang durch das Biedermeierdorf geht es schließlich mit der Zahnradbahn (in den Sommermonaten immer mit Dampflok Rosa) wieder nach Rorschach hinab – alles in allem ein rundum gelungener Ausflug!

Oben: Von Rorschach hat man freien Blick aufs deutsche Ufer.
Mitte: Eine weitläufige Schwemmlandebene kennzeichnet das Rheindelta.
Unten: Für Radler und Wanderer gibt es in der Region vielfältige Möglichkeiten.

Infos und Adressen

SEHENSWÜRDIGKEITEN

Forum Würth. Apri–Sept. tgl. 10–18 Uhr, Okt.–März Di–So 11–17 Uhr, Churerstr. 10, 9400 Rorschach, Tel. +41 71/2 25 10 00, www.wuerth-haus-rorschach.com, Eintritt frei

Museum im Kornhaus. April–Okt. tgl. 10–17 Uhr, Hafenplatz 2, 9400 Rorschach, Tel. +41 71/8 41 40 62, www.museum-rorschach.ch

ESSEN UND TRINKEN

Mozart. Zu dem Hotel am Hafen gehört neben einem Restaurant auch ein Kaffeehaus, in dem man sich bei Topfenknödel, Kaiserschmarrn und Gugelhupf fast wie in Österreich fühlen darf. Tgl. 11–23 Uhr, Hafenzentrum, 9400 Rorschach, Tel. +41 71/8 44 47 47, www.mozart-rorschach.ch

Villa am See. Die Feinschmecker-Villa mit zauberhafter Seeterrasse wird von zahlreichen Gourmet-Führern bestens benotet; eleganter Rahmen, ausgesuchte Weine. Mi–So 11–14.30, 17–23.30 Uhr, Seestr. 64, 9403 Goldach, Tel. +41 71/845 54 15, www.villa-am-see.ch

AKTIVITÄTEN

Witzige Erlebnisrundfahrt. Für den beschriebenen Tagesausflug gibt es ein Rundfahrten-Ticket, das alle Fahrten mit Schiff, Bahnen und Postbus beinhaltet. Es ist an allen Bahnhöfen an der Strecke erhältlich. Infos und aktuelle Fahrpläne im Touristenbüro Rorschach, im Internet unter www.erlebnisrundfahrt.ch und www.appenzellerbahnen.ch (Links Erlebnisse, Rundreisetipps).

EVENT

Internationales Sandskulpturenfestival. Jeweils ein Woche im August, es wird ein Eintritt von 5 Franken verlangt. www.sandskulpturen.ch

INFORMATION

Tourist-Information. Mo–Fr 8.30–12, 13.30–18 Uhr, im Sommer auch Sa, So 9–14.45 Uhr, Hauptstr. 56 (Hafenbahnhof), 9401 Rorschach, Tel. +41 71/8 41 70 34, www.tourist-rorschach.ch

Eine Nana-Figur von Niki de Saint Phalle weist den Weg ins Forum Würth.

BODENSEETIPPS
für Sparfüchse

Keinen Eintritt verlangt das Kunstforum des »Schraubenmilliardärs« Würth in Rorschach.

Rund um den Bodensee wird man fast überall zur Kasse gebeten. Doch es gibt lobenswerte Ausnahmen. Immer gratis ist natürlich der Stadtbummel, sei es in Meersburg, Lindau oder Konstanz. Und überall laden aussichtsreiche Seepromenaden zum Flanieren und Verweilen ein. Wie Sie mit einem kleinen Budget zurechtkommen und dabei den einen oder anderen Euro sparen können, verraten die folgenden Tipps.

Günstig wohnen und essen

Wer nicht unbedingt in der ersten Reihe unmittelbar am See wohnen muss, findet im Hinterland wesentlich preiswertere Unterkünfte. In Landpensionen oder auf dem Bauernhof, nur wenige Kilometer vom Ufer entfernt, liegt das Preisniveau erheblich niedriger. Für Radler ideal sind Hostels (z. B. www.radstadl-bodensee.de, www.dasmietwerk.de), manche davon liegen direkt am Bodenseeradweg. Im Preis kaum zu schlagen sind Heuhotels, wo man in frisch geschnittenem Heu schläft (z. B. www.sonnenhof-aichem.de). Und wenn es partout am See sein soll: Es gibt hervorragend ausgestattete Zeltplätze, viele davon mit Blockhütten. Die Seeregion ist ein Obstparadies, in der Saison kauft man Äpfel, Kirschen, Mirabellen und andere Früchte am besten in den Obsthöfen, die vielerorts mit Straßenständen auf sich aufmerksam machen. Gut und günstig essen können auch Nichtstudenten in der Menseria Gießberg an der Uni Konstanz.

Schöne Aussichten

Man muss nicht gleich einen teuren Zeppelinflug buchen, um den See von oben zu bestaunen. Kostenlos sind etwa der Mettnau-Turm bei Radolfzell oder der Aussichtsturm am 754 Meter hohen Gehrenberg bei Markdorf, von dem sich an schönen Tagen ein imposantes Panorama eröffnet. Den Überlinger See hat man von der Ruine Altbodman und dem Turm Hohenbodman (136 Stufen!) voll im Blick, der Untersee zeigt sich am schönsten von der Hochwart auf der Reichenau. Für wenig Geld können die 193 Stufen zur Aussichtsplattform des Konstanzer Münsterturms bestiegen werden, an manchen Sonntagen steht auch in Radolfzell der mit 82 Metern höchste Kirchturm der Seeregion offen (Auskunft über die Tourist-Info). Ein Stück ins Wasser gebaut ist der Moleturm gleich beim Zeppelin-Museum in Friedrichshafen.

Kunst und Museen

Kunst und Kultur müssen auch nicht immer Geld kosten. An erster Stelle sei das Forum Würth in Rorschach genannt, vor dem der Besucher bereits im Außenbereich mit einem Skulpturengarten und einer skurrilen Plastik von Niki de Saint Phalle konfrontiert wird. Innen gibt es Wechselausstellungen zeitgenössischer Kunst von Beckmann bis Picasso. Wie in allen Kunstforen des »Schraubenmilliardärs« Reinhold Würth ist der Eintritt frei. Verschiedene Museen gewähren zumindest einmal in der Woche oder im Monat kostenlosen Zugang, so etwa das Konstanzer Rosgartenmuseum (Mittwoch ab 14 Uhr) und das ebenfalls in Konstanz ansässige Archäologische Landesmuseum (jeden ersten Samstag im Monat).

43 Arbon
Fachwerk und Industriekultur am Thurgauer Seeufer

Die Kleinstadt im Kanton Thurgau ist weithin für ihr hübsches Stadtbild bekannt. Bis ins 12. Jahrhundert zurückreichende Fachwerkbauten machen den Besuch zu einer Reise durch die Baustile verschiedener Epochen. Sehr reizvoll gestaltet sich ein Spaziergang auf der von einem Grüngürtel eingefassten, kilometerlangen Uferpromenade. Zugleich ist Arbon aber auch ein Industriestandort mit ausufernden Gewerbezonen, die bis mitten in die Altstadt hineinreichen.

Römische Wurzeln

Um 300 n. Chr. bauten die Römer unter Kaiser Diokletian (284–305) auf einer in den See ragenden Landzunge das Kastell *Arbor felix* (Glücklicher Baum), das durch eine Uferstraße mit *Brigantium* (Bregenz) und *Constantia* (Konstanz) verbunden war und damals die Nordgrenze des Römischen Reichs bildete. Das Kastell hatte rund Hundert Jahre Bestand, bis sich die Römer vor heranrückenden Alemannen wieder auf die Alpensüdseite zurückziehen mussten. Vor den Römern siedelten in *Arbona* schon die Kelten, und vor rund 5000 Jahren gab es in der sanft geschwungenen Bucht südlich der Landzunge eine jungsteinzeitliche Pfahlbausiedlung. Alles in allem also reichlich Geschichte, die im Historischen Museum der Stadt der Reihe nach erzählt wird. Es befindet sich in dem von den Konstanzer Bischöfen erbauten Schloss, das um 1518 auf den Ruinen des römischen Kastells entstand. Der siebengeschossige, 33 Meter hohe Turm, er kann im Rahmen des Museumsbesuchs bestiegen

Mitte: In der Thurgauer Kleinstadt will ein hübsches Altstadtquartier entdeckt werden.
Unten: Das Historische Museum im Schloss erzählt von der 5000-jährigen Stadtgeschichte.

Arbon

werden, erlaubt eine hübsche Aussicht auf Stadt und See. Die Pfarrkirche St. Martin daneben steht vermutlich auf dem Fundament eines römischen Tempels, ihre Baugeschichte reicht bis ins 8. Jahrhundert zurück, sie wurde seither jedoch viermal fast komplett erneuert. Auch die kleine Galluskapelle neben der Kirche hat ihre Geschichte. Sie ist dem irischen Wandermönch Gallus geweiht, der um 612 in Arbon Station gemacht haben soll und nach der Gründung des Klosters St. Gallen in Arbon verstarb. Links neben dem Rundbogenportal der Kapelle ist der sagenumwobene Gallusstein in die Mauer eingelassen: Nach der Überlieferung hat der Heilige auf dem Feldstein seinen Fußabdruck hinterlassen.

Schmuckes Fachwerkidyll

Zu den herausragenden Gebäuden in der Altstadt gehört das Bohlenständerhaus von 1471, in dem sich heute die Tourist-Information eingerichtet hat. Der Name rührt von der typischen Bauweise her: Auf den Mauern des Erdgeschosses ruht ein zweistöckiger Holzaufbau, in dem zwischen senkrechten Balken (Ständern) waagerechte dicke Bohlen eingelassen sind. Eine weitere Besonderheit sind die Klappläden über den Fenstern. In dem fünfgeschossigen Fachwerkhaus gegenüber dem Touristenbüro befand sich einst der Gasthof Ochsen, er soll vor 300 Jahren die beste Einkehrmöglichkeit gewesen sein. Originell ist das Alte Rathaus in der Rathausgasse – es entstand aus einem Eckturm der mittelalterlichen Stadtbefestigung. Auch bei der Torwache (Freiheitsgasse 1) wurde ein Teil der Stadtmauer in den Fachwerkbau integriert.

Lastwagen vom Bodensee

Arbons Industriegeschichte begann 1863 mit einer von Franz Saurer gegründeten Eisengießerei. Die

Nicht verpassen

ROSENSTADT IM THURGAU

Bischofszell zwischen Bodensee und Säntismassiv am Zusammenfluss von Thur und Sitter ist als die Rosenstadt der Schweiz bekannt. Jedes Jahr Ende Juni lädt der wesentlich von den Konstanzer Bischöfen geprägte Ort zur Rosen- und Kulturwoche ein. Zahlreiche kleinere und größere Veranstaltungen um die »Königin der Blume« und natürlich die allerorten blühenden Rosen in kleinen barocken Hausgärten und öffentlichen Grünanlagen ziehen zahlreiche Besucher an. Ganz nebenbei kann man die beiden historischen Wahrzeichen der Rosenstadt besichtigen, den Zeitglockenturm und die achtjochige alte Steinbrücke über die Thur. Auch für ausgefallene kulinarische Spezialitäten wird gesorgt, angefangen von der Rosenpizza bis zur Rosenwurst des örtlichen Metzgereihandwerks.

Rosen- und Kulturwoche. 9229 Bischofszell, www.bischofszellerrosenwoche.ch

Die Torwache war einst Teil der mittelalterlichen Stadtmauer.

239

Firma expandierte in den folgenden Jahrzehnten in andere Branchen und stellte erfolgreich Stickereimaschinen, Motoren und Nutzfahrzeuge her. Der erste Lastwagen made in Switzerland wurde 1903 ausgeliefert, bald waren in Arbon mehr als 5000 Arbeiter mit der Produktion von Nutz- und Militärfahrzeugen aller Art beschäftigt und Saurer der größte Industriebetrieb der Ostschweiz. In den 1980er-Jahren stagnierte der Absatz, und der Konzern entschloss sich, die Nutzfahrzeugsparte aufzugeben. Die beiden Arboner Produktionsstandorte wurden geschlossen, der Ort verlor quasi über Nacht seinen größten Arbeitgeber. Derzeit laufen Planungen, die beiden riesigen Saurer-Areale in neue Stadtteile umzugestalten. Im ehemaligen Saurer-Werk 1 in bester City-Lage hat seit 2010 in einer alten Produktionshalle das Saurer Museum Platz gefunden, das neben historischen Feuerwehrlöschzügen, Postautos verschiedener Jahrgänge und schweren Nutzfahrzeugen auch Webstühle und Strickmaschinen ausstellt. Die Eintrittskarte für das Museum gibt es übrigens nebenan im Hotel-Restaurant Wunderbar, das sich in der ehemaligen Kantine der Saurer-Werke eingerichtet hat.

Oben: Skipper finden im Jachthafen von Arbon eine moderne Infrastruktur vor.
Unten: Über Geschmack lässt sich streiten, doch originell ist der Rollenturm in der Freiheitsgasse schon.

Infos und Adressen

SEHENSWÜRDIGKEITEN

Historisches Museum. Mai–Sept. Di–So
14–17 Uhr, Okt., Nov., März, April So
14–17 Uhr, im Schloss, 9320 Arbon,
www.museum-arbon.ch

Saurer Museum. Im Museumsshop werden
im Museum gewobene Handtücher verkauft.
Tgl. 10–18 Uhr, Weitegasse 8, 9320 Arbon,
www.saurermuseum.ch

ESSEN UND TRINKEN

Frohsinn. Im Erdgeschoss des Fachwerkhauses gibt es im Allegro italienische Gerichte und
Antipasti vom Buffet, im rustikalen Braukeller
darunter gutbürgerliche Rösti-Küche. Dazu
trinkt man oben wie unten gepflegte Biere aus
der Hausbrauerei. Mo–Fr 11–14, 17–23 Uhr, Sa
17–23 Uhr, Romanshornerstr. 15, 9320 Arbon,
Tel. +41 71/4 47 84 84, www.frohsinn-arbon.ch

ÜBERNACHTEN

Bad Horn. Das Viersternehaus, 4 km westlich
von Arbon, glänzt mit einem großzügigen Spa,
das zugehörige Gartenlokal Giardino am Seeufer
könnte besser nicht liegen. Es empfehlen sich
die Zimmer zur Seeseite, die zur Straße sind
mitunter zu laut. Für Ausflüge auf dem Wasser
steht eine hauseigene, nostalgische Jacht bereit.
Seestr. 36, 9326 Horn, Tel. +41 71/8 44 51 51,
www.badhorn.ch

Römerhof. Stadthotel in historischem Gemäuer
mit Gourmetlokal, in dem klassisch französisch
gekocht wird. Freiheitsgasse 3, 9320 Arbon, Tel.
+41 71/4 47 30 30, www.roemerhof-arbon.ch

EINKAUFEN

Mosterei Möhl. Die landesweit bekannte Mosterei bietet eine große Auswahl an Apfelsäften,
Apfelweinen und Limos an; zum Betrieb (Führungen auf Anfrage) gehören ein Brennerei-
und Saftmuseum. Mo–Fr 8–12, 13.30–18.30
Uhr, Sa 8–17 Uhr, St. Gallenerstr. 213, 9320
Arbon, Tel. +41 71/4 47 40 74, www.moehl.ch

INFORMATION

Infocenter. Mo–Fr 9–11.30, 14–18 Uhr,
Schmiedgasse 5, 9320 Arbon,
Tel. +41 71/4 40 13 80, www.arbon.ch

Das schmucke Bohlenständerhaus dient der Tourist-Info als Domizil.

44 St. Gallen
UNESCO-Welterbe und Metropole der Ostschweiz

Der Klosterbezirk von St. Gallen ist ein kulturgeschichtliches Zeugnis von Weltrang und wurde zu Recht als eines der ersten europäischen Kulturgüter zum Welterbe der UNESCO erklärt. Rund um die Kathedrale und die hinreißende Rokokobibliothek will zudem eine sehenswerte Altstadt entdeckt werden, und für die vielseitige Museumslandschaft sollte man eigentlich noch einen zusätzlichen Tag einplanen.

Die Geschichte St. Gallens (75 000 Einw.) beginnt mit dem irischen Wandermönch Gallus (um 550–640), der auf seinem Missionszug durch Europa um 612 im Tal der Steinach eine Einsiedelei baute. Die Sage erzählt, dass ihm dabei ein Bär geholfen haben soll, der es später bis ins Stadtwappen schaffen sollte. Gut 120 Jahre darauf entstand eine Abtei, die sich zwischen dem 8. und 11. Jahrhundert neben der Klosterinsel Reichenau (s. S. 62) zu einem der führenden kulturellen Zentren des Abendlandes entwickelte.

Monumentales Meisterwerk

Besucher mit wenig Zeit zieht es schnurstracks in den Klosterbezirk zur doppeltürmigen Sandsteinfassade der Kathedrale. Die Liste der am Bau beteiligten Künstler liest sich wie das Who's who der damaligen Epoche. Die architektonische Leitung des zwischen 1755 bis 1766 erbauten Sakralbaus lag in den Händen des Vorarlbergers Peter Thumb. Der Freiburger Bildhauer Johann Christian Wentzinger (1710–1797) steuerte den ornamentalen

Mitte: Das Herz der St. Galler Altstadt schlägt am Gallusplatz, er grenzt unmittelbar an den Klosterbezirk.
Unten: Beim Festumzug der OLMA zeigen Fahnenschwinger ihr Können.

Vom St. Galler Bahnhof in den Klosterbezirk

Ein guter Ausgangspunkt für die Stadtbesichtigung ist die Touristeninfo am Bahnhofplatz. Für die außerhalb des Rundgangs gelegenen Museen sollte ein Extratag eingeplant werden.

A **Bahnhofplatz** – Bahnreisende sind zunächst von dem riesigen Hauptbahnhof (1902) beeindruckt, in der alten Lokremise jenseits der Gleise wurde jüngst ein Kulturzentrum eingerichtet. Gegenüber dem Bahnhof steht der nicht minder monumentale Bau der Hauptpost (1907).

B **Stadtlounge** – Südöstlich des Bahnhofs hat sich der rote Teppichbelag im Bleicheli-Quartier zu einem beliebten Treff entwickelt.

C **Textilmuseum** – Dem Museum in der Vadianstraße ist eine Textilbibliothek angegliedert, in der Musterbücher ausgestellt sind und in deren Freihandbereich man sich über alles, was mit Textil und Mode zu tun hat, informieren kann.

D **Bärenplatz** – Das Zentrum des historischen Stadtkerns wird über die autofreie Multergasse erreicht. Je nach Gusto können von dort abgehende weitere Altstadtgassen mit wunderschö-

nen Erkerhäusern erkundet werden, etwa die Spisergasse und die Marktgasse.

E **Kathedrale** – Der Stiftsbezirk am Südrand der Altstadt ist seit 1983 UNESCO-Welterbe, die ehemalige Stiftskirche, heute Kathedrale, das Wahrzeichen der Stadt.

F **Stiftsbibliothek** – Die prunkvolle Rokoko-Bibliothek gehört zu den herausragenden Sehenswürdigkeiten der Bodenseeregion. Im Eintritt zum Barocksaal ist die Besichtigung des Lapidariums enthalten, in dem eine Sammlung mittelalterlicher Architekturplastiken gezeigt wird. Im öffentlich zugänglichen Lesesaal verbrachte Umberto Eco ein Vierteljahr mit Recherchen für seinen Weltbestseller *Der Name der Rose*.

G **Museumstraße** – Auf der Museumsmeile westlich des Marktplatzes konzentrieren sich mit dem Kunstmuseum und dem Völkerkundemuseum gleich zwei der besten Sammlungen der Welterbestadt, angesichts der Fülle der ausgestellten Exponate sollte dafür mindestens ein halber Tag eingeplant werden.

UNESCO-Welterbe: die Stiftsbibliothek

ZUM GOLDENEN SCHÄFLI

Das Goldene Schaf ist nicht die einzige Erststockbeiz von St. Gallen, doch eine der bekanntesten. In dem Lokal im ersten Stock, im Parterre gibt es eine zugehörige Bar, ist alles ein wenig anders: Nicht nur die rustikale gotische Balkendecke ist schief eingezogen, auch die Fußbodenhöhe differiert um 20 Zentimeter. Hier traf sich im 15. Jahrhundert die Zunft der Metzger. Nach Aufhebung des Zunftwesens vor gut 200 Jahren wurde daraus ein öffentliches Lokal. Die St. Galler schätzen neben lokalen Spezialitäten wie Innereien und Kalbfleischgerichten auch das argentinische Pferdefilet. Gäste von außerhalb mögen die heimelige Atmosphäre, zu der in dem eng bestuhlten Raum auch ein Kachelofen beiträgt.

Zum Goldenen Schäfli. Mo–Sa 11–14.30, 18–24 Uhr, Metzgergasse 5, 9000 St. Gallen, Tel. +41 71/2 23 37 37, www.zumgoldenenschaeflisg.ch

Rocaille-Stuck und die Deckenfresken im Kuppelraum bei, Joseph Anton Feuchtmayer die aus Lindenholz gedrechselten Beichtstühle, die Gebrüder Gigl gestalteten den Chor und Anton Dirr die Kanzel mit den vier Evangelisten.

Eine der schönsten Bibliotheken weltweit

Ob vor 200 Jahren die Mönche in der Stiftsbibliothek wohl auch schon in Filzpantoffeln über den Intarsienboden aus Kirschbaum- und Tannenholz glitten? Egal, wer heute in die Bibliothek rein möchte, ob Hillary Clinton oder der Schweizer Bundespräsident, kommt um die Finken nicht herum. 120 Paare gibt es davon, sie regulieren gleichzeitig den Besucherstrom: Sind alle in Gebrauch, muss man warten, bis welche frei werden. Jedenfalls setzt sich in dem im Westflügel des Klosterbezirks eingerichteten Büchersaal nicht nur auf dem Boden die ornamentale Pracht fort. Vor allem die überbordenden Deckengemälde machen die zweistöckige St. Galler Stiftsbibliothek zu einem der schönsten Rokokosäle. Und auch die in der Bibliothek aufbewahrten Schätze suchen ihresgleichen. Unter den 2100 Handschriften,

viele davon stammen aus dem eigenen Skriptorium der Abtei und sind älter als 1000 Jahre, nimmt das als *Abrogans* bekannte lateinisch-althochdeutsche Wörterbuch eine besondere Stellung ein. Es wurde um 750 geschrieben und dürfte das älteste erhaltene Buch in deutscher Sprache sein. Aus karolingischer Zeit, etwa um 860, vielleicht auch erst um 900, stammt der *Goldene Psalter,* ein reich bebildertes Psalmbuch, das ausschließlich mit goldener Tinte verfasst wurde. Das *Evangelium longum* (um 895) von den St. Galler Mönchen Sintram und Tuotilo ziert ein Einband aus filigranen Elfenbeinschnitzereien. Die meisten der mittelalterlichen Texte sind auf aus Häuten von Schafen, Kälbern und Ziegen hergestelltem Pergament geschrieben, was den teilweise hervorragend konservierten Zustand der Schriften erklärt. Eine Auswahl der wertvollsten Exponate liegt aufgeschlagen in Vitrinen aus, wer den Saal eine Woche später nochmals besucht, wird bemerken, dass umgeblättert wurde.

Prunkerker und Postmoderne

Angesichts des einzigartigen Klosterbezirks wird vielfach übersehen, dass St. Gallen auch mit einer sehenswerten Altstadt aufwarten kann. Ihr Herz schlägt am Bärenplatz, von dem mehrere Fußgängergassen abgehen. Dort kann man nicht nur in Modeboutiquen stöbern und in Erststockbeizen, im ersten Stock untergebrachten St. Galler Traditionslokalen, oder dem Plüschcafé Roggwiller einkehren, sondern auch etliche der 111 St. Galler Prunkerker entdecken. Viele der Erker sind mehr als 300 Jahre alt und Ausdruck eines Repräsentationsbedürfnisses der damals sichtlich wohlhabenden Bürgerschaft. Herausragend sind etwa der doppelstöckige Erker am Haus Pelikan (Schmiedgasse 15) und der Prachterker in der Kugelgasse 10 mit auf Schwänen und Drachen sitzenden Engeln.

Oben: Der Kamelerker in der Spisergasse zieht sich über zwei Stockwerke hin.
Unten: In der Kathedrale vereinen sich filigraner Rocaille-Stuck, ausladende Deckenfresken und Altäre aus rotem Marmor zu einem spätbarocken Meisterwerk.

CONFISERIE ROGGWILLER

Einfach gut!

Der Familienbetrieb der Schnyders gehört zu den bekanntesten Süßwarentempeln der Schweiz. Die Renner sind neben Pralinen und Trüffel das Biber Honiggebäck, die mit einem Hauch von Muskat abgeschmeckten Klostersiegel und St. Galler Spitzen, feinste Rahm-Ganache-Füllungen, die wahlweise mit heller oder dunkler Schokolade umhüllt sind. Alle Spezialitäten sind ansprechend verpackt und ein nettes Mitbringsel. Das Hauptgeschäft liegt in der autofreien Multergasse, hier kann man an Ort und Stelle im plüschigen Wiener Café bei einer heißen Schokolade leckere Torten probieren. Filialen gibt es in der Brühltor-Passage und am Bahnhof. Tochter Vanessa misst sich übrigens bei den Swiss Chocolate Masters überaus erfolgreich mit den Besten ihrer Zunft.

Confiserie Roggwiller. Mo 10–18 Uhr, Uhr Di–Fr 8.30–18 Uhr, Sa 8.30–17 Uhr, Multergasse 17, 9000 St. Gallen, Tel. +41 71/2 22 50 92, www.roggwiller.ch

Einen auffälligen Kontrast zwischen Barock und Jugendstil setzt in der Moosbruggstraße die Kantonale Notrufzentrale (1998) von Santiago Calatrava – sie grenzt unmittelbar an die ehemalige Klostermauer. Mit dem nur wenige Schritte entfernten unterirdischen Pfalzkeller und der Buswartehalle am Marktplatz kann St. Gallen noch zwei weitere Werke des spanischen Stararchitekten vorweisen. Kunst im öffentlichen Raum entstand mit der Stadtlounge (2005) im eher nüchternen, neuen Bankenviertel im Bleicheli-Quartier. Wo vor ein paar Hundert Jahren die Textilfabriken ihre Stoffbahnen in der Sonne bleichten, breitet sich nun ein Teppich aus rotem Kunststoffgranulat über Sitz- und Liegemöbel und selbst einen Porsche aus. Die Idee dazu lieferten die Video- und Objektkünstlerin Pipilotti Rist und der Architekt Carlos Martinez. Das Konzept von einem »öffentlichen Wohnzimmer in der Stadt« kommt sowohl bei der Bevölkerung als auch bei Touristen aus aller Welt offensichtlich gut an.

Kulturmeile und Museumsquartier

Links und rechts der Museumstraße liegt auf relativ engem Raum fast alles zusammen, was kulturbeflissene Besucher anspricht. Die Tonhalle (1909), ein prächtiger Bau zwischen Neobarock und Jugendstil, ist Konzertbühne für Jazz bis Pop und zugleich Heimat des Sinfonieorchesters St. Gallen; das Stadttheater gegenüber gehört mit seinen Musical-Inszenierungen zu den besten Adressen der Schweiz. Im Kunstmuseum entfalten sich Malerei und Plastik vom ausgehenden Mittelalter bis zur Gegenwartskunst. Der französische Impressionismus ist durch Monet, Pissarro und Renoir vertreten, die Schweizer Kunst durch Ferdinand Hodler, und mit Kirchner und Klee kommt auch die Klassische Moderne nicht zu kurz. Das Museums-

Nicht verpassen

gebäude mitten im Stadtpark entstand 1877 im Stil der Neorenaissance und beherbergte ursprünglich auch die völkerkundliche Sammlung. Nach dem Umzug des Naturmuseums in den Stadtteil Neudorf hat es nun endlich genügend Platz für den ständig erweiterten Bestand zur Verfügung.

Das Historische und Völkerkundemuseum am nordöstlichen Ende der Museumstraße schaut weit über die St. Galler Stadtgeschichte hinaus und präsentiert eine ansehnliche Sammlung zu Schmuck und Stammeskunst aus Afrika und Polynesien. Ganz oben unter dem Dach gibt es im Kindermuseum einen Barfußpfad. In einem begehbaren Jugendzimmer aus den 1950er-Jahren kann man nicht nur Rock'n'Roll hören, sondern auch Petticoats anprobieren und so zurück zu Elvis und Co. reisen.

Weitere sehenswerte Museen

Auch die St. Galler Universität ist eine Adresse für hochkarätige Kunst. Zur Sammlung in der Dufourstrasse gehören Werke von Alberto Giacometti, Joan Miró und Gerhard Richter. Sie kann allerdings nur im Rahmen einer von Studenten organisierten Führung besichtigt werden. Bei dem Spaziergang über den Campus bietet sich zugleich die Gelegenheit, die interessante Architektur der Universität kennenzulernen.

Westlich der Altstadt erzählt das Textilmuseum von der großen Zeit der Leinen- und Baumwollwebereien, die der Stadt nicht nur zu Wohlstand verhalfen, sondern sie durch die St. Galler Spitzen auch in aller Welt berühmt machten. Ausgestellt werden unter anderem handgearbeitete Stickereien aus dem 14. Jahrhundert, besonders wertvoll sind in koptischen Gräbern gefundene spätantike Gewebe. Und nicht zuletzt kann man wunderbar die Modegeschichte längst vergangener Tage Revue passieren lassen.

Die Berliner haben ihre Currywurst, die Thüringer die Rostbratwurst, St. Gallen ist in der Schweiz für seine Kalbsbratwurst bekannt und wird nicht selten »Bratwurststadt« genannt. Man bekommt sie außer im Restaurant und am Kiosk auch in vielen Metzgereien verzehrsfertig gebraten, etwa in der Filiale von Gemperli (Schmiedgasse 34), einer der St. Galler Großmetzgereien, die das ganze Land beliefern. In der Schweiz wird die Grillwurst nach der jeweils im Oktober in St. Gallen abgehaltenen Ostschweizerischen Land- und Milchwirtschaftlichen Ausstellung (seit 2003 Schweizer Messe für Landwirtschaft und Ernährung) auch OLMA-Bratwurst genannt. Dunkelbraun gegrillt vom Rost schmeckt die OLMA übrigens besser als aus der Pfanne: Man isst sie am besten im Bürli (Brötchen) und niemals mit Senf, Ketchup oder Mayo.

Infos und Adressen

SEHENSWÜRDIGKEITEN

Botanischer Garten. Zu dem 1945 eröffneten Garten mit rund 8000 Arten aus aller Welt gehören ein Tropenhaus und eine ansehnliche Orchideensammlung. Tgl. 8–17 Uhr, Stephanshornstr. 4, 9016 St. Gallen, Tel. +41 71/2 24 45 14, www.botanischergarten.stadt.sg.ch

Historisches und Völkerkundemuseum. Di–So 10–17 Uhr, Museumstr. 50, 9000 St. Gallen, Tel. +41 71/2 42 06 42, www.hmsg.ch

Kunstmuseum. Di–So 10–17 Uhr, Museumstr. 32, 9000 St. Gallen, Tel. +41 71/2 42 06 71, www.kunstmuseumsg.ch

In der Stadtlounge darf jeder über den roten Teppich spazieren.

Museum im Lagerhaus. Das Haus widmet sich der Art Brut und Naiven Kunst, die außerhalb aller Stilrichtungen und unabhängig von Ästhetik und Kommerz von »Außenseitern« und geistig behinderten Menschen erschaffen wurde. Di–Fr 14–18 Uhr, Sa, So 12–17 Uhr, Davidstr. 44, 9000 St. Gallen, Tel. +41 71/ 2 23 58 57, www.museumimlagerhaus.ch

Stiftsbibliothek. Tgl. 10–17 Uhr, Klosterhof 6D, 9004 St. Gallen, Tel. +41 71/2 27 34 16, www.stibi.ch

Textilmuseum. Tgl. 10–17 Uhr, Vadianstr. 2, 9000 St. Gallen, Tel. +41 71/2 28 00 10, www.textilmuseum.ch.

Universität St. Gallen. Kunstführungen organisiert die studentische Vereinigung Pro Arte. www.proarte.ch/guides

ESSEN UND TRINKEN

Fondue Beizli. Man hat die Wahl zwischen einem Dutzend Käsefondue-Variationen, dazu passend trinkt man einen offenen Weißwein. Mo–Sa 11–24 Uhr, So 17–22 Uhr, März–Sept. So geschlossen, Brühlgasse 26, 9000 St. Gallen, Tel. +41 71/2 22 43 44, www.fonduebeizli.ch

Jägerhof. Bei Agron Lleshi steht leichte Bio-Küche im Vordergrund. Fleisch spielt eine nicht so dominierende Rolle wie vielleicht anderenorts, wenn es auf den Tisch kommt, dann von artgerecht gehaltenen Tieren. Originell ist der inmitten der Küche platzierte »Chuchi-Tisch«. Mo–Fr 11.30–14, 18–22 Uhr, Sa 17.30–22 Uhr, Brühlbleichestr. 11, 9000 St. Gallen, Tel. +41 71/2 45 50 22, www.jaegerhof.ch

Roter Platz. Trendiges Bistro an der Stadtlounge, mit gutem Salatbuffet und für Schweizer Verhältnisse erschwinglichem Mittagsmenü. Mo–Fr 7.30–19 Uhr, Raiffeisenplatz 4, 9000 St. Gallen, Tel. +41 71/2 25 42 42, www.restaurant-roterplatz.ch

Wirtschaft zur alten Post. Außer dem Erststockbeizli im Obergeschoss gibt es noch eine zweite Gaststube im 2. Stock, im Sommer stehen auch ein paar Tische auf dem Bürgersteig. Hervorragende Schweizer Küche, große Weinkarte. Di–Sa 11.30–14 Uhr und ab 17 Uhr, Gallusstr. 4, 9000 St. Gallen, Tel. +41 71/2 22 66 01, www.apost.ch

ÜBERNACHTEN

Dom. Trotz der zentralen Lage im Stiftsbezirk ein eher ruhiges Haus, das zwar ein wenig nüchtern wirkt, doch gut ausgestattet ist und kompetent geführt wird. Webergasse 22, 9000 St. Gallen, Tel. +41 71/2 27 71 71, www.hoteldom.ch

Einstein. Die mit Abstand teuerste Möglichkeit, in St. Gallen zu nächtigen. Das Komforthotel hat seinen Namen nicht dem berühmten Physiker entlehnt, sondern von dem lokalen Textilbaron Isaak Einstein, der in dem Haus im vorletzten Jahrhundert eine Textilfabrik betrieb. Gutes Spa und Fitnesszentrum. Berneggstr. 2, 9000 St. Gallen, Tel. +41 71/2 27 55 55, www.einstein.ch

AUSGEHEN

Stadttheater. Dreispartenhaus mit Musiktheater, Schauspiel und Tanz, als zweite Spielstätte für kleinere Produktionen dient die Lokremise am Hauptbahnhof. Museumstr. 24, 9000 St. Gallen, Tel. +41 71/2 42 06 06, www.theatersg.ch

EINKAUFEN

Akris. Fabrikverkauf von exklusiven Handtaschen und tragbarer Designermode für die Dame. Di–Fr 12–18 Uhr, Sa 10–16 Uhr, Felsenstr. 40, 9000 St. Gallen, Tel. +41 71/2 27 77 22, www.akris.ch

Jakob Schlaepfer Bambola. Aus einem 1904 eröffneten Stickereigeschäft entwickelte sich einer der führenden Hersteller für Haute-Couture- und Prêt-à-porter-Stoffe, die von der Königin von England genauso geschätzt werden wie von Michelle Obama. Das Geschäft führt neben Samt, Seide und anderen edlen Stoffen auch trendige Accessoires. Di–Fr 9–12, 13–18 Uhr, Sa 9–12.30 Uhr, Fürstenlandstr. 99, 9000 St. Gallen, Tel. +41 71/2 78 14 84, www.jakobschlaepfer.com

EVENTS

St. Galler Festspiele. Ende Juni/Anfang Juli werden im Klosterhof Opern aufgeführt. Programm auf www.theatersg.ch/festspiele

St. Gallen Open Air. Mit jährlich rund 100 000 Besuchern eines der größten Schweizer Popfestivals, die Karten sind in der Regel bereits Monate im Voraus ausverkauft. Ende Juni/Anfang Juli. www.openairsg.ch

INFORMATION

Tourist-Information. Angeboten werden themenorientierte Stadtführungen, beispielsweise ein Rundgang zu den prächtigsten Erkern. Mo–Fr 9–18 Uhr, Sa, So 10–14 Uhr, Bankgasse 9, 9001 St. Gallen, Tel. +41 71/2 27 37 37, www.st.gallen-bodensee.ch

Parken. Zentrale Parkhäuser befinden sich u. a. am Bahnhof, am Brühltor und in der Gartenstraße an der Stadtlounge. www.cityparking.ch

Subtropische Schwüle herrscht im Tropenhaus des Botanischen Gartens.

45 Das Appenzellerland
Weitaus mehr als nur Käse

Nur wenige Kilometer südlich des Bodensees beginnt das Alpenvorland und mit
dem Appenzellerland eine der reizvollsten
Landschaften der Ostschweiz. Außer ihrem
weltberühmten Käse ist die als erzkonser-
vativ verschriene Landsgemeinde auch für
ihr folkloristisches Brauchtum bekannt.
Politisch teilt sich die Region seit 1597
in zwei Halbkantone auf, das katholische
Innerrhoden mit dem Hauptort Appenzell
und das reformierte Außerrhoden mit
Herisau als Verwaltungssitz.

Hauptort Appenzell

Ein Spaziergang durch die autofreie Hauptgasse
mit ihren sich aneinanderreihenden schmucken
Holzhäusern zeigt sogleich, wovon der Ort heute
in nicht unbeträchtlichem Maße lebt – vom Geschäft mit den Fremden. In Käseläden kann man
den pikanten Appenzeller probieren, in Souvenirgeschäften liegen Kuhglocken in allen Größen
und Preisklassen aus, Trachtenboutiquen stellen
die für den Kanton typischen roten Tuchwesten
und gelben Kniehosen aus, und mit dem Appenzeller Käsefladen hält die lokale Gastronomie
die Antwort auf Pizza und Flammkuchen bereit.
Nur dass eben der knusprig gebackene Hefeteig
nicht mit Salami oder Speck, sondern mit einer
dicken Käseschicht belegt ist. Sofern gerade mal
keine Alpfahrt oder Viehschau sein sollte und
man auch nicht zum ganz eigenwillig gefeierten
Silvester oder zur Fasnacht im Kanton unterwegs
ist, gibt das kleine Heimatmuseum im Rathaus
einen Einblick in die Alltagskultur der Appenzeller,
interessante Videofilme machen mit Volksmusik

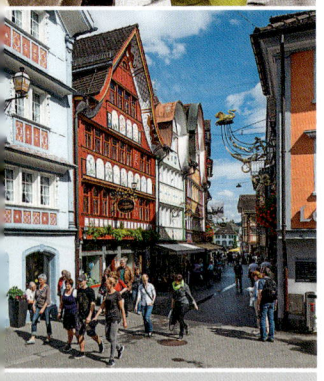

Mitte: Die Appenzeller Alpfahrt
im August – gelbtes Brauchtum
Unten: Schmucke Giebelhäuser
säumen die autofreie Hauptgasse
von Appenzell.

Das Appenzellerland

und altem Handwerk bekannt. Zu den gefälligsten Häusern in der Hauptgasse gehört die Löwen-Drogerie, deren Fassade hübsche Kräuterbilder schmücken.

Urform der Demokratie

Das Herz der Appenzeller Demokratie schlägt am Landsgemeindeplatz. Seit 600 Jahren kommen dort am letzten Sonntag im April Punkt zwölf Uhr mittags die rund 3000 Wahlberechtigten zusammen, um unter freiem Himmel Gesetzesvorlagen auf kantonaler Ebene zu beschließen. Jeder Wähler weist sich durch eine Stimmkarte aus, bei Männern genügt das Vorzeigen des von Generation zu Generation weitergegebenen Seitengewehrs. Bis 1991 (!) war die Wahl reine Männersache, erst nach dem Beschluss des Schweizerischen Bundesgerichts wird seither auch den Frauen das Wahlrecht zuerkannt. Anderes »neumodisches Zeugs«, etwa die Briefwahl, gibt es nicht: Wer an das Krankenbett gefesselt oder auf Geschäftsreise ist, hat einfach Pech. Abgestimmt wird seit eh und je offen per Handmehrheit.

Hanf- und Mondbiere

Nur wenige Gehminuten vom Ortszentrum entfernt kommen jenseits der Sitterbrücke Bierfans auf ihre Kosten. Im Besucherzentrum der Brauerei Locher kann man sich per Audioguide in die Braukunst des Appenzeller Traditionsunternehmens einführen lassen. Die Brauerei machte in den letzten Jahren immer wieder durch innovative Spezialbiere auf sich aufmerksam, etwa mit dem Bio-Bier »Naturperle« oder dem nur in Vollmondnächten gebrauten »Vollmondbier«. Ergänzt wird das Sortiment durch Hanfbier und das »Birra da Ris«, das neben Braugerste aus mit im Tessiner Maggia-Tal angebautem Reis hergestellt wird.

Nicht verpassen

SCHAUKÄSEREI STEIN

Rund sechzig Dorfkäsereien stellen im Kanton Appenzell den berühmten Appenzeller her. Eine der größten und bekanntesten (um nicht zu sagen überlaufenen) ist die Schaukäserei in Stein, 15 Autominuten nordwestlich des Hauptortes Appenzell. Eine Besuchergalerie gewährt Einblicke in die Käseherstellung, für die ausschließlich Rohmilch verwendet wird. Im Keller reifen rund 6000 Laibe, jeder davon bringt etwa sieben Kilo auf die Waage. Während der dreimonatigen Reifezeit wird die Rinde regelmäßig mit Kräutersulz eingerieben. Wie sich dieses zusammensetzt, bleibt ein Geheimnis des Käsemeisters, jedenfalls soll es für den unverwechselbaren, würzigen Geschmack des Appenzeller Käses verantwortlich sein.

Appenzeller Schaukäserei. Mai–Okt. tgl. 9–18.30 Uhr, sonst bis 17.30 Uhr, Dorf 711, 9063 Stein, Tel. +41 71/3 68 50 70, www.schaukaeserei.ch

Schöne Aussichten

Vom Nordufer des Obersees, egal, ob von Meersburg oder Lindau aus, ist bei entsprechender
Wetterlage die Silhouette des Alpsteinmassivs
allgegenwärtig. An Aufstiegshilfen hat man gleich
zwischen sechs Bergbahnen die Qual der Wahl. Die
meisten Besucher zieht es auf den Säntis, den mit
2502 Metern höchsten Gipfel des vor 15 Millionen Jahren aufgeworfenen Faltengebirges. Trotz
seiner für die Alpen relativ bescheidenen Höhe ist
der Säntis nicht irgendein beliebiger Alpengipfel,
seine frei stehende Lage macht ihn zum Pano-
ramaberg der Ostschweiz. Ausgangspunkt ist die
mit dem Auto oder Postbus erreichbare Schwägalp (1370 m). Am Rummel an der Talstation der
Schwebebahn wird sogleich klar, dass man das
Gipfelglück mit vielen Ausflüglern teilen darf. Oben
angekommen, weiß man angesichts der XXL-Aus-
sicht gar nicht, wohin man zuerst schauen soll.
Spektakulär ist das Dreigestirn von Eiger, Mönch
und Jungfrau, im Osten zeigt sich die Zugspitze,
im Westen funkelt der Zürichsee, im Norden der
Bodensee – und bei optimaler Sicht kann man
selbst das Ulmer Münster ausmachen.

Oben: Auch die Jugend hat sichtlich ihren Spaß an der Alpauf-
fahrt, hier auf der Sitterbrücke
am Altstadtrand von Appenzell.
Unten: Für die Viehschau in Wald
braucht es ein ordentliches Glo-
ckengeläut.

Infos und Adressen

SEHENSWÜRDIGKEITEN

Museum Appenzell. April–Okt. Mo–Fr 10–12, 13.30–17 Uhr, Sa, So 11–17 Uhr, Nov.–März Di–So 14–17 Uhr, Hauptgasse 4, 9050 Appenzell, Tel. +41 71/7 88 96 31, www.museum.ai.ch

ESSEN UND TRINKEN

Linde. Spezialität ist das Appenzeller Bierfondue. Tgl. außer Do 9–14, 16–24 Uhr, Hauptgasse 40, 9050 Appenzell, Tel. +41 71/7 87 13 76, www.linde-appenzell.ch

Restaurant Marktplatz. Nur wenige Schritte vom Landsgemeindeplatz entfernt; relativ preiswert ist wochentags das Tagesmenü. Mi–Sa 11–14, 17.30–23 Uhr, am Wochenende durchgehend warme Küche, Kronengarten 2, 9050 Appenzell, Tel. +41 71/7 87 12 04, www.marktplatz-appenzell.ch

Gepflegte Gastlichkeit im Hotel Appenzell

ÜBERNACHTEN

Hotel Appenzell. Das Dreisternehaus am Landsgemeindeplatz bietet im Landhausstil möblierte Nichtraucherzimmer, das Frühstücksbuffet wird durch Backwaren aus der eigenen Konditorei bereichert. Hauptgasse 37, 9050 Appenzell, Tel. +41 71/7 88 15 15, www.hotel-appenzell.ch

EINKAUFEN

Brauerei Locher. In dem Informationszentrum der kreativen Kleinbrauerei wird neben dem Biersortiment auch ein hauseigener Whisky angeboten, April–Okt. Mo 13–17 Uhr, Di–Fr 10–12.15, 13–17 Uhr, Sa, So 10–17 Uhr, im Winter So, Mo geschlossen, Brauereiplatz 1, 9050 Appenzell, Tel. +41 71/7 88 01 76, www.appenzellerbier.ch

Chäslade. Führt neben Käse auch Appenzeller Weine, Bienenhonig und das lokale Birnenbrot. Mo–Fr 8.30–12, 13.30–18.30 Uhr, Sa 8–16 Uhr, So 13–17 Uhr, Hauptgasse 13 (gegenüber der Touristeninformation), 9050 Appenzell, www.chaeslade.com

Hermann Brander. Eisenwarenhandlung u. a. mit Kuhglocken, Schweizer Messern und Fondue-Geschirr. Mo–Fr 8–12, 13.30–18.30 Uhr, Sa 8–16 Uhr, außerhalb der Sommersaison Mo Ruhetag, Hauptgasse 12, 9050 Appenzell, www.brander.ch

BERGBAHN

Säntis Schwebebahn. Die Bergbahn fährt ganzjährig im 30-Minuten-Takt. 9107 Schwägalp, Tel. 41 71/3 65 65 65, www.saentisbahn.ch

INFORMATION

Appenzellerland Tourismus. Mo–Fr 9–12, 14–17 Uhr, Sa, So 14–17 Uhr, Hauptgasse 4, 9050 Appenzell, Tel. +41 71/7 88 96 41, www.appenzell.ch

46 Romanshorn
Größter Hafen am Schweizer Ufer

Romanshorn ist vor allem als Verkehrsknotenpunkt bekannt und für Ausflügler mehr Durchgangsstation als Ferienort. Vom Bahnhof verkehren Züge nach St. Gallen, Kreuzlingen und Zürich, die Bodensee-Fähre schafft eine schnelle Verbindung mit dem gegenüberliegenden Friedrichshafen. Radler und Inlineskater finden für ihren Sport im Umland ein hervorragend ausgebautes Streckennetz.

Bis auf die Stadtkirche und das Schloss daneben, heute ein Hotel, gibt das Stadtbild von Romanshorn (10 000 Einw.) nicht viel her. Dreh- und Angelpunkt ist der Fährhafen, zugleich Heimathafen der Schweizerischen Bodenseeschifffahrt. Jede Stunde legt die von Friedrichshafen kommende Fähre an und bringt viele Radler mit, die sich von hier auf den Bodenseeradweg oder in das sehr gut mit Radwegen erschlossene »Veloland Thurgau« aufmachen. Auch für Inlineskater ist Romanshorn ein idealer Ausgangspunkt, kann man doch auf gutem Belag und weitgehend flach meist am Ufer entlang bis ins 37 Kilometer entfernte Kreuzlingen skaten. Eine grüne Oase sind die Wiesenflächen am Seepark, in dem an Sommerwochenenden auch Konzerte und ein Flohmarkt stattfinden.

Mitte: Im Schloss Romanshorn residierte früher der Obervogt des Klosters St. Gallen, heute wird es als Hotel geführt.
Unten: Der Romanshorner Hafen ist am Schweizer Ufer die Drehscheibe der Bodenseeschifffahrt.

Ein Stück Eisenbahngeschichte

1869 verkehrten ab Friedrichshafen und Lindau die ersten Trajektfähren nach Romanshorn, sie boten Platz für 18 Güterwagen. Zunächst war ein als »Kohlenfresser« bekannter Raddampfer in Betrieb, der pro Überfahrt rund sieben Doppelzentner

Kohle verbrannte. Lediglich durch die beiden Welt-kriege unterbrochen, querten bis zur Einstellung der Trajektfähre im Jahr 1976 Hunderttausende von Güterwagen den See. Romanshorn war zu jener Zeit als das Eisenbahnerdorf am Bodensee bekannt, wobei die Gleisanlagen am Hafenbahnhof schon fast großstädtische Ausmaße erreichten. So manches davon musste seither modernen Betriebs-anlagen weichen.

Geblieben ist die alte Lokremise, in der es früher Werkstätten sowie Aufenthalts- und Schlafräume für die Lokführer gab. Diese ist nun das Herzstück von Locorama, einem Eisenbahnmuseum, in dem unter anderem verschiedene Dampflokomotiven und Triebwagen ausgestellt werden. Interessant sind auch die Personenwaggons, diese waren in der dritten Klasse einst mit einfachen Holzbänken ausgestattet und hatten offene Plattformen, und die Raucherabteile waren noch größer als jene für Nichtraucher. Zu dem Museumskomplex gehört zudem ein altes Stellwerk, und als Wahrzeichen fungiert die 2013 restaurierte und wieder auf-gebaute Signalbrücke. Kinder können mit einem Miniaturbähnchen eine Runde über das Gelände drehen. Die Attraktion sind allerdings die sonn-tags von Mai bis September stattfindenden Ufer-dampffahrten von Romanshorn nach Rorschach – Dampfromantik am Bodensee!

Seifenkisten und Boliden

Autofans zieht es auf das Nachbargelände der Locorama zum ehemaligen Tanklager, in dem im Autobau die Privatsammlung des Schweizer Ex-Rennfahrers Fredy Lienhard Platz gefunden hat. In zwei Hallen werden auf zwei Ebenen rund acht-zig Fahrzeuge ausgestellt. Einer der Schwerpunkte ist der Rennsport, der von der Seifenkiste bis zum Boliden vertreten ist.

47 Kreuzlingen
Die kleine Schwester von Konstanz

Die größte Stadt am Schweizer Seeufer kann und will sich nicht mit dem kulturellen Erbe und der quirligen Altstadt der Seemetropole Konstanz messen. Dennoch drängt sich ein Besuch der nahtlos mit Konstanz zusammengewachsenen Stadt auf. Vom Konstanzer Bahnhof kann man in ein paar Minuten über die Grenze spazieren, umgekehrt nutzen natürlich auch die Kreuzlinger den kleinen Grenzverkehr zum Einkaufen und Ausgehen.

Der interessanteste Weg nach Kreuzlingen führt zu Fuß vom Konstanzer Bahnhof aus. Sobald man die Bahngleise hinter sich gelassen hat, wird in Klein-Venedig die Landesgrenze zwischen Deutschland und der Schweiz erreicht. Seit 1938 trennte hier ein hässlicher Maschendrahtzaun die beiden Länder, bis 2006 die Bürgermeister der Nachbarstädte beschlossen, den Zaun niederreißen zu lassen, nicht ohne vorher die Einwilligung aus Berlin und Bern einzuholen. Auch die Zollbehörden stimmten zu, allerdings unter der Bedingung, dass die Grenze in irgendeiner anderen Form markiert werden würde.

Kunst an der Grenze

Natürlich hatten die Verantwortlichen schon etwas in petto, zusammen mit dem Konstanzer Objektkünstler Johannes Dörflinger verwirklichten sie die weltweit erste »Kunstgrenze«. Anstelle des Zaunes markieren seit 2007 von Dörflinger entworfene Tarotskulpturen auf einer Länge von 300 Metern den Grenzverlauf. Acht Meter hoch ragen die nachts dezent angestrahlten abstrakten 22 Skulp-

Mitte: Weltweit einzigartig – die »Kunstgrenze« zwischen Konstanz und Kreuzlingen
Unten: Die Fächerpalmen sind zwar noch recht jung, doch die Gartenbaukunst im Seeburgpark kann sich sehen lassen.

turen in den Himmel, die Letzte davon steht ein Stück im Wasser. Die »Kunstgrenze« will nicht abgrenzen, sondern verbinden. Schade ist nur, dass das Modell bislang nicht auch anderswo Schule gemacht hat.

Freizeitoase Seeburgpark

Von der »Kunstgrenze« sind es nur wenige Gehminuten zum pittoresken Kreuzlinger Hafen. Diesem ist die künstlich aufgeschüttete Wollschweineinsel vorgelagert, auf der tatsächlich auch Wollschweine leben. Wer mit dem Wagen kommt, findet am Hafen einen Parkplatz, Tickets an den Parksäulen können praktischerweise außer in Schweizer Franken auch in Euro gelöst werden. Die Wollschweineinsel ist bereits Teil des Seeburgparks, einer weitläufigen, ans Seeufer grenzenden Freizeitoase mit altem Baumbestand, Heilkräutergarten, Spielplatz und der Gelegenheit, eine Partie Rasenschach oder Minigolf zu spielen. In einem kleinen Tierpark werden Esel, Ziegen, Hasen und andere anscheinend immer hungrige Haustiere gehalten; sofern man mithelfen will, die Mäuler zu stopfen, kann man Trockenfutter aus dem Automaten ziehen. Namensgebend für den Seeburgpark ist die von Türmchen gezierte Seeburg aus dem 17. Jahrhundert. Einst Sommerfrische des Kreuzlinger Klerus und in den 1970er-Jahren Drehort für den Fassbinder-Film *Martha*, kann man heute in dem Schloss-Restaurant einkehren und von der Terrasse den Seeblick genießen. Das benachbarte Seemuseum widmet sich der Bodenseeschifffahrt, vor 400 Jahren diente der Bau mit seinem hübschen Stufengiebel dem Augustinerstift als Kornschütte.

Boulevard und St. Ulrich

Kreuzlingen ist eine relativ junge Stadt, sie entstand erst im Jahr 1928 durch die Zusammenle-

Nicht verpassen

AUSFLUG NACH GOTTLIEBEN

Fünf Kilometer westlich von Kreuzlingen erreicht man das 300-Seelen-Dorf Gottlieben am Seerhein, kurz bevor dieser in den Untersee mündet. Der malerische Ort war Anfang des 20. Jahrhunderts eine beliebte Sommerfrische für Literaten, unter anderem hielten sich dort Hermann Hesse, Thomas Mann und Rainer Maria Rilke auf. Im Jahr 1415 wohnte in dem Wasserschloss der Reformator Jan Hus, bis man ihn dann als Ketzer auf dem Konstanzer Münsterplatz verbrannte. Für Fotografen ist jedoch ein anderer Bau das Ziel – die gut 350 Jahre alte Drachenburg. Sie gilt als das schönste Fachwerkhaus weit und breit. Als ob das Fachwerk nicht allein zur Zierde reichen würde, schmücken zusätzlich noch zwei Prunkerker mit aufgesetzten Zwiebelhauben das Haus. Die Drachenburg ist Teil eines kleinen Hotelkomplexes, in dem zum Seerhein ausgerichteten Terrassenlokal kann man auch einkehren.

gung der Gemeinden Egelshofen, Kurzrickenbach und Emmishofen. Ein eigentlicher Stadtkern der mittlerweile auf 20 500 Einwohner und damit zum größten urbanen Zentrum am Schweizer Seeufer angewachsenen Stadt fehlt allerdings. Hauptverkehrsachse ist der verkehrsberuhigte Boulevard. Zwar hat man es noch nicht ganz geschafft, den Autoverkehr außen vor zu halten, doch bei einer Geschwindigkeitsbegrenzung von 20 km/h kann man auf der Hauptstraße relativ entspannt flanieren, zumal Fußgänger überall Vortritt haben. Der Boulevard verläuft vom Hauptzoll an der Grenze bis zum anderthalb Kilometer weiter südlich gelegenen Verkehrskreisel am Blauen Haus. Etwa auf halber Strecke liegt mit der Katholischen Pfarrkirche St. Ulrich die Keimzelle der Stadt. Sie ging aus einem 1125 von den Konstanzer Bischöfen gegründeten Augustinerkloster hervor, wurde jedoch mehrfach baulich verändert und nach einem Großbrand in den 1960er-Jahren im barocken Stil wiederaufgebaut. Sehr schön anzuschauen ist die detailreich gestaltete Ölbergkapelle, in der mit rund 250 aus Zirbelkiefernholz geschnitzten kleinen Figuren die Passion Christi nachgestellt wird.

Oben: In der Kirche St. Ulrich lohnt ein Blick in die Ölbergkapelle.
Unten: Vom Seeburgpark ist es nur ein Katzensprung auf die rechtsrheinische Seite von Konstanz.

Infos und Adressen

SEHENSWÜRDIGKEITEN

Seemuseum. Juli–Sept. Di–So 11–17 Uhr, sonst Mi, Sa, So 14–17 Uhr, Seeweg 3, 8280 Kreuzlingen, Tel. +41 71/6 88 52 42, www.seemuseum.ch

ESSEN UND TRINKEN

Fischerhaus. Reizvoll gelegen am Seeufer östlich des Jachthafens mit schweizerisch-italienischer Küche, im Sommer mit Biergarten. Tgl. 11.30–14 Uhr und ab 18 Uhr, Promenadenstr. 52, 8280 Kreuzlingen, Tel. +41 71/6 88 18 77, www.fischerhaus.ch

Schloss Seeburg. Sehr ruhige Lage im Seeburgpark; auf der Terrasse über dem Schlossgarten kann man es sich bei einem Viergangmenü gut gehen lassen oder einfach nur einen Espresso oder Grappa genießen. Mi–So 10–23 Uhr (Juli, Aug. tgl.), Seeweg 5, 8280 Kreuzlingen, Tel. +41 71/6 88 40 40, www.schloss-seeburg.ch

Hinten hinaus überrascht Schloss Seeburg mit einer tollen Seeterrasse.

Das Seemuseum zeigt eine Dauerausstellung zur Bodenseeschifffahrt.

AUSGEHEN

See-Burgtheater. Im Sommer wird auf der Seebühne im Seeburgpark avantgardistisches Theater gespielt. www.see-burgtheater.ch

EINKAUFEN

Chocolat Bernrain. Fabrikverkauf von feiner Schweizer Schokolade. Zum Sortiment gehören auch innovative laktosefreie und mit Agavendicksaft gesüßte Sorten. Besonders lecker: Frischrahmtruffes! Mo–Fr 9–12, 13.30–17.30 Uhr, Bündtstr. 12, 8280 Kreuzlingen, Tel. +41 71/6 77 97 77, www.swisschocolate.ch

SCHIFF

Kursschiff. Von Kreuzlingen verkehren im Sommerhalbjahr Kursschiffe via Konstanz, Reichenau und Stein am Rhein nach Schaffhausen. Fahrplanauskunft unter Tel. +41 52/6 34 08 88, www.urh.ch

Sole Mio. Von Kreuzlingen aus kann man von Mai bis Oktober auf einer Solarfähre fast völlig lautlos eine Fahrt zum Konstanzer Hafen unternehmen. www.solarfähre-solemio.com

INFORMATION

Kreuzlingen Tourismus. Mai–Sept. Mo–Fr 10–12.30, 13.30–18 Uhr, Sa 10–12.30 Uhr, sonst Mo–Fr 10–12.30, 13.30–17 Uhr, Hauptstr. 39, 8280 Kreuzlingen, Tel. +41 71/6 72 38 40, www.kreuzlingen-tourismus.ch

48 Von Steckborn nach Ermatingen
Auf den Spuren von Napoleon

Die Schweizer Seite des Untersees ist wie auch das deutsche Pendant am Nordufer eine vergleichsweise stille Ferienregion. In Steckborn macht der barocke Turmhof auf sich aufmerksam, im Schloss Arenenberg verbrachte Kaiser Napoleon III. in einer Villa hoch über dem Seeufer seine Jugendjahre, und in Ermatingen erzählt ein jüngst eröffnetes Weinmuseum, dass man es auch auf der Schweizer Seeseite versteht, ansprechende Gewächse zu kultivieren.

Steckborns Ofenbauer

Das Städtchen am Südufer des Untersees hinterlässt wie fast alle Schweizer Ortschaften einen betont aufgeräumten Eindruck. Der Ort ging aus einem mittelalterlichen Fischerort hervor und erhielt bereits 1313 das kaiserliche Privileg, sich Stadt nennen zu dürfen, dennoch ist der 3600-Seelen-Ort bis heute eher ländlich geprägt. Ausnahme ist allerdings die Seefront mit dem Turmhof (1320); mit seinen vier Geschossen, fünf Turmspitzen und einer barocken Zwiebelhaube ist er das unbestrittene Wahrzeichen der Gemeinde. In ihm residierten vor 700 Jahren die Äbte der Reichenau, heute erzählt ein Museum die Geschichte des Gebäudes und der Region. Die Attraktion der Ausstellung sind kunstvoll bemalte Kachelöfen, wie sie von lokalen Ofenbauern im 18. und 19. Jahrhundert für Klöster und wohlhabende Patrizier hergestellt wurden. Ortseinwärts steht die mit Stuck ausgeschmückte Jakobskirche, von deren Turm sich ein weites Seepanorama bietet. Eine Augenweide ist das bis auf 1498 zurückreichende, schmucke Fachwerkrathaus.

Mitte: Der Turmhof ist nicht nur von außen attraktiv, innen können wunderbare Kachelöfen bestaunt werden.
Unten: Fähren verbinden im Sommer Steckborn mit den deutschen Häfen am Untersee.

Gelebtes Brauchtum

Die kleine Gemeinde Ermatingen (2800 Einw.), auf halbem Weg zwischen Steckborn und Kreuzlingen, wartet mit einigen hübschen Fachwerkhäusern auf. In dem ehemaligen Fischerdorf ist der Kehlhof (Kehlhofstraße 8) bemerkenswert, ein stolzer dreistöckiger Riegelbau, den 1694 der damalige Bürgermeister Ammann erbauen ließ. Noch bekannter ist der Gasthof Adler, dort logierten neben Napoleon III. auch Literaten wie Alexandre Dumas, Hermann Hesse und Thomas Mann. Das Haus wird urkundlich bereits um 1270 erwähnt und gilt als einer der ältesten Gasthöfe der Schweiz. Ermatingen rühmt sich, »die späteste Fasnacht der Welt« zu feiern. Warum das so ist, ist der Inhalt von mindestens drei Legenden. Eine davon geht auf den 1415 vom Konstanzer Konzil abgesetzten Gegenpapst Johannes XXIII. zurück, der auf der Flucht von Konstanz in Ermatingen Station machte und vom Dorfpfarrer zum Abendessen Groppen, einen kleinen Bodenseefisch, aufgetischt bekam. Seither feiert man in Ermatingen die Groppenfasnacht in einem großen Umzug, und zwar immer drei Wochen vor dem Ostersonntag, wenn anderenorts die tollen Tage schon lange zu Grabe getragen

Einfach gut!

WOHNEN WIE IM KLOSTER

Das im 13. Jahrhundert gegründete ehemalige Zisterzienserkloster Feldbach liegt in einer öffentlichen kleinen Gartenanlage, die unmittelbar ans Seeufer grenzt. Empfang, Restaurant (große Weinkarte) und Turmbar sind im rustikalen historischen Fachwerkhaus untergebracht, die 36 hellen Doppelzimmer in einem modernen Querbau, die meisten davon geben den Blick auf den See und hinüber auf die deutsche Seite frei. Sobald es die Jahreszeit erlaubt, wird auf der reizenden Seeterrasse gefrühstückt, abends kann man von dort dem Sonnenuntergang zuschauen. Wer sich die Füße vertreten will, erreicht auf der Uferpromenade nach wenigen Schritten den Jachthafen.

See & Park Hotel Feldbach. Im Feldbach 10, 8266 Steckborn, Tel. +41 52/7 62 21 21, www.hotel-feldbach.ch

worden sind. Warum allerdings nur alle drei Jahre (nächster Termin 2018) gefeiert wird? Bestimmt gibt es auch dazu eine plausible Erklärung. Neuester Stolz des Ortes ist das durch eine Schenkung an die Gemeinde gefallene Haus Phönix, in dem seit 2011 ein Museum über den Weinbau am Bodensee informiert, in der zugehörigen Remise wird die Wohnkultur von vor gut Hundert Jahren wieder lebendig. Zu dem hübschen Museumskomplex gehört auch ein Rosengarten.

Napoleon am Bodensee

Das zwei Kilometer von Ermatingen entfernte Schloss *Arenenberg* gleicht eigentlich mehr einer großen Villa, die exponiert etwa 60 Höhenmeter über dem Seespiegel thront und allein schon wegen der aussichtsreichen Lage auf die Insel Reichenau den Besuch lohnt. Das Schloss wurde im 19. Jahrhundert von der Familie Napoleon bewohnt. Nach dem Sturz von Napoleon I. wählte seine Stieftochter Hortense de Beauharnais Arenenberg ab 1817 als Exil und brachte nach gründlichem Umbau mit Tapeten und Mobiliar ein Stück französische Wohnkultur in das spätgotische Anwesen. Hortense war die Mutter von Charles-Louis, der als Jugendlicher etliche Jahre im Schloss Arenenberg verbrachte und von 1852 bis 1870 als Napoleon III. Kaiser von Frankreich und einer der mächtigsten Männer Europas werden sollte. Heute kann man in Filzpantoffeln genüsslich durch das herrschaftliche Palais schlurfen und dabei die ausgestellten Preziosen bewundern. Im Prinzenflügel, in dem ursprünglich das Personal untergebracht war und in dem sich auch der Museumszugang befindet, entdeckte man 2010 bei Restaurierungsarbeiten unter dem Boden eines Kühlraumes das »kaiserliche« Badezimmer aus dem 19. Jahrhundert. Nur die goldenen Wasserhähne hatte anscheinend schon vorher jemand abmontiert.

Oben: Schloss Arenenberg – ein Stück Frankreich in der Schweiz
Unten: Die Ermatinger Kirche St. Albin wird schon seit Jahrhunderten sowohl von der katholischen als auch der evangelischen Gemeinde genutzt.

Infos und Adressen

SEHENSWÜRDIGKEITEN

Museum im Turmhof. Mitte Mai–Okt. Mi, Fr–So 14–17 Uhr, Seestr. 84 a, 8266 Steckborn, www.turmhof-museum.ch, Eintritt frei

Museum Vinorama. Mai–Okt. Fr–So 14–17 Uhr, sonst nur Sa und So, Hauptstr. 62, 8272 Ermatingen, Tel. +41 71/6 60 01 01, www.vinorama-ermatingen.ch, Eintritt frei

Napoleonmuseum. April–Mitte Okt. tgl. 10–17 Uhr, im Winter Mo geschlossen, 8268 Salenstein, Tel. +41 58/3 45 74 10, www.napoleon museum.tg.ch

ESSEN UND TRINKEN

Hotel Adler. »Auberge Napoléon« nennt sich das historische Haus gern, es hat eine holzgetäfelte Gaststube und eine schöne Gartenterrasse. Mi–So 11.45–22 Uhr, Fruthwilerstr. 2, 8272 Ermatingen, Tel. +41 71/6 64 11 33, www.adler-ermatingen.ch

Die Seeterrasse des Klosterhotels verwöhnt durch seine einmalige Lage.

INFORMATION

Ermatingen Tourismus. Mo–Fr 6.15–19 Uhr, Sa, So 8–18 Uhr, Im Bahnhof, 8272 Ermatingen, Tel. +41 71/6 64 19 09, www.ermatingen-tourismus.ch

Das Napoleon-Zimmer im Adler in Ermatingen

49 Stein am Rhein
Historische Altstadt mit viel Flair

Wer ist die Schönste im ganzen Land? Bei einem Ranking um das sehenswerteste historische Stadtbild der Schweiz dürfte Stein am Rhein ganz vorn mit dabei sein, und dies, obschon es in der Eidgenossenschaft nicht gerade wenige Mitbewerber gibt. Die sorgsam konservierte Altstadt mit ihrem prächtigen Rathausplatz zieht jedes Jahr rund eine Million Tagesausflügler in das 3000 Einwohner zählende Städtchen.

Je nachdem, aus welcher Richtung man anreist, definiert sich die Lage von Stein am Rhein anders: Von Schaffhausen kommend beginnt dort der Bodensee, genauer gesagt der Untersee, von Konstanz aus liegt das Städtchen bereits am Hochrhein. Wie auch Schaffhausen profitierte Stein am Rhein von seiner Funktion als Umladestation im Schiffsverkehr. Angesichts der Stromschnellen musste die Fracht von den vom See kommenden Schiffen hier auf kleinere Boote umgeladen werden.

Rathausplatz

Mitte: Die reizvolle Lage von Stein am Rhein zeigt sich an der Auffahrt zur Burg Hohenklingen. **Unten:** Fassadenmalerei, historische Brunnenfiguren und Prunkerker machen aus einem Bummel durch das Städtchen am Rhein ein Erlebnis.

Das Zentrum der Altstadt präsentiert sich als einzigartiges Ensemble von der Gotik und der Renaissance geprägten Patrizierhäusern, manche davon gehen bis ins 15. Jahrhundert zurück. So gut wie jede Fassade erzählt in großflächigen Fresken eine Geschichte, die meisten Wandmalereien sind allerdings eine Mode der Neuzeit und gerade mal gut Hundert Jahre alt. Bei den dargestellten Motiven ist es mitunter nicht ganz einfach, einen Bezug zum Ort zu finden, vorherrschend sind biblische und antike Themen, etwa der Kampf von David

Stein am Rhein

gegen Goliath oder die Begegnung von Alexander dem Großen mit Diogenes. Den Platz dominiert das Fachwerkrathaus von 1542 mit seinem auf dem Mansardendach aufsitzenden Uhrenturm. An der Südseite reiht sich ein stolzes Haus ans andere, etwa die Vordere Krone, ein Kaufmannshaus mit einem pittoresken Holzerker und drei Wasserspeiern an der Fassade. Daneben steht der Rothe Ochsen von 1446, urkundlich verbrieft gilt er als das älteste Wirtshaus der Stadt, dessen wuchtige Balkendecken und holzgetäfelte Gaststube in Augenschein genommen werden können.

Kloster St. Georgen

Direkt am Rheinufer liegt das 1000 Jahre alte Kloster St. Georgen. König Heinrich II. ließ es im Jahr 1007 von der Burg Hohentwiel an den Rhein verlegen. Seither wurde die spätromanische Gründung der Benediktiner mehrfach umgebaut. Spätgotisch geben sich die hübschen Maßwerkarbeiten in dem von einem Netzgewölbe überdachten Kreuzgang, der Festsaal wurde um 1515 von den Malern Thomas Schmid und Ambrosius Holbein im Stil der Frührenaissance ausgemalt. Für die geringe Zahl der Mönche, es sollen nie mehr als zwölf gewesen sein, bot sich in dem mittelalterlich anmutenden Gemäuer reichlich Platz, die Zellen fielen dennoch spartanisch aus. Bei einem Besuch des 2012 eröffneten Klostermuseums kann man einen Blick in die Räumlichkeiten werfen.

Burg Hohenklingen

Vom Rathausplatz kann man in einer guten halben Stunde zur Burg Hohenklingen aufsteigen. Sie thront mit ihrem 30 Meter hohen, vierkantigen Bergfried weithin sichtbar knapp 200 Höhenmeter über dem Rhein auf einem bewaldeten

Geheimtipp

INSEL WERD
Liegt die Insel eigentlich noch im Bodensee oder schon im Rhein? In der Flachwasserzone am Ufer gab es jedenfalls schon vor 5000 Jahren eine Pfahlbausiedlung, und für die Römer war der Platz vor 2000 Jahren ein wichtiger Brückenkopf. Besucher parken auf dem Festland in Eschenz, von dort führt eine Fußgängern vorbehaltene, 125 Meter lange Holzbrücke auf das Eiland, von dem man einen wunderbaren Ausblick auf Stein am Rhein und die darüber thronende Burg Hohenklingen hat. Werd war die Verbannungsinsel für den in Ungnade gefallenen St. Galler Klostergründer Abt Otmar, der hier 759 starb. Eine Wallfahrtskapelle neben einem verwunschen aussehenden Treppengiebelhäuschen mit hübsch bemalten Fensterläden erinnert daran. Zweifelsohne ein stimmungsvoller Ort!

Die Uferfront von Stein am Rhein mit dem Kloster St. Georgen

Bergrücken. Vor 800 Jahren auf den Ruinen eines Vorgängerbaus errichtet, hatte sie einst die Funktion, das Kloster St. Georgen und das sich daneben ausbreitende Städtchen zu sichern. Während des Schwabenkriegs von 1499 und des Dreißigjährigen Kriegs (1616–1648) wurde die Festung immer wieder den neuen militärischen Herausforderungen angepasst. Die Burg überstand so relativ unbeschadet alle Widrigkeiten. Sie ist heute in Privatbesitz und beherbergt ein nobles Feinschmeckerlokal. Bergfried, Innenhof und die Laube, von der sich ein grandioses Panorama auf Stadt, Land und Fluss öffnet, sind frei zugänglich. Natürlich muss man nicht unbedingt zu Fuß aufsteigen, die Anfahrt ist auch im Wagen auf einem kurvigen Bergsträßchen machbar.

Rechtsrheinisches Ufer

Südlich vom Rathaus verbindet eine moderne Straßenbrücke mit dem kleineren, doch älteren Stadtteil Burg auf der gegenüberliegenden Rheinseite. Dort lohnt ein Blick in die Kirche St. Johann mit ihrem von Fresken ausgemalten Chor. Von dem barocken Zwiebelturm sollte man sich nicht täuschen lassen. Die Johannes dem Täufer geweihte Kirche ist der älteste Sakralbau im Kanton Schaffhausen. Sie steht auf dem Fundament eines römischen Kastells, das einst den Brückenkopf am Rheinufer absicherte.

Oben: Als ob die Zeit in dem Rheinstädtchen stehen geblieben wäre …
Unten: Fachwerk schmückt das Untertor, das die Altstadt einst nach Norden absicherte.

Infos und Adressen

SEHENSWÜRDIGKEITEN

Kloster St. Georgen. April–Okt. Di–So 10–17 Uhr, Fischmarkt 3, 8260 Stein am Rhein, Tel. +41 52/7 41 21 42, www.bundesmuseen.ch

Museum Lindwurm. Eine Dauerausstellung gibt Einblicke in die großbürgerliche Wohnkultur des Biedermeiers. März–Okt. tgl. 10–17 Uhr, Understadt 18, 8260 Stein am Rhein, Tel. +41 52/7 41 25 12, www.museum-lindwurm.ch

ESSEN UND TRINKEN

Burg Hohenklingen. In der gotischen Burgstube hoch über dem Rhein wird französisch-schweizerische Küche zu gehobenen Preisen geboten. Mai–Sept. Di–Sa 11.30–21 Uhr (So bis 18 Uhr), März, April Mi–Sa, Hohenklingenstr. 1, 8260 Stein am Rhein, Tel. +41 52/7 41 21 37, www.burghohenklingen.com

Rheinfels. Glücklich schätzen darf sich, wer einen Platz auf der direkt über den Rhein gebauten Terrasse ergattern konnte und beim »Schlemmer-Menü Petri Heil« die vorbeiziehenden Schiffe beobachten kann. Juli, Aug., tgl. 11–23 Uhr, sonst Mi, Do geschlossen, Rhigasse 8, 8260 Stein am Rhein, Tel. +41 52/7 41 21 44, www.rheinfels.ch

SCHIFF

Schweizerische Schifffahrtsgesellschaft Untersee und Rhein. Stein am Rhein ist Anlegestelle der Kursschifflinie Kreuzlingen-Schaffhausen. Fahrplanauskunft unter Tel. +41 52/6 34 08 88, www.urh.ch

INFORMATION

Tourist-Information. Mai–Sept. Mo–Fr 9.30–12, 13.30–17 Uhr, Sa 9.30–12, 13.30–16 Uhr (im Sommer auch So), Okt.–April Mo–Fr 9.30–12, 13.30–17 Uhr, Oberstadt 3, 8260 Stein am Rhein, Tel. +41 52/6 32 40 32, www.tourismus.steinamrhein.ch

Das Museum Lindwurm führt durch die Wohnkultur des vorletzten Jahrhunderts.

50 Schaffhausen
Schmucke Grenzstadt am Rheinfall

Nicht wenige Touristen kommen ausschließlich ins Schaffhauserland, um Europas größten Wasserfall zu bestaunen. Schade eigentlich, die deutsch-schweizerische Grenzstadt mit ihrer historischen Altstadt ist durchaus einen Besuch wert, wenn auch der industrielle Speckgürtel und untertunnelte Schnellstraßen an der Peripherie zunächst wenig einladend wirken. Der Rheinfall selbst gehört zu den spektakulärsten Naturwundern der Schweiz.

Altstadt und Munot

Auf einem Bummel durch die Altstadtgassen der Kantonshauptstadt (35 400 Einw.) wird schnell klar, dass es die Bürger von Schaffhausen schon früh zu Wohlstand und Ansehen brachten. Als Umschlagplatz für den Schiffsverkehr profitierte die ehemalige Reichsstadt seit dem frühen Mittelalter von ihrer günstigen Lage am Rheinfall. Wer etwas vom Bodensee rheinauf- oder rheinabwärts zu transportieren hatte, musste die Ware vom Lastkahn auf Pferdefuhrwerke umladen und sie auf dem Landweg um das Hindernis bringen lassen. Auch Textil- und Eisenindustrie trugen das ihre dazu bei, dass rund um das romanische Münster zu Allerheiligen stolze Kaufmanns- und Patrizierhäuser im Stil der Renaissance und des Barock entstanden. Wie auch in St. Gallen (s. S. 242) zeigte sich das Repräsentationsbedürfnis der wohlhabenden Schicht durch Prunkerker an den farbig bemalten Giebelfassaden; rund 170 über die ganze Altstadt verteilte Erker können entdeckt werden. Besonders reizvoll präsentieren sich der Fronwagplatz und

Mitte: Unübersehbar überragt der Munot die Altstadt von Schaffhausen.
Unten: Ein Prunkerker ziert das Haus zum Goldenen Ochsen.

von dort abgehende Gassen. Als eine der prächtigsten Renaissancemalereien nördlich der Alpen weiß das Haus zum Ritter in der Vordergasse 65 zu gefallen. Der vielleicht schönste Erker der Stadt prangt am Haus zum Goldenen Ochsen in der Vorstadt 17. Über der Altstadt thront, von Weinbergen umgeben, der Munot, eine runde Zirkularfestung, die 1585 nach gut zwanzigjähriger Bauzeit ihrer Bestimmung übergeben wurde. Das Schaffhauser Wahrzeichen entstand nach Ideen von Albrecht Dürer, der nicht nur ein begnadeter Maler und Mathematiker war, sondern sich auch mit der Befestigung von Städten auskannte. Kasematten und Zinne sind frei zugänglich, nach vorheriger Anmeldung führt der Munotwächter durch den unterirdischen Wehrgang.

Tosender Rheinfall

Von Schaffhausens Altstadt erreicht man den Rheinfall zu Fuß in einer guten Stunde. Natürlich kann man auch mit dem Auto oder Postbus bis zum Ortsteil Neuhausen fahren, wo es Großparkplätze gibt. Im Sommerhalbjahr kommt man von der Schifflände Schaffhausen auch mit dem »City Train« hin. Schon von Weitem ist ein unterschwelliges Grummeln hörbar, dass sich in unmittelbarer Nähe zu einem donnernden Inferno steigert. Der Rheinfall ist Europas größter Wasserfall. Mit seinen 23 Metern fällt seine Höhe zwar relativ bescheiden aus, doch stürzen auf einer Breite von 150 Metern enorme Wassermassen den Katarakt hinab, im Winter sind es etwa 250 000 Liter pro Sekunde, im Sommer nach der Schneeschmelze in den Alpen mehr als doppelt so viel. Spektakuläre Ausblicke erlauben die Panoramaterrassen am Schloss Laufen am linken und Schlössli Wörth am rechten Rheinufer. Das Schloss Laufen hat übrigens seine eigene, eng mit dem Wasserfall verknüpfte Geschichte, sie wird in der Historama-Ausstellung vorgestellt.

Einfach gut!

KARTAUSE ITTINGEN

Das 1150 auf dem Thurgauer Seerücken bei Frauenfeld gegründete Kloster wird heute als Kultur- und Seminarzentrum geführt. Zu dem Ensemble aus mehreren Gebäuden gehört ein großer Gutshof, in dem Wein und Hopfen kultiviert werden, auch Käse, Milch und Obsterzeugnisse sind aus eigener Herstellung. Alle Produkte gibt es im Klosterladen zu kaufen. Im Restaurant Mühle (mit riesigem Mühlrad mitten im Gastraum, tägl. 8.30–23.30 Uhr) können Ittinger Blauburgunder oder das Ittinger Klosterbräu probiert werden. Den Komplex ergänzen zwei Museen, eines erzählt die Klostergeschichte, das andere stellt naive Kunst aus (tägl. 11–18 Uhr, Okt.–April Mo–Fr 14–17 Uhr, Sa, So 11–17 Uhr). Wer länger bleiben will, kann sich im sehr gut geführten zugehörigen Hotel einmieten.

Stiftung Kartause Ittingen. 8532 Warth, Tel. +41 52/7 48 44 11, www.kartause.ch

Der Tellenbrunnen ist Wilhelm Tell gewidmet.

So nah am Fall wie möglich

Reizvoll ist vom Schloss Laufen aus der kosten-pflichtige Belvedere-Weg zum »Känzeli« hinab, von dem man eine der besten Aussichten auf das Naturschauspiel hat. Alternativ kann mit dem Rheinfall-Ticket vom Schloss aus auch mit einem gläsernen Panoramalift zum Rheinfall gefahren wer-den. Ab den Schiffsanlegern von beiden Schlössern werden mehrmals pro Stunde kleine Rundfahrten dicht an die Fallstufe angeboten. Auf einer kurzen Rheinüberfahrt kann man für wenig Geld auch nur den Standpunkt wechseln, um so vom anderen Ufer eine neue Perspektive auf das, wie Goethe sich ausdrückte, »ungeheure Gewühle« zu gewinnen. Pittoresk ragen drei Kalkfelsen aus dem brodelnden Fall heraus. Auf dem mittleren flattert die Schweizer Fahne, und wer will, kann sich dorthin bringen las-sen und auf ein paar Stufen zur Spitze aufsteigen. »The Rock« wird der Felsen genannt, mit garantier-tem Gänsehautgefühl ist er ganz sicher der spek-takulärste Zugang. Das Getöse ist dort so laut, dass man sich nur noch schreiend verständigen kann. Auch sonst wird den jährlich zwei Millionen Besu-chern einiges geboten. Jeweils am 31. Juli wird bei freiem Eintritt mit *Fire on the Rocks* ein Feuerwerk abgebrannt, auch dieses kann bei rechtzeitiger Bu-chung vom Boot aus erlebt werden. Doch auch ohne Feuerwerk lohnt sich ein Abendtermin: Fast das ganze Jahr über tauchen professionelle Lichtplaner bis 23 Uhr nachts den Fall in aufregende Farben.

Oben: Für den Tourismus ist der Rheinfall ein Segen, da vergisst man schnell, dass er für die Schifffahrt bis heute ein unüber-windliches Hindernis ist.
Unten: Das Haus zum Ritter ge-hört mit seiner Renaissancemale-rei zu den auffälligsten Bauten.

Infos und Adressen

ESSEN UND TRINKEN

Schlössli Wörth. Das Lokal ist auch nach Anbruch der Dunkelheit einen Besuch wert, wenn man bei gehobener Küche von der Panoramaterrasse auf den illuminierten Wasserfall schauen kann. Für den kleinen Hunger gibt es tagsüber ein zugehöriges, nicht allzu teures SB-Lokal. April–Anfang Sept. tgl. 11.30–23.30 Uhr, sonst Mi und Do geschlossen, Rheinfallquai, 8212 Neuhausen am Rheinfall, Tel. +41 52/6 72 24 21, www.schloessliwoerth.ch

ÜBERNACHTEN

Jugendherberge Dachsen. Low-Budget-Herberge in einmalig schöner Lage hoch über dem Rheinfall im Schloss Laufen. Das Publikum ist international, wer hier nächtigen will, muss zeitig reservieren. Schloss Laufen am Rheinfall, 8447 Dachsen, Tel. +41 52/6 59 61 52, www.youthhostel.ch/dachsen

Sorell Hotel Rüden. Gutes Nichtraucherhotel in ruhiger Altstadtstraße. Oberstadt 20, 8201 Schaffhausen, Tel. +41 52/6 32 36 36, www.rueden.ch

AKTIVITÄTEN

Adventure Park. Der Seilpark-Parcours für alle Altersgruppen erlaubt spektakuläre Ausblicke auf den Rheinfall. April–Okt. 10–19 Uhr, Rheinfallparkplatz, 8212 Neuhausen am Rheinfall, Tel. +41 52/6 70 19 60, www.ap-rheinfall.ch

SCHIFF

Maendli. Rundfahrten am Rheinfall. Anlegestellen am Schlössli Wörth und Schloss Laufen, 8212 Neuhausen, Tel. +41 52/6 72 48 11, www.maendli.ch

INFORMATION

Schaffhauserland Tourismus. Mo 13.30–17 Uhr, Di–Fr 9.30–17 Uhr, Sa 9.30–13 Uhr (Juli und Aug. auch So 9.30–14 Uhr), Herrenacker 15, 8201 Schaffhausen, Tel. +41 52/6 32 40 20, www.schaffhauserland.ch

In so manchem historischen Erkerhaus hat sich ein Restaurant eingerichtet.

REISEINFOS

Herbstmarkt in St. Gallen

Im Hafen Allensbach sind noch Liegeplätze frei.

Anreise

Mit dem Auto:
Die meisten Besucher reisen im eigenen Wagen an: von Stuttgart aus auf der A 81 bis Singen und von dort auf der B 33 nach Konstanz, beziehungsweise der B 31 in die Ferienorte am Obersee. Von München aus führt die A 96 nach Lindau.

Mit der Bahn:
Konstanz, Friedrichshafen und Bregenz erreicht man von Norddeutschland aus bequem mit dem Intercity, Konstanz wird auch direkt von Zürich aus angefahren. Ein Eurocity verbindet München mit Lindau, Bregenz und St. Gallen.

Mit dem Flugzeug:
Der Bodensee Airport Friedrichshafen (www.fly-away.de) wird von diversen deutschen Großstädten angeflogen. Die nächstgelegenen großen internationalen Flughäfen sind Stuttgart und Zürich.

Auskunft

Deutsches Ufer:
Bodensee-Tourismus Service, Fritz-Arnold-Str. 16a, 78467 Konstanz, Tel. +49 75 31/12 72 50, www.der-bodensee.de

Österreichisches Ufer:
Postfach 9, Bodensee Vorarlberg Tourismus, 6901 Bregenz, Tel. +43 55 74/43 44 30, www.bodensee-vorarlberg.com

Schweizer Ufer:
Schweiz Tourismus, 60311 Frankfurt a. M., Tel. 08 00/10 02 00 29, www.myswitzerland.com

Im Internet:
www.bodensee.eu

Informationen über Unterkünfte und
Campingplätze sowie aktuelle Ausstellungen: www.bodenseeferien.de

Adressen und Öffnungszeiten von
mehr als Hundert Museen und Schlössern am See: www.bodenseemuseen.org

Adressen von Hofläden, Hofcafés und
Ferienquartieren auf Bauernhöfen, allerdings nur für die deutsche Uferseite:
www.bodenseebauer.de

Camping

Rund um den See laden etwa achtzig
Zeltplätze und Wohnmobilstellplätze
zum Wohnen im Grünen ein, viele
davon liegen unmittelbar am Seeufer.
Einen Überblick gibt es auf
www.bodenseeferien.de/camping

Liegewiese im Strandbad Meersburg

FKK

Offizielle Zonen für FKK-Freunde gibt
es im Konstanzer Strandbad Horn und
den Harder Sport- und Freizeitanlagen
zwischen Bregenz und der Schweizer
Grenze.

Gästekarten

Bodensee-Erlebniskarte. Die Gästekarte gewährt in vier Ländern zu etwa
160 Ausflugszielen, Museen, Bädern,
Kursschiffen, Bergbahnen u. a. freien
beziehungsweise um bis zu 30 Prozent
vergünstigten Eintritt. Sie ist in allen
Touristenbüros erhältlich. Es gibt sie
wahlweise für drei, sieben und 14 Tage,
Preis je nach gewünschter Dauer ab
40 Euro. Internationale Bodensee
Tourismus GmbH, Tel. +49 75 31/
90 94 90, Online-Bestellung unter
www.bodensee.eu

Bodensee Team Card. Kostenlose Gästekarte von neun Ferienorten an Überlinger See und Obersee, die Rabatte in
Strandbädern, Thermen, Museen und bei
vielen Ausflugszielen gewährt. Sie wird
von dem jeweiligen Übernachtungsbetrieb ausgestellt. www.bodenseeteam.de

VHB-Gästekarte. Kostenlose Gästekarte
des Verkehrsverbundes Hegau-Bodensee
(VHB), die dazu berechtigt, im Nahverkehr der teilnehmenden Gemeinden (u. a.
Allensbach, Bodman-Ludwigshafen, Radolfzell, Insel Reichenau) alle Busse und
Bahnen kostenlos zu nutzen. Die Karte
wird von dem jeweiligen Übernachtungsbetrieb ausgestellt. www.vhb-info.de

Bodensee-Vorarlberg Freizeitkarte.
Mit der drei Tage gültigen Karte fährt man gratis mit Bus und Bahn zu fast 40 Vorarlberger Museen und Sehenswürdigkeiten und erhält dort zugleich freien Eintritt. Der Kauf lohnt bereits beim Besuch von nur zwei oder drei Sehenswürdigkeiten (z. B. Kunsthaus Bregenz und Pfänderbahn). www.bregenz.travel

Geld

In der Schweiz wird in Grenznähe überall der Euro akzeptiert, der Kurs in Hotels und Restaurants ist aber meist schlechter als am Geldautomaten und macht die Schweiz noch teurer als sie ohnehin schon ist. Umgekehrt kann vielerorts am grenznahen deutschen Ufer, vor allem in Konstanz, mit Franken bezahlt werden.

Lesetipps

Für Literarisches aus erster Hand steht der in Überlingen-Nussbach wohnende Schriftsteller Martin Walser. Seine mehr als eine Million Mal verkaufte Novelle *Ein fliehendes Pferd* (1978) spielt genauso am Bodensee wie das Essay *Heimatlob* seine Heimat zum Thema hat. Leichte Lektüre versprechen zahlreiche Bodensee-Krimis, etwa die mit dem Deutschen Krimipreis ausgezeichnete Story *Schwemmholz* von Ulrich Ritzel (btb 2002), *Das Flüstern der Fische* von Christian Kärger (Emmons 2013) oder *Seekrank* von Manfred und Ulrich Megerle (Emmons 2014). Ein historischer Krimi vor dem Hintergrund des Konstanzer Konzils ist *In Nomine Diaboli* (Gmei-

ner 2013) von Monika Küble und Henry Gerlach. Zur Einstimmung auf die Reise empfiehlt sich der Bildband *Traumland Bodensee* (Bruckmann 2014) von Bernhard Pollmann und Karl-Heinz Raach. Der gut bebilderte botanische Führer *Die Pflanzenwelt der Mainau* von Judith Pfindel und Heinz-Dieter Meier (Hampp 2005) macht mit der opulenten Flora der Blumeninsel bekannt.

Medien

Südkurier. Die auflagenstärkste Tageszeitung der Region; am schwäbischen Bodensee ist die *Schwäbische Zeitung* die erste Wahl.

QLT. Das kostenlose Kulturmagazin informiert monatlich über aktuelle Veranstaltungen im Bodenseeraum. www.qlt-online.de

Auf der Viehschau in Wald können interessante Details entdeckt werden.

Vom Lindauer Hafen legen Kursschiffe der Weißen Flotte ab.

Notrufnummern

Europäischer Notruf (D, A, CH): Tel. 1 12

Pannenhilfe:
Deutschland: ADAC, Tel. 0 18 05/10 11 12
Österreich: ÖAMTC, Tel. 1 20
Schweiz: TCS, Tel. 08 00/14 01 40

Saison

Saisonstart ist in der Regel Pfingsten, je nach Witterung mitunter schon Ostern. Ein erster Höhepunkt ist die Baumblüte. Angenehme Badetemperatur erreicht das Seewasser nicht vor Ende Juni, da der Rhein bis in den Frühsommer viel Schmelzwasser aus den Alpen bringt. Dafür gibt es aufgrund des milden Klimas bis in den Oktober hinein schöne Tage; offizieller Saisonschluss ist Mitte Oktober.

Schifffahrt

Fähre Konstanz-Meersburg. Die wichtigste Bodenseefähre verkehrt ganzjährig im 15-Minuten-Takt, nachts stündlich. Tel. +49 75 31/8 03 30 00, www.stadtwerke.konstanz.de

Fähre Friedrichshafen-Romanshorn. Die Fähre wird gemeinsam von der Friedrichshafener Bodenseeschifffahrt (BSB) und der Schweizerischen Bodenseeschifffahrt (SBS) betrieben. Sie verkehrt ganzjährig im Stundentakt, Tel. +49 75 31/3 64 00, www.bsb.de/bodensee-faehre.html

Katamaran Friedrichshafen-Konstanz. Ganzjährig im Stundentakt. Tel. +49 75 41/9 71 09 00, www.der-katamaran.de

Kursschiffe. Die Weiße Flotte verbindet von April bis Oktober alle größeren Orte miteinander. Tel. +49 75 31/3 64 00, www.bsb-online.com

Vorarlberg Lines. Ab dem Heimathafen Bregenz fahren im Sommerhalbjahr Passagierschiffe nach Lindau, Meersburg und Konstanz; zur Flotte gehört auch die »MS Sonnenkönigin«, mit Platz für 1000 Personen das größte Bodenseeschiff. Tel. +43 55 74/4 28 68, www.vorarlberg-lines.at

Schweizerische Bodensee Schifffahrt (SBS). Ab Rorschach gibt es im Sommer-halbjahr Verbindungen nach Romans-horn, Meersburg, Lindau und Rheineck; ab Romanshorn fahren auch Schiffe nach Immenstaad. www.sbsag.ch

Schweizerische Schifffahrtsgesellschaft Untersee und Rhein. Von Kreuzlingen und Konstanz verkehren Kursschiffe über den Untersee nach Stein am Rhein und Schaffhausen. Tel. +41 52/6 34 08 88, www.urh.ch
Zu Übelkeit besteht selten Anlass, doch bei aufgewühlter See kann es schon mal passieren, dass man, um mit Karl Valentin zu sprechen, »blass wie eine Kernseife« wieder an Land kommt. Der bayerische Komiker hatte 1921 auf dem Dampfschiff von Lindau nach Romanshorn wohl einen besonders stürmischen Tag erwischt.

Sport

Golf. Freunde des weißen Sports haben die Wahl zwischen mehr als einem Dut-zend Parcours. Links zu den jeweiligen

FEBRUAR/MÄRZ
Fasnacht. Hochburgen der schwäbisch-alemannischen Fasnacht sind Stockach, Überlingen und Konstanz, in der Schweiz St. Gallen, Appenzell und etwas zeitver-setzt Ermatingen.

MAI
Internationale Bodenseewoche. Viertägi-ger Wassersport-Event in Konstanz mit Se-gelwettbewerben, Ruderwettkämpfen und Hafenkonzerten. www.bodenseewoche.com

Blutfreitag Weingarten. Am Tag nach Christi Himmelfahrt wird in einer großen Reiterprozession mit rund 3000 Pferden die Heilig-Blut-Reliquie durch Stadt und Umland geführt.

MAI – SEPTEMBER
Schubertiade. Das kleine, feine Vor-arlberger Klassikfestival widmet sich vornehmlich dem Werk Franz Schuberts (s. S. 211).

JUNI
Rund um. Mit einem Massenstart von etwa 400 Seglern in Lindau ist die Regatta das größte maritime Ereignis auf dem Bodensee. www.lsc.de/rundum

Heilig-Blut-Prozession. Eine Woche nach Pfingsten wird auf der Klosterinsel Reiche-nau eine Reliquie über die Insel getragen. Trachten und ein Spielmannszug sorgen dabei für reichlich Folklore (s. S. 66).

JULI
Seehasenfest. Das fünftägige Kinder- und Heimatfest in Friedrichshafen hat den aus den Tiefen des Sees geborgenen Seehasen zum Mittelpunkt, der auf der Promenade einen großen Festumzug und ein abschließendes Feuerwerk nach sich zieht. www.seehasenfest.de

Hohentwielfestival. Auf der Burgruine geben sich alljährlich im Sommer internationale Größen aus Rock und Pop die Ehre. www.hohentwielfestival.de

Rutenfest. In Ravensburg feiern jeweils vor Beginn der Sommerferien Jung und Alt mit Spielmannszügen und einem Trachtenumzug. www.das-rutenfest.de

Wasserprozession in Moos. Jeweils am dritten Montag im Juli schippern üppig mit Blumen geschmückte Boote von Moos nach Radolfzell.

JULI/AUGUST

Bregenzer Festspiele. Die Opernaufführungen auf der Bregenzer Seebühne sind zweifelsohne einer der kulturellen Höhepunkte der Seeregion (s. S. 210).

AUGUST

Seenachtsfest Konstanz. Krönender Abschluss der größten Festivität am See mit viel Livemusik und einer Menge Unterhaltung ist ein musikalisch unterlegtes Feuerwerk.

SEPTEMBER

Rock am See. Eintägiges Freiluftfestival in Konstanz mit Top-Bands von Deep Purple bis zu den Toten Hosen. www.rock-am-see.de

OKTOBER

Marathon der Drei Länder am Bodensee. Start des von der Sparkasse Bregenz gesponserten Wettbewerbs ist Lindau, von dort geht es über Bregenz in die Schweizer Gemeinde St. Margrethen. Der Zieleinlauf findet im Casino-Stadion in Bregenz statt. Erster Sonntag, www.sparkasse-marathon.at

NOVEMBER/DEZEMBER

Konstanzer Weihnachtsmarkt. Mit rund 170 Ständen der größte Weihnachtsmarkt der Region. Ende Nov.–Weihnachten Mo–Fr 11–20, Sa und So bis 21.30 Uhr, www.weihnachtsmarkt-am-see.de

Fast ganz in Weiß – Narren auf der Konstanzer Fasnacht

Gut ausgebaute Wege und flaches Terrain kommen den Radlern entgegen.

Plätzen gibt es auf www.golfland-baden-wuerttemberg.de.

Kanu. Für den trendigen Wassersport gibt es rund um den See ein dichtes Netz von Kanustationen mit Verleih. Infos u. a. bei La Canoa (www.lacanoa.com) und dem Bodensee-Kanu-Ring (www.boden see-kanu-ring.de)

Kitesurfen. Am deutschen Seeufer ist Kitesurfen wegen des teils starken Schiffsverkehrs nur in besonders ausgewiesenen Bereichen erlaubt und bedarf einer Sondergenehmigung, Auskünfte erteilen die zuständigen Schifffahrtsämter. Im Landkreis Lindau ist dieser Sport grundsätzlich verboten. Auf der Schweizer Seeseite gibt es ebenfalls Begrenzungen, doch eine spezielle Genehmigung braucht man dort nicht.

Klettern. Abenteuerparks und Klettergärten mit Routen unterschiedlicher Schwierigkeitsgrade gibt es in Kressbronn (www.apk.abenteuerpark.com), Immenstaad (www.api.abenteuerpark.com) und nahe der Mainau (www.erleb niswald-mainau.de). Geklettert wird auch in der Kletterhalle Dornbirn (www.k1-dornbirn.at), dort kann man Kurse buchen und in einem zugehörigen Kletterfachgeschäft bekommt man alles, was für die trendige Sportart erforderlich ist. Im Kletterzentrum Radolfzell betreibt der Deutsche Alpenverein zwei Kletterhallen und Boulderräume (www.kletterwerk.de).

Radfahren. Reizvolle Uferwege und eine sehr gut ausgebaute Infrastruktur sind die Gründe für den am Bodensee ausgesprochen beliebten Freizeitsport. Routenvorschläge halten die Touristenbüros bereit. Auf dem Bodenseeradweg (s. S. 54) sind dank guter Rückfahrtmöglichkeiten mit Schiff und Bahn viele Kombi-Touren möglich.

Segeln. Der Bodensee gehört zu den beliebtesten Segelrevieren Deutschlands, mitunter schwierige Strömungsverhältnisse und schnell aufkommende böige Winde können ihn allerdings zu einem recht anspruchsvollen Revier machen. Einsteiger finden in allen größeren Hafenorten Segelschulen, in denen der Segelschein (Bodenseeschifferpatent) gemacht werden kann. Über Regattatermine und Segelanweisungen informiert der Bodensee-Segler-Verband, www.bsvb.info.

Surfen. Die Bedingungen am Bodensee sind zwar nicht mit Destinationen wie Fuerteventura oder dem Gardasee vergleichbar, dennoch gibt es etliche Surfstationen mit Verleih und Kursangeboten. Immer populärer wird Stehpaddeln (SUP).

Tauchen. Der Unterwassersport konnte am Bodensee noch nicht Fuß fassen, doch etliche Tauchbasen bieten Tauchkurse an. Zu beachten ist, dass das Wasser aufgrund der Tiefe des Sees selbst im Hochsommer bereits wenige Meter unter der Oberfläche empfindlich kalt ist. Striktes Tauchverbot herrscht am Teufelstisch im Überlinger See (s. S. 94). Eine erfahrene Tauchbasis, die auch Schnupperkurse anbietet, gibt es auf dem Campingplatz Gohren zwischen Kressbronn und Langenargen (www.tauch akademiebodensee.de).

Wandern. Das Wegenetz rund um den See hält eine große Auswahl an überwiegend leicht begehbaren Routen bereit. Gutes Kartenmaterial, teils im Maßstab 1:35 000, sowie Wanderliteratur gibt es in Hülle und Fülle – beispielsweise *Bruckmanns Wanderführer Bodensee* von Peter Freier, in dem eine Auswahl von 40 Routen vorgestellt wird. Sofern man genügend Zeit mitbringt, kann auf dem Bodensee-Rundweg der ganze See umwandert werden, auf der deutschen Seite ist er mit einem runden Pfeil um einen blauen Punkt markiert, in der Schweiz mit gelben Wegweisern. Für die 250 Kilometer sollten zehn bis 14 Tage eingeplant werden.

Straßenverkehr

Höchstgeschwindigkeit auf Autobahnen. Österreich 130 km/h; Schweiz 120 km/h

Maut. Die Autobahnen in der Schweiz und Österreich sind mautpflichtig, Vignetten bekommt man beim ADAC oder an grenznahen Tankstellen. Während für die Schweiz eine Jahres-Vignette gekauft werden muss, gibt es für Österreich die 10-Tages-Vignette.

Telefonieren

Das Mobilfunknetz ist in allen Anrainerländern gut ausgebaut, für Vieltelefonierer kann sich eine Prepaid-Karte im jeweiligen Land lohnen.

Vorwahl für Deutschland: 00 49, für Österreich: 00 43, für die Schweiz: 00 41, für Liechtenstein: 04 23. Anschließend Ortsnetzkennzahl ohne 0 und dann die Teilnehmernummer. Bei Anrufen in der Schweiz mit Ortsvorwahlnummern.

Blaue Stunde über dem Gnadensee

BODENSEE
für Kinder und Familien

Langeweile bei Kindern? Jedenfalls nicht in der Seeregion. Die Ferienorte am Bodensee sind hervorragend für junge Gäste aufgestellt und bieten auch abseits des Wassers eine Menge Spiel und Spaß, bei dem kein Auge trocken bleibt. Zahlreiche Ferienorte warten mit auf alle Altersstufen abgestimmten Programmen auf, die weit über bloße Spielplatzangebote hinausgehen.

Familienfreundliche Ferien

Ein gelungener Urlaub mit Kindern fängt schon mit der Wahl der passenden Unterkunft an. Alternativ zum Hotel kann man sich am Bodensee vielerorts in Ferienwohnungen und Obstbauernhöfen einmieten oder Campingurlaub direkt am Wasser machen. Viele nützliche Informationen zum Familienurlaub befinden sich auf der Webseite www.familien-ferien.de von Tourismus Marketing Baden-Württemberg. Dort kann auch der kostenlose Katalog »Familienferien« bestellt werden. Spezielle Feste für Kinder werden unter anderem im Juli in Lindau (www.kinder fest-lindau.de) und im September in Konstanz (www.kinderfest-konstanz.de) veranstaltet.

Das Maus Kino im Ravensburger Spieleland

Strandbäder

Während der Badesaison laden rund 60 Strand- und Freibäder zu ausgedehntem Badespaß ein. Die größeren davon sind mit Spielplätzen ausgestattet, haben Wasserrutschen, Sprungtürme und vor dem Ufer verankerte Badeflöße. In manchen kann man eine Runde Minigolf spielen, einen Surfkurs belegen, Boards zum Stehpaddeln ausleihen oder im Tretboot auf den See hinausfahren. Nicht alle Strandbäder haben allerdings einen kindgerechten Einstieg ins Wasser. Oftmals geht es über einen Kieselstrand oder mitunter rutschige Stege, es empfehlen sich daher Badeschuhe. In der Vorsaison, wenn der Bodensee noch keine angenehme Badetemperatur hat, kann man in vielen Seebädern in beheizte Becken ausweichen.

Gut gesichert: eine Hängebrücke im Ravensburger Spieleland

Freizeitparks

Die Nummer eins der Region ist das Ravensburger Spieleland, wo es außer Fahrgeschäften auch – auf die jeweilige Altersstufe abgestimmt – viele andere kleine und große Attraktionen gibt: angefangen von Hüpfwiese, Zirkusvorstellungen, Zauberschule und Schokoladenwerkstatt bis hin zu einer Verkehrsschule, in der man in einem Mini-Mercedes einen Übungsparcours befahren kann (s. S. 166).
Ebenfalls sehr beliebt ist Conny Land in Lipperswil (Kanton Thurgau), das man von Konstanz/Kreuzlingen schnell auf der Autobahn in Richtung Frauenfeld erreicht. Der Freizeitpark ist für seine abenteuerlichen Fahrattraktionen, den Wasserpark und die Seelöwenschau bekannt (8564 Lipperswil, www.connyland. ch, April–Mitte Okt. tgl. 10–18 Uhr).
Der Hit für Kids auf der Insel Mainau ist das Kinderland, auf dem es neben einem attraktiv gestalteten Wasserspielplatz auch einen Kinderbauernhof und eine Ponyreitbahn gibt (s. S. 46).

Tierisch gut

Tiere kommen immer gut an, vor allem wenn es so attraktive Parks wie den Affenberg Salem gibt, wo eine große Kolonie zutraulicher Berberaffen angesichts fehlender Gitter und Zäune einen hautnahen Kontakt garantiert (s. S. 123). Auch im Haustierhof Reutemühle in Überlingen-Bambergen und im Wild- und Freizeitpark auf dem Bodanrück kommt man ganz nah an die Tiere ran (s. S. 111 und 51).

Bei Naschkatzen sehr beliebt ist die Schokowerkstatt im Ravensburger Spieleland.

In der Schweiz können in der Nähe von
St. Gallen in den großzügigen Freige-
hegen des Wildpark Peter und Paul Al-
pensteinböcke, Murmeltiere, Wildkatzen
und anderes heimisches Wild beobachtet
werden (St. Gallen, Kirchlistr. 92, www.
wildpark-peterundpaul.ch, ganzjährig
freier Eintritt). Auch der Alpenwildpark
auf dem Pfänder hoch über Bregenz
macht mit Murmeltieren, Steinböcken
und anderen typischen Alpenbewohnern
bekannt (s. S. 205).

Aktive Entdeckertouren

Mit dem Schiff, Fahrrad oder auf einer
Wanderung können Dutzende lohnender
Ausflugsziele angesteuert werden. Vielerorts gibt es Kanustationen, wo man
sich Boote ausleihen kann. Ideal für In-
lineskating sind die flachen Uferstrecken
am Schweizer Ufer zwischen Kreuzlingen
und Romanshorn. Sehr beliebt ist die
Kurzwanderung durch die enge Marienschlucht (s. S. 90). Klettergärten gibt es
unter anderem in Kressbronn, Immenstaad und nahe der Insel Mainau. Oder
warum nicht mal etwas ganz anderes
machen: Im Hegau kann man auf einer
Halb- oder Ganztagestour mit Packzie-
gen durch die Vulkanlandschaft streifen,
bei den Halbtagestouren können Kinder schon ab sechs Jahren mitmachen
(78250 Tengen, Tel. 0 77 36/9 24 86 77,
www.packtiertouren.de).

Alternativen für Schlechtwetter

Auch bei regnerischem Wetter braucht
man am Bodensee den Kopf nicht in
den Sand zu stecken. Von Konstanz aus
erreicht man auf der B 33 die Bero-
lino Kinderwelt in Steißlingen, einen
2500 Quadratmeter großen Hallen-
spielplatz, in dem es unter anderem
ein Kletterlabyrinth, Rutschen, eine
Lego-Baustelle und eine Hüpfburg gibt
(78256 Steißlingen, Zeppelinstr. 1,
Tel. 07738/93 80 40, www.berolino-kinder
welt.de, an Schultagen 14–19 Uhr, an
schulfreien Tagen 10–19 Uhr).
Ein Museum, das in den Ferien von den
meisten Kindern sicherlich ganz entspannt aufgenommen wird, ist das Friedrichshafener Schulmuseum (s. S. 153).
Für Technikbegeisterte dürften die dortigen Luftfahrtmuseen von Graf Zeppelin
und Claude Dornier (s. S. 158) allerdings
interessanter sein. In Meersburg kann
auf eigene Faust die alte Burg erkundet
werden, wobei sich auch die Türen in
das Burgverlies und die mittelalterliche
Folterkammer öffnen.

Register

Impressum

Verantwortlich: Claudia Hohdorf
Lektorat: Ewald Tange, tangemedia
Korrektorat: Anke Höhne
Layout: Ewald Tange, tangemedia
Umschlaggestaltung: Frank Duffek, Nina Andritzky
Repro: Repro Ludwig
Kartografie: Kartographie Huber, Heike Block
Herstellung: Stefanie König
Printed in Slovenia by Florjancic

Unser komplettes Programm finden Sie unter

 www.bruckmann.de

Alle Angaben dieses Werkes wurden von den Autoren sorgfältig recherchiert und auf den neuesten Stand gebracht sowie vom Verlag geprüft. Für die Richtigkeit der Angaben kann jedoch keine Haftung übernommen werden.

Bildnachweis:

Alle Bilder des Innenteils und des Umschlags stammen von Mirko Milovanovic, außer: 2/3, 44, 46, 49o.: Mainau; 10, 14, 16, 31, 32, 36o., 54o., 56u., 79o., 96 (2), 118o., 121u., 124 (2), 125, 134u., 136, 150, 151u., 152, 153, 175, 191, 207, 213u., 239, 241, 245u., 246, 256 (2), 259 (2): Rolf Goetz; 34: www.bodensee.eu/Achim Mende; Shutterstock: 80 (Alexandru Motuz), 37 (Jens Ottoson), 41 (Robert Kneschke), 43o. (Valua Vitaly), 43u. (Gtranquillity), 51 (clarissa harwell), 57 (Juergen Faelchle), 80 (Arcadia), 111 (tratong), 148o. (Wolfgang Zwanzger), 151o. (Alex Emanuel Koch), 184 (Wenk Marcel); 38o.: Riva/Klaus Mellenthin; 79u.: Bodensee See West Tourismus, Noll; 39 (2): Hotel RIVA Konstanz; 40 (2), 42 (2): Bädergesellschaft Konstanz; 59: Maurizio Rellini/Schapowalow; 80: Huber-Images; 82, 88/89, 122u.: Staatliche Schlösser und Gärten Baden-Württemberg; 87o., 172u.: Landesmedienzentrum Baden-Württemberg; Wikimedia Commons: 92 (Benreis), 95u., 98o. (ANKAWÜ), 99 (Frank Vincentz), 100 (Dietrich Krieger), 104o. (Ian Holton), 104u. (Christoph Wagener), 106o., 110u. (Elkawe), 106u. (selbst), 107, 123 (Meganp), 260o. (Roland Zumbuehl), 260u. (Toño Antón), 262u. (Pingelig); 94: Fasnachtsmuseum Schloss Langenstein; mauritius images: 15 (pa/Felix Kästle), 101 (imageBROKER/Stefan Arendt), 126 (imageBROKER/Markus Lange); 102: picture alliance/Arco Images; 38u.: Archäologisches Landesmuseum Baden-Württemberg; 105 (2): Bodensee-Wasserversorgung; 95o.: Bisonstube Bodenwald; 109: D. Schvarcz/D-S-Photo.com; 110o.: picture-alliance/DUMONT Bildarchiv; 122o.: Staatsanzeiger für Baden-Württemberg; 172o.: Felix Kästle; 118u.: Uhldinger Fischtheke; 119: Landhotel Fischerhaus/Giersch; 120o.: Pfahlbaumuseum/Achim Mende; 120u.: Pfahlbaumuseum/Frank Müller; 121o.: Traktormuseum Uhldingen; 143: Burgunderhof Hagnau; 154: Café im Rathaus; 155: Henry M. Linder/Hotel Traube am See; 166, 282/283, 284, 85: Ravensburger Spieleland; 167o.: Achim Kleuker; 170u., 173: Hopfenmuseum Tettnang; 183 (2): Gasthaus-Brauerei Max&Moritz; 190: Lindauer Marionettenoper; 195, 199: Hotel Bad Schachen; 196u.: Friedensräume Lindau; 204: Wolford AG, Bregenz; 210, 213o.: Bregenzer Festspiele/atelier pi; 211: Schubertiade GmbH; 212o.: P. Binter; 212u.: Bregenzer Festspiele/andereart; 236: kurzschuss photography gmbh/Damian Imhof; 244: picture alliance/prisma; 261, 263o.: Hotel Feldbach; 262o.: Napoleonmuseum Thurgau/M. Helmuth Scham

Umschlag:

Vorderseite: Oben: Roter Apfel vom Bodensee (Shutterstock/HelloRF zooo); Mitte links: Äpfel in Konstanz (Shutterstock/Lukasz Szwaj); Mitte rechts: Verkäuferin mit Appenzeller Käse; Unten: Der Bodensee mit Alpenpanorama (Shutterstock/Nick Biemans)
Rückseite: Oben: Das Pfahlbau-Museum in Unteruhldingen (mauritius images/pa/Felix Kästle) Mitte: Kässpatzn (Reinhard Schmid/Huber-Images) Unten: Seepromenade in Kreuzlingen
Klappe vorne: Hafenpromenade in Lindau (Shutterstock/eyeshut)

Die Deutsche Nationalbibliothek verzeichnet diese Publikation in der Deutschen Nationalbibliografie; detaillierte bibliografische Daten sind im Internet über http://dnb.d-nb.de abrufbar.

2. überarbeitete Auflage
© 2018, 2015 Bruckmann Verlag GmbH, München
ISBN 978-3-7343-1114-7